'프런티어' 의 재발견

미국사 산책 4

미국사 산책 4 : '프런티어'의 재발견

1판 1쇄 2010년 3월 12일 펴냄 1판 2쇄 2014년 8월 12일 펴냄

지은이 | 강준만 **펴낸이** | 강준우 **기획편집** | 박상문, 안재영, 박지석, 김환표
디자인 | 이은혜, 최진영 **마케팅** | 이태준, 박상철 **펴낸곳** | 인물과사상사
출판등록 | 제17-204호 1998년 3월 11일 **주소** | (121-839) 서울시 마포구 서교동 392-4 삼양빌딩 2층
전화 | 02-471-4439 **팩스** | 02-474-1413 **홈페이지** | www.inmul.co.kr | insa@inmul.co.kr
ISBN 978-89-5906-143-3 04900 ISBN 978-89-5906-139-6 (세트)
값 14,000원

'프런티어'의 재발견

미국사 산책 4

강준만 지음

인물과 사상사

제1장 이민의 물결과 노동운동

"엄마! 우리 아빠는 어디 있어요?" 1884년 대선 •9
'점보'와 『허클베리 핀의 모험』 P. T. 바넘과 마크 트웨인 •15
조선 개신교의 탄생 언더우드 · 아펜젤러의 입국 •22
"나에게 다오. 지치고 가난한 사람들을" '자유의 여신상'과 '헤이마켓 사건' •31
"파괴를 향한 열정이 창조적인 열정" 미국 아나키즘의 초기 발달사 •40
광고와 백화점의 유혹 코카콜라와 '쇼핑'의 탄생 •52

제2장 자동차와 영화의 발명

한미(韓美) 문화충돌 주미 한국공관 설립 •69
해리슨-벨라미-이스트먼 1880년대 후반의 사회상 •76
'속도 숭배' 자전거-전차-자동차의 발명 •86
"부의 집중은 불변의 법칙" 트러스트의 시대 •96
"리틀 빅혼을 기억하자" 운디드니의 인디언 학살 •104
영화의 발명 에디슨의 키네토스코프와 뤼미에르의 시네마토그라프 •111

제3장 프런티어의 정치학

'신대륙 발견 400주년' 인민당 창당과 시카고 박람회 •119
'미국 역사에서 프런티어의 의미' 미국의 정체성은 무엇인가? •128
미국의 '지식혁명' 프레더릭 테일러의 '과학적 관리법' •143
"인류를 금 십자가에 못박지 말지어다" 농민에 대한 기업의 승리 •154

백인과 흑인의 '분리평등' 호머 플래시 사건 •161
'황색 저널리즘'의 탄생 퓰리처와 허스트의 신문전쟁 •166
'새로운 프런티어' 미국-스페인전쟁 •178

제4장 실용주의와 제국주의

"실용주의는 상업주의의 철학적 표현"인가? 실용주의의 탄생 •191
'풍요가 낳은 속물근성' 베블런의 『유한계급의 이론』 •201
'백인의 의무' 제국주의의 '벨 에포크' •208
"새로운 시장이 필요하다" 문호개방 정책 •219
시어도어 루스벨트와 마크 트웨인 필리핀전쟁 •227
『부의 복음』 앤드루 카네기의 두 얼굴 •240

제5장 조선의 비극

'지상낙원을 찾아서' 한국인의 하와이 노동이민 •249
'하늘은 날고 땅은 뚫고' 비행기와 파나마운하 •260
"미국은 필리핀, 일본은 한국을 먹다" 가쓰라 · 태프트 비밀협약 •271
"각하의 '스퀘어 딜'을 원합니다!" 이승만의 루스벨트 면담 •280
"일본은 한국에 지배적인 권리가 있다" 포츠머스조약 •288
"미국은 우리에게 맏형처럼 느껴진다" 알렌과 루스벨트 •299

참고문헌 •306 찾아보기 •326

제1장

이민의 물결과 노동운동

"엄마! 우리 아빠는 어디 있어요?"
1884년 대선

머그웜프의 등장

사회진화론의 원리에 따라 기업과 부자들이 큰 힘을 쓰기 때문이었을까? 미국 역사가들은 1870년대와 1880년대엔 연이어 무능한 대통령들이 나타났다고 말하지만, 그건 어찌 보면 권력의 구조변동 때문에 나타난 현상이었는지도 모를 일이다. 제22대 대통령을 뽑는 1884년 대선도 그런 대통령의 탄생을 예고하고 있었다.

민주당의 그로버 클리블랜드(Grover Cleveland, 1837~1908)와 공화당의 제임스 G. 블레인(James G. Blaine, 1830~1893)이 맞붙은 대선은 그 어느 때보다 더 비열한 인신공격이 난무했다. 공화당원들은 무능한 체스터 A. 아서(Chester A. Arthur, 1829~1886) 대통령을 거부하고 메인주 상원의원 출신인 블레인을 선택했지만, 블레인의 위치는 매우 불안했다.

몇몇 개혁파 공화당원들은 민주당원까지 끌어들여 다른 대통령 후보를 지명하려고 당내 반란을 일으켰다. '머그웜프(mugwump)' 라고

장레옹 제롬(Jean-Léon Gérôme)의 〈아레오파고스 배심원 앞에 선 프리네〉를 패러디한 정치 풍자만화. 순백의 프리네와 반대로 제임스 블레인이 온 몸에 문신을 하고 서 있다(위). '엄마! 우리 아빠는 어디 있어요?' 라며 클리블랜드의 도덕성을 공격한 풍자만화(왼쪽).

불렸던 이들은 블레인을 불신했다. '머그웜프' 는 북미 지방의 원주민 부족 중 하나인 알곤킨(Algonquin) 인디언 부족의 말로 원래 '우두머리' 를 의미한 단어였다.

머그웜프는 엽관제를 공격하고 개혁을 통한 깨끗한 정치를 추구하는 등 도덕적 개혁의지로 충만했지만 노동자와 농민의 급진주의 운동을 위험스러운 것으로 보고 보수적이고 귀족주의적인 개혁노선을 표방했다. 상당한 지위와 명성을 가진 사람들이 이 노선을 지지하고 나섰다. 그러나 블레인 지지자들은 '머그웜프' 라는 단어를 기회주의자라는 뜻으로 사용했다.

머그웜프의 전통은 지금까지도 살아 있는데, 캘리포니아 주지사 아널드 슈워제네거(Arnold Schwarzenegger)는 신(新) 머그웜프 중 한 명이다. 공화당원임에도 불구하고 공화당의 전통적인 보수정책에는 중립적인 입장을 보이고, 동성결혼, 낙태 등의 쟁점에 대해서는 진보파 입장을 취하는 노선이다.

『뉴욕월드』와 『뉴욕선』의 대리전

머그웜프 독립개혁파는 공화당을 탈퇴해 정직한 민주당을 지지할 것이라고 발표했다. 민주당은 이에 화답하겠다는듯 뉴욕 주지사 시절 '부패의 적' 이라는 명성을 얻었을 정도로 부패 척결에 앞장선 클리블랜드를 후보로 지명했다.

클리블랜드는 땅딸막한 몸매와 황소 같은 목에 몸무게가 118킬로그램이나 되는 독신남이었다. 남북전쟁 기간에 변호사로 활약했던 그는 두 형이 북군에 나가 있어 어머니와 두 누이를 부양해야 했기 때문에 150달러를 주고 사람을 구해서 대신 전선에 내보냈다. 그를 열렬히 지지한 『뉴욕월드(New York World)』의 퓰리처(Josepe Pulitzer, 1847~1911)는 유권자들에게 그를 지지해야 하는 네 가지 이유를 제시했는데, 그것은 "그는 정직한 사람이다. 그는 정직한 사람이다. 그는 정직한 사람이다. 그는 정직한 사람이다" 였다.

이는 부정부패에 염증을 내던 유권자들에게 신선하게 여겨졌으나 정직과는 거리가 먼 스캔들이 선거유세 중에 터지고 말았다. 클리블랜드가 젊은 시절 방종한 생활을 했을 때에 마리아 핼핀(Maria Halpin)이라는 과부와 놀아나 아들까지 두었으며, 그 아이는 현재 고아원에 있고 핼핀은 정신병자 요양원에 들어가 있다는 내용의 스캔들이었다. 클리블랜드는 정직하기는 했다. 민주당은 그가 강력 부인해주기를 바랐으나 그는 소문의 내용이 기본적으로 진실임을 암시했다.

이 스캔들을 둘러싸고 두 신문 간의 대리전이 벌어졌다. 정치적 독립을 외치면서도 여전히 피 끓는 당파성을 버릴 수는 없었던 모양이다. 블레인을 지지한 찰스 A. 데이나(Charles A. Dana, 1819~1897)의 『뉴욕선(The New York Sun)』은 클리블랜드가 선거에서 이긴다면 "그 천박한 난봉꾼이 매춘부들을 워싱턴으로 데려와 백악관 근처에 그들을 위한 숙소를 구해줄지도 모른다"고 주장했다. 반면 퓰리처의 『뉴욕월드』는 조사결과 클리블랜드는 악당이 아니라 다른 사람의 죄를 뒤집어씀으로써 두 가족의 명예를 구출해주었다고 주장하고 나섰다. 이런 내용이었다.

핼핀은 당시 4명의 남자와 관계를 맺었는데, 3명은 기혼자였으며 아이도 한 기혼자의 자식이었다. 그런데 그 기혼자에겐 맹목적인 사랑을 쏟는 딸이 있었는데 자신의 실수가 알려질까 두려워했다. 유일하게 독신이었던 클리블랜드가 모든 책임을 짊어짐으로써 그 남자를 구해주었으며, 구제불능의 알코올 중독자였던 핼핀의 정신이 이상해졌을 때 그녀를 요양소에 입원시킨 것도 그였다는 게 『뉴욕월드』의 주장이었다. 브라이언(Brian 2002)의 해설에 따르면, "퓰리처는 달인의 경지에 이른 정치적 방향전환의 솜씨를 보여주면서, 논란의 주체를 클리블랜드의 혼외관계에서 그의 희생과 품위 있는 처신으로 돌려놓았다."

1884년 대선-그로버 클리블랜드

이어 퓰리처는 "이 세상의 독신 남성들 중에서 이 죄인에게 양심적으로 안심하고 가장 먼저 돌을 던질 수 있는 자리에 있는 사람이 몇 명이나 되는가"라고 묻고 하원의장을 지낸 블레인의 부패혐의를 물고 늘어졌다. "블레인은 철도업계의 부패한 공무원들 발치에 엎드린 거지이며, 하원의장의 의자에 앉은 매춘부이고, 그리고 공화국의 적들의 대표이자 대리인이다."

그런 싸움의 와중에 어느 신문이 블레인이 여자를 임신시키는 바람에 할 수 없이 결혼했다고 보도했다. 이에 블레인은 명예훼손 소송을 제기했다. 퓰리처는 그 재판의 내용을 널리 알리지 않겠다는 고상한 결정을 내렸다고 사설에서 밝히면서도 사실상 흥미진진한 자초지종을 1면에 게재했다. 그리고선 기자들을 풀어 블레인의 뒤를 캤다.

퓰리처는 블레인이 죽은 아들의 출생일자를 숨기기 위해 묘비에 손을 댔다는 얘기를 납득할 만한 증거도 없이 슬그머니 신문에 실었으며, 그가 중병을 앓고 있어서 만약 대통령으로 선출되더라도 임기중에 죽을 가능성이 높다는 '저명한' 클리블랜드파 의사의 견해도 신문에 게재했다(블레인은 그후로 9년을 더 살았으며, 1889년에는 벤저민 해리슨 대통령의 국무장관이 되었다).

이에 그치지 않고 퓰리처의 『뉴욕월드』는 블레인이 이권관계자들의 앞잡이 역할을 하고 있다고 주장하면서 그 사람들의 이름을 열거한 만평을 게재했다. 민주당은 이 만평을 수천 부나 복사해서 플래카드에 사용했다. 클리블랜드의 지지자들은 여러 도시에서 이 그림을 들고 행진하면서 블레인이 "메인주에서 온 대륙 최고의 거짓말쟁이!"

라는 구호를 외쳤다. 블레인의 지지자들은 같은 도시에서 행진을 벌이면서 "엄마! 엄마! 우리 아빠는 어디 있어요?" 라며 클리블랜드를 조롱하는 구호를 외쳤다. 이에 민주당쪽 군중은 "백악관에 가셨단다! 하! 하! 하!" 라는 구호로 되받아쳤다.

이런 이전투구(泥田鬪狗)의 결과 클리블랜드가 일반 투표의 975만 9,351표 중에서 겨우 6만 2,683표차로 간신히 승리를 거두었다. 제22대 대통령이었다. 그는 36명의 뉴욕 선거인단 표를 확보함으로써 이긴 셈인데, 훗날 클리블랜드는 『뉴욕월드』 덕분에 이겼음을 인정했다. 당시엔 특정 신문의 지지후보가 이기면 부수가 크게 늘고 지면 크게 줄어드는 양상을 보였다. 블레인을 지지한 『뉴욕선』은 13만 7,000부에서 8만 5,000부로 곤두박질친 반면, 1884년 9월에 10만 부를 돌파한 『뉴욕월드』는 승리 후 12만 5,000부로 뛰었다.

남북전쟁 이후 민주당 후보로는 최초로 대통령에 당선된 클리블랜드는 집권 후 수천 명의 퇴역군인들에게 연금을 수여하는 법안을 비롯해 수백 개의 법안들을 거부했다. 또한 그는 소득세법을 거부하고, 관세를 "불필요한 과세의 타락하고, 불평등하고, 비논리적인 원천" 이라고 말하며 인하하고자 했다. 딜로렌조(DiLorenzo 2003)는 "클리블랜드는 아마 집중화된 국가의 초법적인 권력찬탈에 맞서 단호하게 싸운 미국의 마지막 대통령" 이라고 평가한다. 국가의 권력보다 기업의 권력이 더 강해지는 세상에서 그게 과연 좋기만 한 일이었는지는 평가자의 이념과 관점에 따라 다르겠지만 말이다.

참고문헌 Brian 2002, Brinkley 1998, DiLorenzo 2003, Mark 2009, Swint 2007, 이주영 1995

‘점보’와 『허클베리 핀의 모험』
P. T. 바넘과 마크 트웨인

노동운동의 어려움

1877년 미국 전역에 걸쳐 일어난 대대적인 철도파업은 실패로 돌아갔지만, 그 와중에서도 노동기사단(Knights of Labor)은 착실한 성장을 보였다. 1869년 필라델피아에서 유리아 S. 스티븐스(Uriah S. Stephens, 1821~1882)가 재단사들의 비밀조직으로 창립한 노동기사단은 1879년 테렌스 V. 파우덜리(Terence V. Powderly, 1849~1924)의 지도하에 양지로 나왔다. 이후 성장을 거듭한 노동기사단은 전국 노동조합 1세대로서 상당한 정치력과 교섭권을 획득함으로써 1884년에는 70만 명 이상의 조합원을 거느리게 되었고, 바로 이 힘 때문에 철도재벌 제이 굴드(Jay Gould, 1836~1892)가 노동기사단과 협상을 벌이기도 했다. 그러나 노동기사단은 1886년 8시간 노동을 요구하는 시카고의 파업에 말려들면서 몰락하고 만다.

1883년 피츠버그에서 열린 아나키스트 대회는 ‘성별과 인종에 따른 차별이 없는 모든 사람들을 위한 평등권' 을 주장하는 성명서를 발표했다. 이 성명서는 1848년에 카를 마르크스(Karl Marx, 1818~1883)와 프리드리히 엥겔스(Friedrich Engels, 1820~1895)가 발표한 『공산당선언(Communist Manifesto)』의 일부를 인용했다. "전 세계의 노동자들이여, 단결하라! 여러분은 그 속박에서 벗어나야만 한다. 승리의 세계를 쟁취해야 한다."

그러나 미국의 노동자들은 단결과는 거리가 멀었다. 1886년 엥겔스는 그 책임을 독일에서 미국으로 건너간 사회주의자들의 행태에 물었다. 이들은 미국이라는 나라의 특성은 전혀 고려하지 않은 채 독일에서 나온 강령 등에 교조적으로 매달려 있으며, 심지어 이들은 영어조차 배우려 하지 않아 미국의 노동대중과 유리된 채 살고 있다는 비판이었다.

P. T. 바넘의 '점보 코끼리'

노동대중의 관심을 사로잡은 건 아나키스트나 사회주의자들이 아니라 1871년 '지상 최대의 쇼(The Greatest Show On Earth)' 서커스단을 창단해 1880년대 내내 맹활약을 한 피니어스 테일러 바넘(Phineas Taylor Barnum, 1810~1891)이다. 그는 1884년 런던 동물원에서 키가 3미터나 되는 점보 코끼리를 사서 미국 전역을 순회하면서 폭발적인 인기를 끌었다.

서아프리카의 주술사를 가리키는 'mumbo jumbo' 의 준말인 점보는 영어에서 '알아들을 수 없는 말' 을 가리키는 단어인데, 무슨 이유때문인지 그 코끼리에 점보라는 별명이 붙었다. 점보라는 이름을 얻었을 때 코끼리는 런던 동물원에 갓 도착한 새끼였는데, 이 코끼리가 크게 자라면서 큰 것들을 점보라고 부르게 되었다.

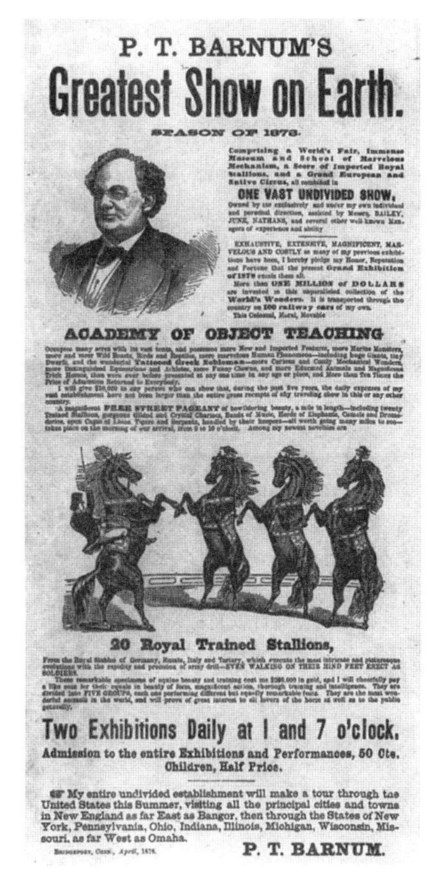

P. T. 바넘의 '지상 최대의 쇼' 홍보 포스터.

점보 코끼리의 순회공연에 대해 영국인들은 분노했지만 바넘은 엄청난 돈을 긁어모았다. 1885년 9월 점보 코끼리가 기차와 충돌해 죽자, 바넘은 코끼리의 가죽과 뼈를 박제해서 계속 순회전시를 했다. 그의 탁월한 홍보술 덕분에 점보가 살아 있을 때보다 죽고 난 뒤에 훨씬 더 많은 돈을 벌어들였다. 이후 사람들은 크기만 하면 무조건 점보라고 불러댔는데, 그 극치는 1968년에 등장한 대형 여객기를 '점보제트기'라고 부른 것이다. 1970년 1월 21일 처음 운행된 점보제트기의 공식명칭은 보잉 747이다.

비판자들은 바넘을 '우스꽝스러운 야바위의 화신'이라거나 '사기꾼'으로 매도했지만, 대중은 바넘의 야바위에 개의치 않았다. 아마도 바넘의 다음과 같은 항변에 그 답이 있으리라. "나는 대중을 기만하는 것은 믿지 않습니다. 하지만 먼저 사람들을 유인한 다음 그들을 즐겁게 해주는 것은 믿습니다."

트위첼(Twitchell 2001)은 "헤밍웨이의 말대로 미국 문학이 마크 트웨인(Mark Twain, 1835~1910)의 『허클베리 핀의 모험』에서 시작된다면, 미국의 광고는 바넘의 능란한 사기에서부터 시작된다. 바넘은 광고에 대한 새뮤얼 존슨(Samuel Johnson, 1709~1784)의 유명한 정의– '약속이되, 과장된 약속' –를, 사람들의 관심을 끄는 언어와 이미지로 조용히 전환시키는 방법을 알고 있었다"며 다음과 같이 말한다.

"그의 유산에는 과대선전의 생산, 구원과 소비의 결합, 사이비 이벤트의 개척, 뉴미디어와 표상의 즉각적인 이용, 이야기를 가치로 바꾸기, 유명인 보증광고, 호기로운 약속에 의한 언어침투, 순회공연의 능란한 활용 등이 포함되어 있으며, 여기에 무엇보다도 속는 자와 속이는 자 사이의, 사기당하는 자와 사기꾼 사이의, 광고하는 자와 청중 사이의 자기만족적이고 거들먹거리면서 비꼬는, 이상스럽게도 애정 어린 관계가 포함되어 있다."

마크 트웨인의 『허클베리 핀의 모험』

1880년대 중반 미국인들의 사랑을 받은 것은 점보 코끼리와 더불어 마크 트웨인의 미시시피 강 이야기였다. 미시시피 강 근처에서 태어난 트웨인은 1876년 『톰 소여의 모험(The Adventures of Tom Sawyer)』, 1883년 『미시시피 강의 삶(Life on the Mississippi)』에 이어 1885년 『허클베리 핀의 모험(Adventures of Huckleberry Finn)』을 출간했는데, 이는 트웨인의 작품 중 미시시피 강을 배경으로 다루는 대표적인 3부작이다. 16세기 영국 튜더 왕조 시대의 사회악을 고발한 『왕자와 거지(The Prince and the Pauper)』(1882)도 그의 히트작이다.

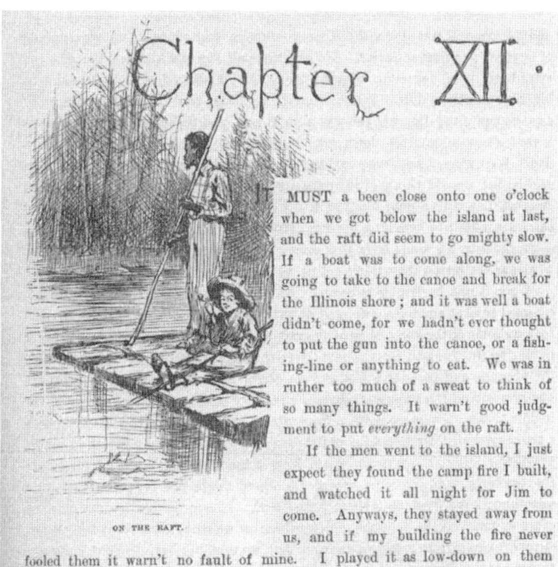

Chapter XII.

IT MUST a been close onto one o'clock when we got below the island at last, and the raft did seem to go mighty slow. If a boat was to come along, we was going to take to the canoe and break for the Illinois shore; and it was well a boat didn't come, for we hadn't ever thought to put the gun into the canoe, or a fishing-line or anything to eat. We was in ruther too much of a sweat to think of so many things. It warn't good judgment to put *everything* on the raft.

If the men went to the island, I just expect they found the camp fire I built, and watched it all night for Jim to come. Anyways, they stayed away from us, and if my building the fire never fooled them it warn't no fault of mine. I played it as low-down on them as I could.

ON THE RAFT.

When the first streak of day begun to show, we tied up to a tow-head in a big bend on the Illinois side, and hacked off cotton-wood branches with the hatchet and covered up the raft with them so she looked like there had been a cave-in in the bank there. A tow-head is a sand-bar that has cotton-woods on it as thick as harrow-teeth.

We had mountains on the Missouri shore and heavy timber on the Illinois side,

1885년판 『허클베리 핀의 모험』의 한 페이지.

『허클베리 핀의 모험』은 트웨인의 최고 걸작으로 순진한 어린이의 눈으로 노예제도와 사회관습을 풍자하고 통속적 가치관과 고상한 가치관의 갈등을 묘사했다. 앞서 지적됐듯이, 훗날 어네스트 헤밍웨이(Ernest Hemingway, 1899~1961)는 "모든 미국 현대문학은 마크 트웨인의 『허클베리 핀의 모험』에서 출발했다"고 평가했다. 이는 트웨인이 최초로 유럽이나 영국의 영향에서 완전히 벗어나 미국적 소재와 정서를 반영한 작품을 썼다는 의미다. 트웨인은 3부작의 히트로 돈방석에 앉았는데, 그 돈으로 출판사를 차리고 독자적인 식자기 개발에 투자

했다가 파산하고 말았다. 1894년 파산 이후 그는 비판적 지식인으로 변모하게 된다.

그러나 『허클베리 핀의 모험』은 작품과 주인공이 반사회적 성향을 지녔고 문법적으로도 틀린 문장과 속어를 많이 사용하고 있어 교육적으로 적합지 않다는 이유로 공립도서관과 학교에서 배척되었다. 금서로 평가되는 바람에 책은 더 많이 팔렸지만, 수난은 이후로도 오랫동안 계속되었다. 1931년 출판사 '하퍼앤브라더사(Harper & Brothers)'는 이 책에서 문제가 된 부분을 삭제해 출판하기도 했고, 1957년 뉴욕 교육위원회는 이 책을 필독서 목록에서 빼버렸고, 1976년 유사한 조치가 일리노이주 고등학교에서 취해졌다.

1982년과 1985년엔 이 책에서 흑인을 멸시해 부르는 '니거(nigger)'라는 표현이 사용되었다 하여 흑인 학교에서 인종편견 작품이라고 도서목록에서 제거했다. 이에 김재신(1994)은 "이런 조치는 『허클베리 핀의 모험』을 제대로 이해하지 못한 결과다. 실제로 이 작품은 스토 부인의 『톰 아저씨의 오두막』에 버금가는 반노예제도를 강조한 작품으로 볼 수 있으며 인종편견과 인간을 물질화하는 것을 풍자한 것으로 볼 수 있다"고 말한다.

1985년까지 전 세계적으로 1,500만 부나 팔린 『허클베리 핀의 모험』은 1991년 2월 13일 경매회사 소더비(Sotheby's)가 "마크 트웨인의 『허클베리 핀의 모험』 원본 원고를 발견했다"고 발표함으로써 다시 화제가 되었다. 100년이 넘도록 자취를 감췄던 원고가 세상에 모습을 드러내자, 『뉴욕타임스(The New York Times)』는 "셰익스피어의 원본 원고를 찾은 것과 견줄 수 있을 정도"이며 "20세기 미국 문학사에서 최고의 발견"이라고 주장했다.

바넘과 트웨인은 오늘날에도 지속되고 있는 미국 사회의 두 흐름을 대변한다. 바로 광고 판타지와 전원주의다. 둘 다 현실과는 거리가 있다는 점에서 일견 상충돼 보이지만 사실 하나로 통하는 흐름이다. 미국인들은 최첨단 광고 판타지에 열광하면서도 늘 고전적 전원주의에 매료되는 사람들이다. 하긴 정도의 차이일 뿐 누구인들 그렇지 않겠는가.

참고문헌 Ayck 1992, Barnum 1981, Brian 2002, Bryson 2009, Davis 2004, Desbiens 2007, Dizikes 1978, Harris 1973, Korth 2009, Sandage 2005, Twitchell 2001, Zinn & Stefoff 2008, 김성곤 1997a, 김재신 1994, 조이영 2008-2009

조선 개신교의 탄생
언더우드·아펜젤러의 입국

1885년 4월 5일 부활절

알렌에 이어 1885년 4월 5일 장로교 목사 호러스 G. 언더우드(Horace G. Underwood, 한국 이름 원두우·元杜尤, 1859~1916)와 감리교 목사 헨리 G. 아펜젤러(Henry G. Appenzeller, 1858~1902)가 일본 미쓰비시 선박회사 증기선을 타고 인천 제물포항에 상륙했다. 1884년 12월 미국을 출발한 지 5개월 만의 일이었다.

여성이 먼저 한국의 대지를 밟는 것이 좋겠다는 언더우드의 배려에서 아펜젤러 부인이 먼저 발을 내디뎠다. 아펜젤러 전기를 쓴 그리피스는 "1620년 미국에 처음 이민한 사람들 중에 메리 칠튼이 플리머스 바위 위에 첫 발을 내디딘 것처럼 한국땅에 첫 발을 내디딘 사람은 아펜젤러의 부인이었다"고 회고했다. 아펜젤러는 제물포항에 도착한 뒤 다음과 같은 기도를 드렸다. "우리는 부활절 아침 여기에 도착했습니다. 이 아침에 사망의 권세를 깨뜨리시고 부활하신 주께서 이 백성을 얽어맨 결박을 끊으시고 하나님의 자녀가 누리는 광명과 자유를 주옵소서."

함태경(2004)은 "1885년 4월 5일 부활절은 한국기독교사에 영원히 기억돼야 할 역사적인 날"이라며 "이 땅의 젊은이들은 이들 서구선교사의 의료 및 교육 선교를 통해 서양문화와 기독교에 대해 새롭게 눈을 떴다"고 말한다. 1985년 4월 5일 한국 기독교 100주년 기념행사의 일환으로 언더우드·아펜젤러가 인천 앞바다로 입항하던 모습을 재현하는 행사가 열린 것도 바로 그런 의미 때문이었다.

당시 서울은 갑신정변의 여파로 매우 혼란한 상태였다. 미국 대리공사 포크(George Foulk)는 이들이 서울로 들어가는 걸 만류했다. 아펜젤러 부부는 아펜젤러 부인이 만삭인지라 잠시 제물포에 머물다 4월 13일 일본 나가사키(長崎)로 잠시 돌아갔다. 그러나 언더우드는 혼자였기에 이틀을 지낸 후 포크의 안내를 받아 서울에 입성했으며, 이미 자리를 잡았던 알렌 의료선교사의 사역장인 광혜원에서 첫 사역을 시작했다.

언더우드는 곧 알렌과 갈등을 빚게 되었다. 알렌은 조선 정부의 방침에 순응해 의사는 진료활동, 교사는 교육활동의 역할을 수행하는 것으로 초기 선교활동을 제한해야 한다는 입장이었던 반면, 언더우드는 가능한 한 비밀리에라도 조선인들에게 복음을 전하고자 했기 때문이다.

정동제일교회의 창립

조선의 국내 사정이 안정되었다는 사실이 알려지면서 선교사들이 속속 서울로 입국했다. 1885년 5월 3일 미 감리교회의 목사이며 의사인 윌리엄 B. 스크랜턴(William B. Scranton, 1856~1922)이 입국했으며, 6월 26일에는 아펜젤러 부부가 재입국하고 스크랜턴의 모친 메리 스크랜턴(Mary Scranton) 여사가 입국했다. 일본 요코하마에서 언더우드와 같이 이수정으로부터 한국어를 배웠던 미 북장로교 의료선교사 존 W. 헤론(John W. Heron, 1858~1890)도 함께 한국에 도착했다.

1885년 이른 여름에 주일예배가 시작되었고, 10월에는 알렌의 집에서 처음으로 개신교 성찬의식이 거행되었다. 아펜젤러는 서울 정동의 조선인 집을 사들여 내실 한 방을 지성소로 꾸며 첫 예배처로 삼았는데 이것이 그 유명한 '정동예배처'로 나중에 한국 감리교와 정동제일교회의 태동지가 되었다. 또 이곳에서 한국 선교회가 창시됐으며 배재학당이 시작되었다. 1885년 10월 11일 외국인과 한국인이 함께 한국 개신교 최초의 성찬예배를 드렸는데 정동제일교회는 이날을 창립일로 지키고 있다.

첫 세례의식은 1886년 4월 25일 부활절에 이루어졌다. 바로 알렌의 딸 앨리스(Alice)로, 알렌이 세례를 베푼 한국에서 태어난 최초의 백인 아이였다. 두 번째는 그로부터 며칠 뒤에 태어난 스크랜턴 박사의 아이, 세 번째는 아펜젤러가 일본에서 개종시킨 사람으로 그 당시는 서울주재 일본공사관의 통역으로 근무하고 있었다. 물론 이런 의식은 한미조약에 의해 예배를 볼 권리가 주어진 외국인들만을 대상으로 행해진 것이었고, 조선인들을 대상으로 한 선교는 은밀하게 전개되었다. 1886년 7월 18일에는 조선인 최초로 알렌의 어학선생인 노춘경이 언더우드의 집례하에 개신교 세례를 받았다.

1887년 9월 24일 언더우드는 서울 정동장로교회(현 새문안교회)를 세웠다. 황해도 장연 서해안에 위치한 소래 마을은 선교사가 들어오기 전부터 교회가 설립된 곳으로 유명한데, 이곳 출신들이 정동교회 설립시 주축이 되었다. 1888년 3월 아펜젤러는 정동교회에서 한용경과 과부 박씨의 결혼식을 주례했는데, 이것이 최초의 신식 결혼으로 기록되고 있다. 이는 '예배당 결혼'으로도 불렸다. 목사가 신랑신부 앞에서 결혼에 관련된 성경구절을 읽고 결혼 증빙서류에 결혼 당사자, 친권자, 주례, 증인의 도장을 찍는 등의 절차를 거쳤다.

성경 번역과 찬송가 전파

언더우드와 아펜젤러는 이수정이 일본에서 번역·출간한 『신약마가전복음셔언히』(1885)를 가지고 입국했다. 이만열은 "선교사가 번역된 성경을 가지고 입국하다니, 그것은 세계 선교사상 거의 찾아볼 수 없는 현상이었다"고 말했다. 그러나 이수정의 번역에 오역이 많고 문체와 맞춤법도 바르지 못해, 이들은 1887년 『마가의젼혼복음셔언히』를 간행했다. 또 이때에 선교사들이 합동으로 성서위원회와 성서번역위원회를 조직해 본격적인 번역·출판 활동에 돌입했다. 이것이 오늘날 대한성서공회의 출발이다. 신약 번역은 1900년, 구약 번역은 1910년에 완료되는데, 전택부는 "한글 성경은 한국 국어사에 있어서 가장 커다란 사건"이라고 평가했다.

선교와 함께 찬송가가 전파되었기에 1885년이 한국 양악(洋樂)의 시작이라는 주장도 있다. 양악의 시작에 대해선 1885년 설 이외에 여러 설이 있다. 두 번째 설은 1900년 12월 19일 군악대(양악대)가 창설되

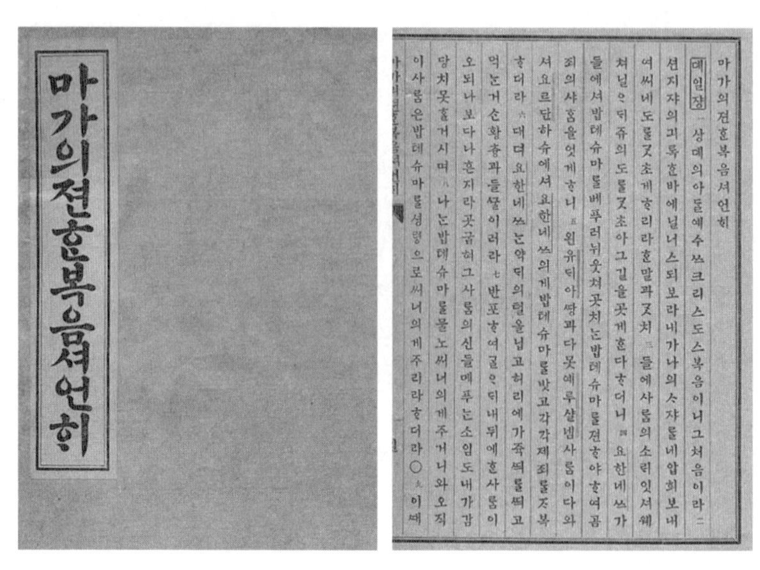

마가의젼ᄒᆞᆫ복음셔언ᄒᆡ

마가의젼ᄒᆞᆫ복음셔언ᄒᆡ
뎨일장 一 상뎨의아ᄃᆞᆯ예수쓰크리스도스복음이니그처음이라 二
션지쟈의긔록ᄒᆞᆫ바에닐너ᄉᆞ되보라네가나의ᄉᆞ쟈를네압희보내
여써네도를ᄀᆞᆺ초게ᄒᆞ리라ᄒᆞᆫ말과ᄀᆞᆺ치 三 들에사ᄅᆞᆷ의소리잇셔웨
쳐닐ᄋᆞ되쥬의도를ᄀᆞᆺ초아그길을곳게ᄒᆞᆫ다ᄒᆞ더니 四 요한네쓰가
들에셔밥테슈마를베푸러뉘웃쳐곳치ᄂᆞᆫ밥테슈마를젼ᄒᆞ야ᄒᆞ여곰
죄의샤ᄒᆞᆷ을엇게ᄒᆞ니 五 왼유ᄃᆡ아ᄯᅡᆼ과다못예루살넴사ᄅᆞᆷ이다와
셔요르단하슈에셔요한네쓰의게밥테슈마를밧고각각제죄를ᄌᆞ복
ᄒᆞ더라 六 대뎌요한네쓰ᄂᆞᆫ약ᄃᆡ의털을닙고허리에가족ᄯᅴ를ᄯᅴ고
먹ᄂᆞᆫ거ᄉᆞᆫ황츙과들ᄭᅮᆯ이러라 七 반포ᄒᆞ여ᄀᆞᆯᄋᆞᄃᆡ내뒤에ᄒᆞᆫ사ᄅᆞᆷ이
오되나보다나흔지라곳굽혀그사ᄅᆞᆷ의신들메푸ᄂᆞᆫ소임도내가감
당치못ᄒᆞᆯ거시며 八 나ᄂᆞᆫ밥테슈마를물노써너의게주거니와오직
이사ᄅᆞᆷ은밥테슈마를셩령으로써너의게주리라ᄒᆞ더라 ○ 九 이때

『마가의젼훈복음셔언히』. 성경번역자회(The Board of Official Translators)에서 번역했다.

고, 1901년 2월 독일의 지휘자 프란츠 에케르트(Franz Eckert)의 도착과 함께 양악이 본격 등장했다는 것이다. 세 번째 설은 1860년대 가톨릭의 전래와 함께 종교음악도 들어왔으리라는 추측에 근거한다. 네 번째 설은 370년 전 서양 음악이론이 수입되었다는 점을 강조하고, 다섯 번째 설은 1810년을 기점으로 본다.

양악의 기원을 언제로 보건 양악의 의미는 특별하다. 이소영(1998)은 "1881년 조선 정부는 부국강병책의 일환으로 신식군대 별기군을 창설하여 군제개혁을 감행하였는데, 이 과정에서 궁정의 군악대는 기존의 전통악기인 나발 대신 서양악기인 나팔로 신호체계를 확립하였다"며 다음과 같이 말한다.

"군악대를 통한 서양음악 유입이 국가에 의해 군대에서부터 이루어졌다는 것은 서양음악이 '부국강병의 음악으로서의 힘을 가진 음악' 이라는 의미체계로 전 조선 사회에 소통되는 발판이 마련되었다는 것을 의미한다."

이후 서양음악은 부국강병은 물론 교양 · 품위의 지위까지 획득해 조선 전통음악을 압도하게 된다. 먼 훗날 한국인들은 "우리 것이 좋은 것이여"라고 외치게 되지만, 그건 근대화 덕분에 이룩한 경제성장의 토대 위에서 할 수 있는 주장이었다.

백성을 구제하는 제중원

민영익을 치료한 알렌은 시의(侍醫) 자격으로 궁궐을 자유롭게 드나들게 되었는데, 이런 기회를 이용해 고종황제에게 병원설립을 요청해 뜻을 이루게 되었다. 이 병원이 바로 1885년 4월 10일에 문을 연 광혜원이었다. 광혜원은 4월 26일 고종으로부터 하사받은 제중원(濟衆院, 백성을 구제한다는 뜻)이라는 이름으로 바뀌었는데, 이게 오늘날 연세대 세브란스 병원의 뿌리다.

제중원은 갑신정변 때 개화파 인물로 타살당한 홍영식의 재동 집을 수리해서 만든 것이었다. 알렌은 훗날 "우리가 그 집을 인수했을 때는 방마다 핏자국이 있었다. 그 집을 잘 수리했더니 환자들이 수백 명씩 몰려왔고 최초의 한 해 동안에 1만 명 이상을 치료했다"고 썼다.

신동원(2001)은 "알렌은 병원설립이 민영익 치료에 대한 개인적 고마움 때문인 것으로 생각했지만, 조선 정부 최초의 서양식 병원 설립에는 이보다 거창한 국내의 정치적 경제적 외교적 요인들이 복합되어 있었다"며 "국왕은 새 병원을 1882년에 폐지된 왕립 대민의료기관인 혜민서와 활인서를 대체하는 기관으로 생각했다"고 말한다.

알렌은 병원을 개원한 지 얼마 안 되어 미 감리교의 스크랜턴, 장로교의 헤론의 도움을 받으면서 환자를 진료했다. 환자들 대부분이 장티푸스, 천연두, 이질, 폐결핵, 매독, 한센병 등 악질성 병을 앓고 있었다. 언더우드는 그를 도와 한국 의료인 양성을 위한 교육을 담당했다. 알렌은 고종의 뜻을 받들어 1886년 3월 5년 과정의 의학훈련을 시킬 12명의 학생을 선발했다.

알렌은 27세의 젊은 나이에 왕가(王家) 전체의 병을 돌봄으로써 막강한 권력을 갖게 되었다. 경제적으로도 풍요로웠다. 알렌 부부는 월 1,200달러 수입으로 많은 하인들을 거느렸다. 보모, 식모, 시중꾼, 수위, 가마꾼들 외에도 다른 일꾼들이 여럿 있었다. 해링턴(Harrington 1973)은 "사실이지 선교사들은 너무 잘 살아서 사치롭다는 비판을 받았다"며 다음과 같이 말한다.

"그러나 이런 높은 수준의 생활을 유지하는 데는 이유가 있었다. 즉 일급이유가 있었던 것이다. 알렌이나 그의 동료들이 선교 방면에서 얻은 바는 화려한 의식(儀式)으로 특징지을 수 있는 조정의 후의에 의해서 가능했었던 만큼, 그가 만일 보통사람들과 같은 생활을 했다면 위신을 잃었을지도 모른다. 그 까닭은 양반들이나, 대부분의 가난한 한국 사람들은 보잘것없는 가톨릭 신부들과 같은 사람으로 간주하였을 것이다. 그리하여 그가 말하려는 데에 대해서 별반 흥미를 갖지 않았을지도 모른다."

음주 · 흡연을 죄악시한 청교도주의

조선에서 활동한 서양 선교사들은 모두 20대의 혈기왕성한 젊은이들이었기에, 이들 사이의 치열한 갈등과 싸움이 없을 수 없었다. 게다가 각자의 선교관도 달랐고, 조선 정치권과 연계되는 바람에 그쪽의 정파싸움이 그대로 선교사들 내부에 옮겨오기도 했다.

그런 복합적 요인이 겹쳐 이들은 서로 없는 곳에서 지독한 욕을 퍼부어대곤 했다. 알렌 부부는 헤론 부인을 '교활하고 엉큼한 거짓말쟁이', 언더우드를 '위선자요, 수다쟁이' 라고 욕했고, 반면 헤론 부인은 알렌을 '선교사로서 부적합한 인물' 로 보았다. 실제로 알렌의 잘못을 알리는 지독한 편지가 수없이 태평양을 건너 선교본부에 우송되었다.

게다가 선교사들은 모두 청교도적인 인물들이었다. 때마침 선교사들이 떠나기 직전 미국에서는 청교도 정신의 회복이라는 입장에서 흡연을 쾌락에의 탐닉으로 규정하는 대대적인 금연운동이 일어났다. 선교사들은 조선인을 지독한 골초로 보고 금연을 강조했다. 아니 금연을 아예 교리화했다. 미국 북장로교 외지선교부의 총무였던 브라운(A. J. Brown)은 1884년부터 1911년까지 한국에 온 선교사들을 이렇게 평했다.

"나라를 개방한 이후 처음 25년간의 전형적 선교사는 퓨리턴형이었다. 이 퓨리턴형 선교사는 안식을 지키되 우리 뉴잉글랜드 조상들이 한 세기 전에 행하던 것과 같이 지켰다. 춤이나 담배 그리고 카드놀이 등은 기독교 신자들이 빠져서는 안될 죄라고 보았다."

그러니 그들 자신들도 낯선 환경에서 엄청난 스트레스를 받았을 것이다. 놀이 자체를 죄악시했으니, 할 일이 무엇이 있었겠는가. 서로의 사생활을 들춰내며 비난하는 걸 스트레스를 풀기 위한 취미로 삼았다고 보는 게 타당할지도 모르겠다.

일부 선교사는 조선에 대해 사랑과 경멸의 모순된 감정을 느끼기도 했던 것 같다. 1887년 9월 제중원 원장으로 취임한 바 있고 1890년 7월 이질에 걸려 사망한 미 북장로교 의료선교사 헤론이 그런 경우가 아니었을까? 헤론은 "한국의 가난한 환자를 진료하는 일이 예수의 사랑을 실천하는 것이란 신념을 갖고 임했" 지만, 안식년으로 미국에 가서 워싱턴 신문에 "한국의 왕은 300의 후궁을 거느리고 있는 색마요, 그 나라의 멸망은 지척에 있다" 고 주장했다.

조선에서 받은 스트레스를 풀기 위해 그랬던 걸까? 사실 많은 선교사들이 조선에 대해 그런 이중적인 생각을 가졌던 것으로 보인다. 바로 이 점이 그들에 대한 평가를 어렵게 만들고 오늘날 사가들 사이에 열띤 논쟁을 불러일으키는 이유이기도 하다.

참고문헌 Allen 1991 · 1999, Harrington 1973, 강돈구 1994, 김기홍 1998, 김성호 2006, 김수진 2001, 김인수 1998, 김인숙 2004, 서정민 2005, 신동원 2001, 신영숙 2005, 이강숙 외 2001, 이광린 1995, 이덕주 2006, 이만열 1991, 이소영 1998, 이중한 외 2001, 이지현 2007, 조현범 2002, 한국기독교역사연구소 1989, 함태경 2004, 황상익 1998

"나에게 다오. 지치고 가난한 사람들을" '자유의 여신상'과 '헤이마켓 사건'

'자유의 여신상' 제막식

"여기 해 지는 바닷가에 횃불 든 여인이 있으니 그 불꽃은 투옥된 번개, 그 이름은 추방된 이들의 어머니. 횃불을 든 손은 전 세계에 환영의 빛을 보내며 부드러운 두 눈은 항구를 향해 명령한다.…… '나에게 다오. 지치고 가난한 사람들을. 자유롭게 숨쉬기를 갈망하는 무리들을. 부둣가에 몰려든 가엾은 난민들을. 거처도 없이 폭풍에 시달린 이들을 나에게 보내다오. 나는 황금빛 문 옆에 서서 그대들을 위해 횃불을 들어 올리리라.'"

미국 뉴욕 '자유의 여신상'의 받침대에 새겨진 19세기 미국 시인 엠마 래저러스(Emma Lazarus, 1849~1887)의 시(詩)다. '자유를 열망하는 모든 이들의 어머니'인 자유의 여신상은 프랑스에서 미국으로 옮겨져 1886년 10월 28일 뉴욕항에 모습을 드러냈다. 여신상의 공식 명칭은 '세계를 밝혀주는 자유의 상(Status of Liberty Enlightening the World)'

1879년 바르톨디의 자유의 여신상 디자인 특허장.

이었다. 고대 의상 차림에 횃불을 높이 든 여신상은 미국 독립 100주년을 기념해 프랑스에서 기증한 것으로 무게는 225톤, 지면에서 횃불까지의 높이는 93.5미터에 이르렀다.

약 2만 명의 사람들이 베들로섬(Bedloe' s island, 1956년에 리버티섬으로 이름이 바뀌었다)에서 열리는 자유의 여신상 제막식을 축하하기 위해 몰려들었다. 이때에 월스트리트 사람들은 이 행사를 기념하기 위해 건물 창에서 색종이를 뿌려댔는데, 이게 이후 퍼레이드에 색종이가 등장하는 계기가 되었다. 섬이 너무 좁아 많은 사람들이 들어갈 수 없자 섬 주변 수백 척의 배 위에서 사람들이 지켜보는 가운데 그로버 클리블랜드 대통령이 축하연설을 했다.

자유의 여신상은 프랑스 정치인 에두아르 르네 드 라불라예(Édouard René de Laboulaye, 1811~1883)의 주도로 만들어졌고 설계는 유명 조각가 프레데릭 A. 바르톨디(Frédéric A. Bartholdi, 1834~1904)가 맡았다. 바르톨디는 수에즈 운하를 건설한 프랑스인 페르디낭 드 레셉스(Ferdinand de Lesseps, 1805~1894)와 친해서 이집트를 자주 방문했는데, 이집트와 로마의 고대건축에 관심이 많았다고 한다. 그래서 고대 이집트의 사라진 유적 '알렉산드리아 등대' 와 로마 제국의 리베르타스(Libertas, 자유의 여신)상 같은 거대하고 기념비적인 작품을 남기고 싶어 했다. 그의 꿈을 이뤄준 것이 자유의 여신상이었다. 입상은 1884년 완성됐으며 이듬해 미국으로 건너가기 전까지 파리에 서 있었다. 여신상을 분해해 배에 싣는 데도 엄청난 기술과 아이디어가 필요했다. 해체와 분해, 재조립을 맡은 사람은 5년 후 에펠탑을 건축할 귀스타브 에펠(Gustave Eiffel, 1832~1923)이었다.

자유의 여신상을 미국으로 가져오는 데엔 조지프 퓰리처의 『뉴욕월드』가 큰 역할을 했다. 라이벌인 『뉴욕헤럴드(New York Herald)』의 베넷(James Gordon Bennett, Sr., 1841~1918)은 그 조각상을 그냥 프랑스에 남겨두고 대신 미국 독립전쟁에서 식민지 주민들과 함께 영국에 맞서 싸웠던 프랑스 귀족 라파예트(marquis de Lafayette, 1757~1834)의 조각상을 세우자고 제안했으며, 『뉴욕타임스』는 이 '청동여자' 가 지금 우리의 재정상태로는 진정한 애국자조차 감당할 수 없을 만큼 비싸다고 주장했지만, 결국 퓰리처의 승리로 끝났다.

자유의 여신상은 뉴욕항에 들어왔을 때부터 1902년까지 항구의 등대로 쓰였다. 당시 여신상 꼭대기의 불빛은 40킬로미터 밖 바다에서도 보였다고 한다. 미국 최초로 '전기를 사용한 등대' 라는 기록도 갖고 있다. 롱아일랜드 항공학교 졸업생인 파일럿 후안 파블로 알다소로(Juan Pablo Aldasoro)는 1913년 졸업비행 삼아 여신상의 머리 위를 날았다. 이후 이 학교 졸업생들에게는 여신상 위를 나는 것이 관행이 되었고, 훗날 '얼리 버드 비행쇼' 로 굳어졌다. 여신상은 1984년 유네스코 세계문화유산으로 등재됐다.

백인들의 중국인 탄압

1880년대엔 550만의 이민자들이, 1890년대에는 400만의 이민자들이 미국으로 쏟아져 들어왔다. 그러나 모든 이민자들이 자유의 여신상의 축복을 받을 수 있는 건 아니었다. 자유의 여신상 좌대 건축을 위한 모금운동에 참여하도록 권유를 받은 한 중국인은 "우리에게 기부금을 요구하는 것은 모독행위다"며 다음과 같이 말했다.

"이 나라에 들어오는 모든 사람들을 인도하기 위하여 횃불을 든 여신상, 그것은 자유를 상징한다.……중국인들은 다른 유럽계 이민자들처럼 자유를 누리며 인격적인 대우를 받고 있는가? 중국인들이 이 사회에서 과연 모독과 학대, 폭력과 차별 그리고 린치로부터 자유로울 수가 있는가?……이 나라에서 중국인들은 시민이 될 자격이 없으며 따라서 변호사도 될 수 없다. 미국은 중국인을 제외한 모든 사람만이 자유로운 땅일 뿐이다."

당시 중국인들은 어떤 대우를 받았던가? 중국인이 1880년경 30만 명으로 증가해 캘리포니아 인구의 10분의 1을 차지하자, 미 의회는 1882년 '중국인배척법(Chinese Exclusion Act)'을 만들어 중국으로부터의 노동이민을 금지했다. 이 법안을 논의하는 과정에선 "중국인들은 자율 정부구성에 필요한 동기를 제공할 두뇌의 용적이 부족하다"와 같은 중국인 비하발언들이 쏟아져 나왔다.

이후로도 중국인 박해는 끊이지 않았다. 1885년 와이오밍의 록스프링스(Rock Springs)에서는 한 무리의 백인들이 500명의 중국인이 모여 사는 부락에 침입해서 단지 그들이 싫다는 이유만으로 28명을 살해하고 수백 명을 마을에서 내쫓았다. 서부의 법정에서는 중국인들에게 정당방어권조차 용납하지 않았다. "기회가 전혀 없다(He doesn' t have a Chinaman' s chance)"는 서부 특유의 표현이 생겨날 정도였다.

1888년 대통령 그로버 클리블랜드는 중국인이 "미국의 평화와 복지를 위협한다"고 선언했으며, 그의 정적인 공화당의 벤저민 해리슨(Benjamin Harrison, 1833~1901)도 거의 동일한 언어를 사용하면서 중국인을 비난했다. 즉, 중국인은 완전히 '이질적인' 인종이기 때문에 미국인과의 융화는 "가능하지도 않고 바람직하지도 않다"는 것이었다.

이런 인종차별은 이후 수십 년간 지속되었다. 자유의 여신상이 있는 베들로섬 근처의 엘리스섬(Ellis Island)은 널리 알려져 있지만, 샌프란시스코 앞바다에 있는 에인절섬(Angel Island)과 설리번섬(sullivan' s island)에 관한 이야기를 아는 사람은 거의 없다. 미국 정부가 교과서에서 삭제해버렸기 때문이다.

엘리스섬에 도착한 유럽계 이민자들은 간단한 입국절차를 마치고 곧 자유의 도시 뉴욕에 도착해 새로운 삶을 시작했지만, 1910년 문을 연 에인절섬 검문소는 아시아인 이민을 억제하기 위한 일종의 이민자 수용소였다. 최고 3년까지 이곳에 갇혀 지내야만 했기 때문에 사실상 창살 없는 감옥이었다. 흑인 노예들은 설리번섬에 노예로 팔려왔다. 엘리스섬이 자유를 상징한다면, 에인절섬과 설리번섬은 수탈과 압박, 노예제도를 의미한다. 자유의 여신상이 상징하는 자유, 평등, 평화, 민주주의 등은 백인만을 위한 것이었다.(장태한 2004)

헤이마켓 사건

백인들 중에서도 '지치고 가난한' 사람들은 제대로 대접받지 못했다.

1886년 시카고에서 파업 지지를 호소하는 영어-독일어 전단.

이를 생생하게 보여준 것이 바로 전국 총파업 사건이다. 1886년은 '노동자 대반란의 해' 라고 해도 좋을 정도로 노동운동이 최고조에 이르렀다. 남부의 사탕수수 농장들에서도 노동조합들이 형성되었고, 이런 기세를 몰아 노동자들은 파업을 일으켰다. 1886년 5월 1일 8시간 노동을 요구하는 총파업이 전국 1만 1,500여 곳에서 약 35만 명의 노동자들이 참여한 가운데 전개되었다. 이는 당시로선 놀라운 사건이었다. 5월 1일이 메이데이(May Day, 노동절)가 된 이유다.

시카고에서만 4만여 명이 파업에 동참했는데, 5월 3일 시카고 맥코믹리버사의 파업파괴자들이 노동자들의 공격을 받자 경찰이 노동자들에게 발포해 6명이 죽고 수십 명이 부상당하는 사건이 일어났다. 다음 날 헤이마켓 광장(Haymarket Square)에는 수천 명의 군중이 운집해 경찰의 폭력에 항의하는 시위를 벌였다. 출동한 경찰의 한가운데에 폭탄이 떨어져 경관 7명이 사망하고 67명이 중상을 입었다. 이에 경찰은 군중에 발포해 1명이 사망하고 33명이 부상을 당했다. 경찰은 아나키스트 시위주동자에게 책임을 돌렸다. 아나키스트에 대한 공포가 전국을 휩쓸었다. 수개월 내로 아나키스트 파업주동자 여러 명이 재판에 회부되어 유죄선고를 받았다. 4명은 교수형에 처해졌고, 다른 사람들에겐 무기징역이 선고되었다.

헤이마켓 폭동 이후 지도자인 테렌스 파우덜리의 반대에도 불구하고 파업에 참여한 노동기사단에겐 아나키스트라는 오명이 씌워졌다. 늘 노동자의 편을 들어온 조지프 퓰리처의 『뉴욕월드』마저 아나키스트들을 '다이너마이트 악마'라 부르면서 통렬하게 비난했다. 퓰리처는 노동단체들에게 "독을 품은 파충류와의 접촉을 피하듯이" 아나키스트들과 기타 급진주의자들을 피하라고 촉구했다. 과격한 노동운동에 대한 여론이 나빠지면서 1890년 노동기사단 조합원 수는 6년 전의 70만 명에서 10만 명으로 줄어들었다.

헤이마켓은 오늘날 어떻게 기념되고 있을까? 김명환(2002)의 방문기에 따르면, "어렵사리 찾아간 역사의 현장에는 겨우 몇 년 전에야 시장 명의로 만든 조그만 동판 하나가 보도에 초라하게 박혀 있다. 이처럼 자신의 중요한 역사를 방치하는 노동자들이 헤이마켓 사건 당시 유럽 노동운동이 보내준 관심과 연대의식을 기억할 수 없고, 결국 오늘날 자신들의 나라로 인해 세계 각지에서 벌어지는 고통에 대해 무관심할 수밖에 없는 것이다."

곰퍼스의 미국노동총연맹 결성

노동기사단이 쇠퇴하면서 그 공백을 메운 인물이 새뮤얼 곰퍼스(Samuel Gompers, 1850~1924)다. 영국계 유대인으로 담배제조 노동자 출신인 곰퍼스는 사회개선이라는 유토피아적 환상에는 별 관심이 없었으며, "좀더 좀더, 바로 지금 당장(More and More, Here and Right

Now)" 이라는 슬로건을 내걸고 정치적 목적이 아닌 노동시간, 임금, 안전 등과 같은 실리적인 것에 치중했다. 노동기사단의 대중조합주의에 반대한 그는 헤이마켓 사건이 일어난 바로 그해에 숙련공 노동조합의 연합체로 미국노동총연맹(AFL, American Federation of Labor)을 결성했다.

결성된 해에 조합원 수는 15만 명에 이르렀지만, 미국노동총연맹은 "흑인들은 신청할 필요 없음" 이라는 간판을 내걸었다. 곰퍼스는 열렬한 마르크스주의자였음에도 "무식한 흑인들에게서는 우리가 사랑이나 존경이라고 배워온 자질 같은 것을 조금이라도 찾을 수 없다. 이 몸집이 집채만 한 자들은 무식하고 유해하고, 아주 동물적 근성만 갖고 있다" 고 주장했다. 나중에 유진 데브스(Eugene Debs, 1855~1926)가 이끄는 사회당도 흑인들의 문제는 사회주의적 평등이 실현된 후에 저절로 오는 것으로 보고 문제삼지 않는다.

곰퍼스는 1886년에서 1924년까지 연맹회장을 거의 독식하다시피 하면서 적극적으로 효과적인 파업을 벌여 8시간 노동, 주 5~6일 근무, 사용자 배상책임, 탄광의 안전개선 등과 더불어 단체교섭권을 따내는 데에 성공한다. 그리하여 1901년에 조합원수가 100만 명을 돌파하게 된다.

곰퍼스가 노조조직자로서 이처럼 성공할 수 있게 된 비결은 조직범위를 숙련기술자들에게 국한시켰던 점이다. 이러한 조직방법이 점차 발전하자 노동운동과 사회주의자들의 사이가 좋지 않게 되었다. 그래서 결국엔 곰퍼스의 미국노동총연맹은 노동자들에게 사회주의를 주입시키는 일을 방해하는 주요한 장애물 가운데 하나로 부상한다.

훗날 레닌(Vladimir Lenin, 1870~1924)은 곰퍼스를 '부르주아의 첩자'라고 비난하지만, 미국은 러시아가 아니었다. 무엇보다도 다양한 인종과 민족으로 구성된 이민의 물결은 러시아식 단일대오의 형성을 불가능하게 만들었다. 미국 노동운동의 기조를 곰퍼스가 만들었다기보다는 미국의 그런 특성이 곰퍼스와 미국노동총연맹을 만든 것이다.

참고문헌 Brian 2002, Bryson 2009, Davis 2004, Desbiens 2007, Hunt 2007, Leuchtenburg 1958, Maddox 2006, Panati 1997, Persons 1999, Rifkin 2005, Zinn & Stefoff 2008, 구정은 2009, 김명환 2002, 김형인 2003, 박진빈 2006, 손영호 2003, 오치 미치오 외 1993, 장태한 2004, 최웅 · 김봉중 1997

"파괴를 향한 열정이 창조적인 열정"
미국 아나키즘의 초기 발달사

피에르 조제프 프루동의 아나키즘

헤이마켓사건은 유럽 좌파들의 비상한 관심의 대상이 되었다. 주동자들의 사형집행을 반대하는 대중집회가 영국, 프랑스, 네덜란드, 러시아, 이탈리아, 스페인 등에서 열렸으며, 런던 집회엔 윌리엄 모리스(William Morris, 1834~1896), 조지 버나드 쇼(George Bernard Shaw, 1856~1950), 표트르 A. 크로폿킨(Pyotr A. Kropotkin, 1842~1921) 등이 참여했다. 아나키스트인 크로폿킨은 런던 집회에서 연설을 했으며, 피고에 대한 사형선고를 반대하는 편지를 미국 언론에 보내는 등 적극 활동했다. 크로폿킨은 1897년 미국을 방문하는 등 미국의 아나키스트들에게 큰 영향을 미쳤다.

헤이마켓 사건 직후 미국에서 벌어진 '아나키스트 죽이기'는 그걸로 끝이 아니었다. 앞으로 자주 아나키스트들이 등장하는데다 아나키즘이 미국 사회에 미친 영향도 작지 않은 바, 여기서 미국 아나키즘의 족보를 확실하게 이해하고 넘어가는 게 좋겠다.

아나키즘(anarchism)은 정치적 권위의 일반원리를 부정하면서, 그러한 권위 없이도 사회질서가 이룩될 수 있고 또 그렇게 되는 것이 바람직하다고 주장하는 이념과 운동이다. 'anarchy' 란 단순히 '지배자 또는 통치의 부재' 를 뜻하는 그리스어에서 유래한 것이다. 아나키즘은 흔히 '무정부주의' 로 번역되는데, 바로 이런 번역이 아나키즘에 대한 오해를 낳는다고 불만을 표하는 사람들이 많다.

아나키즘은 프랑스의 피에르 조제프 프루동(Pierre Joseph Proudhon, 1809~1864)이 1840년에 출간한 『소유란 무엇인가(Qu' est-ce que la propriété ?)』에서 "아나키, 즉 주인이나 주권자의 부재, 우리가 하루하루 접근해가는 통치행태가 바로 이것이다" 고 외친 뒤 하나의 사회이념으로 등장했다. 그러나 상호주의와 협동을 강조했던 프루동과 정치적 혁명을 주장했던 카를 마르크스와의 갈등이 만만치 않았다. 1846년 프루동은 마르크스가 내민 손을 뿌리치면서 마르크스에게 이렇게 말했다.

"아마도 당신은 어떠한 사회개혁도 기습적인 방법이 아니고는 불가능하다고 생각하겠지요. 기습을 지난날에는 혁명이라고 불렀으며, 그것은 충격을 불러일으키자는 것이 틀림없습니다. 그 의견은 이해할 만합니다. 나도 오랫동안 그렇게 생각해왔으니까요. 그렇지만 최근 나는 그런 견해를 완전히 포기했습니다. 우리는 혁명이 유일한 성공의 길이라고 보지 않습니다. 왜냐하면 그런 수단은 폭력이나 자의적인 호소에 지나지 않는 것으로 결국 자기파멸을 가져올 것입니다."

마르크스는 1847년 『철학의 빈곤(The Poverty of Philosophy)』에서 프

루동을 유토피아적 비현실주의자라고 비난했다. 어디 그뿐인가. 마르크스의 주장에 따르면, 프루동은 경제도, 철학도 전혀 모르는 무식꾼이며 구제불능의 '소아병환자' 였다. 마르크스의 이런 독설은 1860년대까지도 계속되었다.

프루동의 사상은 미국에도 유입되었는데, 그 선도자는 1848년 파리에서 프루동의 연설을 듣고 감명을 받은 찰스 데이나였다. 데이나는 언론인으로서 다른 길을 걷게 되지만, 아나키즘은 다른 프루동 지지자들에 의해 미국 사회에 널리 전파되었다.

미하일 바쿠닌과 세르게이 네차예프

1864년 프루동의 사망 후 아나키즘의 계보를 이은 이는 러시아 아나키즘의 대부이자 국제사회주의 운동세력에서 마르크스의 라이벌이었던 미하일 바쿠닌(Mikhail Bakunin, 1814~1876)이었다. 자신의 아나키즘에 대해 '집산주의(collectivism)' 라는 말을 쓰기도 했던 바쿠닌은 불을 토하는 열변으로 무장한 타고난 선동가로서 '바쿠닌주의' 라는 말을 만들어도 무방할 만큼 '즉각적인 혁명(immediate revolution)' 과 '지금 당장의 자유(freedom now)' 를 강조했다. '지금주의' 라고나 할까? 이문창(2003)에 따르면, 바쿠닌은 소집단의 원시적인 평화상황이 그대로 국제사회와 같은 대집단으로 넓혀질 수 있다는 신념을 갖고 '지금' 어떤 문제가 있다면 '지금' 해결해야지 내일까지 끌고 갈 필요가 없다고 주장했다.

바쿠닌은 프루동의 견해를 수용하고 선전하는 데에 앞장섰으니 마르크스와의 사이가 좋을 리 만무했다. 이런 상황에서 바쿠닌과 마르

타고난 선동가였던 아나키스트 미하일 바쿠닌(왼쪽)과 러시아의 혁명가 세르게이 네차예프(오른쪽).

크스 사이의 갈등을 악화시킨 인물이 있었으니, 그가 바로 러시아 혁명가 세르게이 네차예프(Sergey Nechayev, 1847~1882)다. 네차예프는 혁명을 위해 음모, 사기, 공갈, 복수 등을 마다하지 않고 피에 굶주린 냉혈한처럼 행동했다. 네차예프는 1869년 혁명동지인 이반 이바노프(Ivan Ivanov)를 살해했는데, 이 사건은 널리 알려져 도스토옙스키(Fyodor Dostoyevsky, 1821~1881)가 1871~1872년에 발표한 장편소설 『악령(The Possessed)』의 소재가 되었다. 네차예프는 파괴와 폭력 자체를 목적으로 삼았으며, 상상을 초월하는 기만과 술수를 저질렀고, 자신에 대해서도 신비한 분위기가 감도는 영웅의 이미지를 적극 조작하였다. 고명섭(2007a)에 따르면, 그는 "개인적인 감정이라곤 전혀 없는 무쇠와 같은 사람, 심장이 뛴다고는 도저히 믿어지지 않는 사람"이었다.

네차예프의 사기행각에 말려들어 가장 큰 피해를 본 사람이 바로 바쿠닌이다. 바쿠닌이 네차예프와 함께 보낸 시기(1869~1872)는 비교적 짧았지만, 네차예프의 그림자는 두고두고 바쿠닌에게 오명이 되었다. 1869년 바쿠닌과 네차예프 두 사람의 이름으로 나온 「혁명가의 교리문답(Revolutionary Catechism)」은 그들 자신도 지킬 수 없었던 극단으로 치달았기 때문이다. 이 교리문답은 혁명가의 냉혹, 냉혈, 냉담 등을 강조하면서 순교의 열정을 찬양했다. 무자비한 파괴와 파괴를 위한 음모를 명령하면서 모두 다 '혁명기계'가 될 것을 역설했다. 전체 26조 중 몇 개만 살펴보자.

제1조 혁명가는 불행한 운명에 갇힌 사람이다. 혁명가는 자기만의 관심사도 없고, 일도, 감정도, 애착도, 재산도 없다. 심지어 그에게는 이름도 없다. 혁명가의 관심을 사로잡는 것은 오직 하나, 모든 사고와 열정을 사로잡는 혁명뿐이다.

제4조 혁명가는 여론을 경멸한다. 혁명가는 현재의 공공도덕은 그 동기와 형태를 불문하고 모두 경멸하고 증오한다. 혁명가에게는 혁명의 승리를 돕는 것은 모두 도덕이고, 그것을 방해하는 것은 모두 부도덕이며 범죄다.

제6조 자신에게 엄격한 혁명가는 다른 사람에게도 엄격해야 한다. 혁명가는 혈육의 정(情), 우정, 사랑, 심지어 존경심까지, 사람을 나약하게 만드는 모든 감정을 혁명의 대의를 향한 냉혹한 열정으로 제압해야 한다. 혁명가를 위로해주는 것은, 혁명가에게 위안과 보상, 만족을 주는 것은 오직 하나, 혁명의 성공뿐이다. 밤낮으로 혁명가는 오로지 한 가지만, 하나의 목표만, 다시 말해 무자비한 파괴만 생각해야 한다. 피도 눈물도 없는 사람처럼 끊임없이 이 목표를 향해 분투하면서 혁명가는 늘 스스로 재가 될 각오를, 혁명의 승리를 가로막는 것은 하

나도 남김없이 자기 손으로 파괴할 각오를 해야 한다.

제13조 혁명가가 공적인 세계, 신분질서의 세계, 그리고 이른바 교양세계에 침투하는 것은 오로지 하루라도 그 세계를 더욱 완전하게 파괴할 목적 때문이다. 그런데 그 세계에 있는 어떤 것에라도 연민을 느낀다면, 그 안에 있는 모든 사람, 모든 것이 가증스러워야 하는데 그 세계 안에 있는 지위나 관계 또는 어떤 사람을 제거하는 데 주저한다면, 그는 혁명가가 아니다. 그보다 더 나쁜 것은 그 안에 가족이나 친구, 사랑하는 사람이 있는 것이다. 그들이 그의 행동을 막을 수 있다면, 그는 혁명가가 아니다.

「혁명가의 교리문답」

이 과격한 「혁명가의 교리문답」은 일부 사람들에게 먹혀들었다. 왜 그랬을까? 도스토엡스키가 자기도 젊었을 때는 네차예프주의자였다고 볼 수 있지만 결코 네차예프가 될 수 없었다고 말한 걸 보더라도, 당시 네차예프가 적잖은 젊은이들을 일시적으로나마 사로잡았던 것 같다. 네차예프가 강조했던 건 영웅주의였다. 영웅주의는 자기희생, 곧 순교와 연결되었다. 즉 유사종교였다.

폼퍼(Pomper 2006)에 따르면, "네차예프는 이상주의적인 청년들에게 순교와 관련된 수사가 얼마나 효과적인지 잘 알고 있었다. 수난을 통해 속죄할 수 있다는 생각은 그들의 가장 뿌리 깊은 문화적 상징 가운데 하나였다. 그가 서명한 얼마 안 되는 문건 가운데 하나인 '러시아 학생들에게' 에서 그는 혁명이라는 대의를 위해 목숨을 바친 순교자 가운데 가장 위대한 순교자인 그리스도를 이용했다. '돼지에게 진주를 던지지 마라.' "

네차예프 자신을 움직인 동력은 권력 · 부 · 권위에 대한 맹목적인 적개심이었다. 그를 심문했던 조사관은 그의 글에 팽배한 극도의 증오(자수성가한 사람이 특권층에 갖는 증오와 미움)와 자기 자신마저 속이려는 경향 등을 언급하면서 다음과 같이 말했다.

"부유한 사람들을 모두 혐오하면서 은근히 자신의 위력을 즐기는 경향, 확실성과 타당성을 검증해보지도 않고 기존질서를 거의 맹목적으로 적대시하는 본능을 일부러 키우는 경향, 이것은 모두 저자(네차예프) 자신이 상당히 만족스러워하며 인정한 대로 확신이 아니라 기질에 따라 혁명가가 된 사람들의 특징이다. 아마 저자가 자기보다 교양 없는 사람들, 자기 의견에 비판적인 견해를 갖는 데 덜 익숙한 사람들에게 행사하는 영향력은 어느 정도 이런 특성 탓일 것이다."

증오와 복수는 사람을 끌어모으는 데 큰 힘을 발휘할 수 있는 무기였다. 폼퍼는 네차예프주의가 "복수의 심리학이 정치의 차원으로 이동한 것을 아주 뚜렷이 보여주는 예"라며 이렇게 말한다. "위기의 시기에는 때로 집단이 영웅의 지도를 받는 길을 택하며, 그의 극단적인 수사와 필사적인 권력의지는 집단적인 패배와 굴욕으로부터 탈출을 약속해준다. 위기의 정치학은 집단적인 구원과 쇄신이라는 이데올로기의 이름으로 복수의 정치학을 추구하는 개인을 떠받든다."

네차예프의 강령을 보고 '병영(兵營)공산주의'라며 혀를 찬 마르크스는 1872년 헤이그에서 열린 인터내셔널대회에서 바쿠닌을 네차예프와 엮어 제명했다. 바쿠닌은 "마르크스는 신을 믿지 않는 대신 자기 자신만을 믿으면서 모든 사람을 자신에게 봉사케 하려 한다. 그의 마음을 차지하고 있는 것은 애정이 아니라 적개심뿐이며 인류에 대한 애정 따위를 그에게서는 찾아볼 수 없다"고 비난했다. 그러나 바쿠닌은 죽음을 앞두고선 "혁명활동이 비열하고 천한 열정에서 지지를 구해서도 안 되며, 고상함과 자비로움, 선량한 사상 없이는 혁명도 승리할 수 없다는 점을 가장 먼저 깨달아야 한다"고 후회했다. 이와 관련, 폼퍼는 이렇게 말한다.

"네차예프주의는 1870년대 러시아 혁명가들에게 목적이 수단을 정당화해주지 않는다는 것을, 진보적인 이념이 야만적인 형태로 왜곡될 수도 있다는 것을 가르쳐주었다. 비교적 적은 비용으로 네차예프는 동시대인들에게 혁명정치가 엄청난 재난을 불러올 수도 있다는 놀라운 교훈을 주었다. 그러나 결국 러시아 혁명가들이 그것을 교훈으로 삼지 못하고 20세기 혁명운동이 그것에 주의를 기울이지 않은 것을 보면, 네차예프주의의 문제가 사실은 아주 중대한 인간의 문제를 축소해 보여준다는 것을 알 수 있다.……그것은 바로 '양심의 병리학'에 관한 이야기이다."

그래서였을까? 네차예프주의는 20세기 들어서도 큰 영향을 미쳤다. 1960~1970년대의 비주류 과격 혁명운동이었던 '블랙 팬더', '붉은 여단', 일본의 연합적군 등은 네차예프주의와 「혁명가의 교리문답」을 '혁명의 성경'으로 찬양하고 실천했다. 독재자들도 네차예프주의를 실천함으로써 네차예프는 '20세기 독재자들의 진정한 선구자'라는 말까지 듣게 되었다. 고명섭은 "네차예프가 제안했던 노선을 따르는 혁명운동은 민중에게 그들이 '실제로 원하는' 것이 아니라 '마땅히 원해야 하는' 것을 주겠다며 권력을 뒤좇는 오만한 엘리트를 만들어낸다" 고 평가했다.

바쿠닌이 미국에 미친 영향

여기서 중요한 것은 한동안이나마 네차예프주의와 뒤섞인 바쿠닌주의가 미국의 아나키즘 운동에 큰 영향을 미쳤다는 사실이다. 바쿠닌은 1861년 10월 15일부터 12월 14일까지 미국을 방문해 많은 사람들을 만났다. 그는 미국에 체류하는 동안 노예 폐지론자 모임에 드나들면서 프루동과 달리 북부와 남부의 싸움에서 북부를 지지했다. 그러나 바쿠닌도 프루동 못지않게 연방권력이 점차 중앙집권화되는 걸 우려했고 여러 가지 면에서 북부의 정치구조보다 더 자유롭고 민주적이라고 여겼던 남부연합에서 사라지고 있는 농본주의적 미덕(agrarian virtues)을 소중히 여겼다.

바쿠닌이 미국 사회에 아나키즘의 씨앗을 뿌리고 떠난 지 6년 후인 1867년 아나키즘 계열의 국제노동자협회(The International Working Men' s Association)의 미국 지부가 구성되었으며, 1870년과 1872년 사이에 뉴욕과 보스턴 등 여러 도시들에 하부조직들이 생겨났다. 1872년 바쿠닌이 인터내셔널에서 쫓겨났음에도 미국에서 바쿠닌의 영향력은 점점 커졌으며, 1876년 바쿠닌의 사망 이후 미국의 아나키스트 간행물인 『알람(Alarm)』 등은 「혁명가의 교리문답」을 발췌해서 싣기도 했다.

1880년대 내내 바쿠닌의 책들이 미국에서 발행되었으며, 이미 유럽에서 아나키즘의 세례를 받은 이민자들이 미국에 들어오면서 바쿠닌의 글들은 수많은 유럽 언어들로 번역돼 출간되었다. "파괴를 향한 열정이 창조적인 열정" 이라는 바쿠닌의 유명한 금언은 미국 아나키스트들의 좌우명이 되었다. 1883년의 피츠버그 아나키스트 대회나 1886년의 헤이마켓 사건도 바로 이런 배경에서 일어난 것이었다. 이와 관련, 애브리치(Avrich 2004)는 다음과 같이 말한다.

"헤이마켓 사건은 종종 시카고에서의 폭발사고, 즉 많은 경찰관들이 죽거나 부상을 당했고, 네 명의 아나키스트를 교수형시키고 다섯 번째 아나키스트를 감방에서 자살하게 만든 사건, 미국에서 아나키스트 운동의 몰락을 촉진했던 사건이라고 이야기된다. 하지만 정확히 말해 그 반대가 진실이다. 헤이마켓 처형은 이민자와 미국 토박이들 모두에서 아나키즘의 성장을 자극했고, 이후 아나키스트 모임의 수가 빠르게 늘어났다."

헤이마켓 사건 이후 만들어진 아나키스트 모임 중에는 1886년 10월 9일 뉴욕에서 결성된 자유개척단(the Pioneers of Liberty)도 있었다. 미국 최초의 유대인 아나키스트 모임인 자유개척단은 사형위기에 처한 시카고 동지들을 구해내기 위한 캠페인을 벌였으며, 1887년 11월 11일 네 명이 처형된 뒤에도 아나키즘 운동을 맹렬히 전개했다.

1889년 7월 프랑스혁명 100주년을 기념해 파리에서 열린 제2인터내셔널 설립대회에서는 미국 노동자의 8시간 노동을 위한 운동상황을 보고받고, 1890년 5월 1일을 '노동자 단결의 날'로 정해 8시간 노동쟁취를 위한 세계적인 시위를 결의했다. 앞서 지적했듯이, 헤이마켓 사건이 '메이데이'를 낳게 한 셈이다.

표트르 크로폿킨의 아나키즘

바쿠닌의 뒤를 이어 활약한 대표적인 아나키스트는 바쿠닌과 마찬가지로 러시아 출신인 표트르 크로폿킨이다. 러시아 귀족 출신인 크로폿킨은 러시아에서 오랜 유형 및 수감 생활을 하다 1876년 탈옥 직후 런던에서 단기간 머물다가 스위스와 프랑스를 오가며 아나키즘 운동에 참여했다. 그는 프랑스에서의 2년여 수형생활을 거쳐 1886년 석방 후 영국에 체류하면서 활동했다. 크로폿킨에겐 바쿠닌의 폭력적인 기질과 파괴를 지향하는 거대한 충동은 없었음에도, 이미 영국에서 아나키즘은 혐오의 대상이었고 '조직적 범죄의 또다른 이름' 으로 매도되었다.

1897년 10월 크로폿킨이 미국을 방문했을 때 미국에서도 아나키즘은 혐오의 대상이었지만, 그의 귀족 출신이라는 배경 덕분에 '크로폿킨 공작' 으로 불리면서 제법 여론의 주목을 받았다. 이념에 관계없이 진짜 공작을 본다는 기대로 그의 강연에 참석한 사교계 사람들도 많았다. 1890년대엔 미국 부자들의 딸과 유럽 귀족들 간의 국제결혼이 유행처럼 번졌다는 걸 감안할 필요가 있다. 미국 헌법은 "어떠한 귀족 작위도 미합중국에 의해 부여되지 않는다" 고 천명했지만, 미국인들의 뿌리 깊은 '유럽 귀족 콤플렉스' 는 헌법 이상의 것이었다.

『뉴욕헤럴드』 1897년 10월 24일자에 따르면, "크로폿킨 공작은 전형적인 아나키스트다. 생김새가 족장 같고 옷차림이 단정치 않지만 그건 사회의 관습에 저항하는 사람의 경솔함이라기보다 학문에 몰두하는 사람의 부주의다. 그의 매너는 우아한 신사 같았고 우리가 익숙하게 보아오던 아나키스트의 빈정거림과 독단주의를 가지고 있지 않았다."

거의 2개월에 걸친 크로폿킨의 강연여행을 수행했던 러시아 출신

아나키스트 엠마 골드먼(Emma Goldman, 1869~1940)은 그의 강연이 "우리 운동에 새로운 활력을 주었다"고 평가했다. 영국의 『프리덤(Freedom)』 1898년 1월호는 그의 여행이 "미국의 아나키스트 운동에 엄청난 힘을 줄 것이다. 지난 몇 달간 미국에서 아나키스트 책자의 수요가 이 사실을 증명한다"고 말했다.

크로폿킨은 1901년 4월 다시 미국을 방문했는데, 이때 사회주의 노동당의 기관지 『위클리 피플(Weekly People)』이 보인 반응이 흥미롭다. 자본가들보다 아나키스트들을 더 혐오했던 편집장 다니엘 드레옹(Daniel De Leon, 1852~1914)은 "그의 영어는 아주 형편없다. 그는 사상이나 정보에 관해 전혀 새로울 게 없는, 노동자계급과 자본가계급 외에도 이 세상의 모든 것에 관해 항상 똑같이 길고 지루하며 일관되지 않은 아나키스트적인 만담을 한다"고 비난했다.

이런 에피소드와 더불어 그 이전 아나키스트들과 마르크스 사이에 벌어진 갈등이 시사하듯이, 좌파 내부의 단결마저도 기대하기 어려운 것이 미국 좌파의 현실이었다. 심지어 아나키즘 내부에서도 그 종류와 갈래가 워낙 다양해 아나키즘을 한 묶음으로 싸잡아 이해하려 들지 않는 것이 아나키즘 정신에 충실한 자세라고 말하는 게 타당할지도 모를 정도다. 이제 곧 이런 분열을 파고든 미국 정부의 아나키스트들에 대한 대대적인 탄압이 또다시 벌어지게 된다.

참고문헌 Allen 2008, Avrich 2004, Bottomore 외 1988, Johnson 1999, Kropotkin 2003, Phillips 2004, Pomper 2006, Proudhon 2003, Sheehan 2003, Wolff 2001, 고명섭 2007a, 박홍규 2004, 이문창 2003, 이영석 2009

광고와 백화점의 유혹
코카콜라와 '쇼핑'의 탄생

매약(賣藥)의 전성시대

1886년 5월 조지아주 녹스빌 출생으로 애틀랜타에서 활동하던 가난한 늙은 의사인 존 S. 펨버톤(John S. Pemberton, 1831~1888)이 피나는 노력과 인내로 코카콜라를 발명했다. 자신의 집 뒤뜰에 걸어놓은 허술한 솥에서 설탕과 캐러멜을 주원료로 해 이걸 첨가해보고 저걸 첨가해보는 등 수많은 실험을 반복한 끝에 이룬 결실이었다. 탄산수를 섞은 게 주효했다. 탄산수는 1767년 조지프 프리스틸리(Joseph prie-stley, 1733~1804)가 그 제조법을 발명했는데, 당시엔 '고정된 공기'로 불렀다.

코카콜라 탄생 무렵의 미국은 '매약(賣藥)의 전성시대'였다. 남북전쟁 이전에도 신문지면의 절반은 약광고가 차지할 정도로 약장사가 극성스러웠는데, 남북전쟁은 이 극성의 불길에 기름을 퍼부은 결과를 초래했다. 이 전쟁은 이른바 '군인병'으로 알려진 마약 상용화를 널리 퍼뜨렸기 때문이다. 1870년 한 해에 미국인들은 무려 2만 2,679킬로그램에 달하는 아편과 모르핀 유도체를 주로 매약의 형태로 소비했다.

'통증억제산업' 이라고나 할까. 이 산업에 종사하는 업자들의 치열한 광고공세가 전국을 휩쓸었다. 열차승객들이 볼 수 있도록 야외의 산 중턱에 세워진 거대한 입간판은 흔한 풍경이었다. 심지어 어떤 제약업자는 자유의 여신상의 대좌를 거대한 간판으로 이용할 수 있게 해주면 그 건설자금을 제공하겠다고까지 제의하기도 했다. 당시 제약업자들의 약광고 공세가 어찌나 치열했던지, 심리학자이자 철학자인 윌리엄 제임스(William James, 1842~1910)는 『네이션(The Nation)』지의 편집장에게 보낸 편지에서 다음과 같이 말했다.

"이 죄악은 무서울 정도의 속도로 증식되고 있다. 이제 광고는 많은 신문의 지면을 차지해버렸고, 자살이나 살인, 유괴, 폭행, 강간사건을 합친 것 다음 가는 비중을 차지하고 있다. 이러한 광고의 범람을 정당화할 수 있는 유일한 것은, 누구나 자기의 발명에 의하여 부자가 될 권리가 있다는 주장밖에 없을 것이다."

광고만 한다고 해서 대중이 약을 사 먹었겠는가. 아마도 당시 의사의 부족 때문에 생겨난 현상이었겠지만, 미국인들이 약에 탐닉했다고 보는 게 옳으리라. 그러나 약을 만든다고 해서 누구나 다 성공할 수 있는 건 아니었다. 코카콜라가 나오기 1개월 전 『뉴욕트리뷴』은 "매약은 그 무엇보다도 유망한 분야이고, 이 사업을 시작한 사람들은 대부분 호화요트나 경주마를 가질 정도로 부자가 되었다는 것이 일반인들의 평가지만, 실제로는 매약으로 성공을 거둔 사람은 겨우 2퍼센트에 불과하다" 고 말했다.

남북전쟁 후 자칭 '불사조의 도시' 를 표방한 애틀랜타는 재건의욕

이 충만했다. 전후 남부 비즈니스의 중심지가 된 애틀랜타를 방문한 사람들은 "모든 사람들의 머리에 들어 있는 것은 오직 한 가지, 돈벌이 생각뿐이다"고 말할 정도였다. 당시엔 여러 약 중에서도 코카의 잎에서 추출한 코카인의 인기가 대단했다. 코카인은 1860년 독일 과학자들이 붙인 이름인데, 많은 사람들이 그 효능에 주목했다. 1880년대의 코카인 붐에 대해 당시 한 의학잡지는 "알코올과 모르핀의 사용이 늘고 있는 데 대한 반대운동으로 코카 붐이 일고 있다"고 분석했다. 일부 의사들은 코카인의 부작용을 경고했지만, 이걸 심각하게 받아들이는 사람은 거의 없었다.

지그문트 프로이트(Sigmund Freud, 1856~1939)는 1880년 디트로이트의 의학잡지에서 코카인 관련기사를 읽고 그 가능성에 매료되었다. 그는 1884년 자기 자신이 실험대상이 되어 처음으로 코카인을 실험했는데, 코카인이 주기적으로 일어나는 우울상태나 무기력을 방지하는 데 효과가 탁월하거니와 성적(性的) 능력도 향상시킨다는 걸 밝혀냈다. 바로 그해에 프로이트는 『코카에 관하여(Über Coca)』라는 책을 출간했다.

코카콜라 성공의 열쇠는 광고

1885년 11월 25일 애틀랜타에서는 금주법이 가결되었다. 그 내용은 7개월 후인 1886년 7월 1일부터 2년에 걸쳐 시험적으로 실시한다는 것이었다. 금주법은 실제로 시행되었다가 1887년 11월 26일 실시된 투표에 의해 폐지되었지만, 이 법은 많은 제약업자들을 기대에 부풀게 만들었다. 펨버튼이 1886년 4월 신제품 발표 시 '나의 금주용 음료'라

COCA-COLA
SYRUP ◊ AND ◊ EXTRACT.

For Soda Water and other Carbonated Beverages.

This "INTELLECTUAL BEVERAGE" and TEMPERANCE DRINK contains the valuable TONIC and NERVE STIMULANT properties of the Coca plant and Cola (or Kola) nuts, and makes not only a delicious, exhilarating, refreshing and invigorating Beverage, (dispensed from the soda water fountain or in other carbonated beverages), but a valuable Brain Tonic, and a cure for all nervous affections — SICK HEAD-ACHE, NEURALGIA, HYSTERIA, MELANCHOLY, &c.

The peculiar flavor of COCA-COLA delights every palate; it is dispensed from the soda fountain in same manner as any of the fruit syrups.

J. S. Pemberton;
Chemist,
Sole Proprietor, Atlanta, Ga.

코카 잎과 콜라 열매를 언급한 코카콜라의 초기 광고(왼쪽)와 피곤할 때는 코카콜라를 마시라며 코카인과의 관련성을 보여주는 광고(오른쪽).

고 부른 것도 바로 그런 금주법 분위기에 편승하고자 했기 때문이었다. '코카콜라'는 나중에 붙인 이름이지만, 중요한 건 코카콜라가 금주의 대용품이 될 수 있다는 점이었다.

1886년 5월 29일자 『애틀랜타저널(The Atlanta Journal)』에 낸 최초의 광고는 "코카콜라! 향긋하고 시원하고 마음을 유쾌하게 하며 기운이 넘치게 한다! 이 탄산수 매장의 새로운 인기 음료에는 신비한 코카의 잎과 유명한 콜라 열매의 성분이 들어 있습니다"라고 주장했다. 처음엔 주성분이 코카와 관련이 있다는 걸 인정했으나, 나중엔 점점 의문시되는 코카인과의 연계를 차단하기 위해 '코카콜라'는 단순히 어조가 좋아서 붙인 이름이라는 점을 강조했다. 코카콜라의 약효성분이 소문이 나자 코카콜라 측은 이를 강하게 부정하고 나섰지만 실은 이게 판매촉진에 큰 기여를 했다.

이후 코카콜라의 대대적인 성공의 열쇠는 광고였다. 1850년 최초의 광고대행사인 미국 신문광고대행사가 출현하면서 '광고게시판(billboards)' 이란 용어가 처음 사용되었지만, 이때의 광고대행은 단순 대리업무에 지나지 않았다. 현대적인 의미로 최초의 광고대행사는 1869년 필라델피아에서 창립된 'N. W. 아이어 앤 선(N. W. Ayer & Sons)' 이다. 광고대행사들이 생겨나 상호경쟁하면서 광고도 점점 공격적으로 바뀌어갔으며, 이를 잘 보여준 것이 바로 코카콜라 광고다. 팸버톤은 "만약 나에게 2만 5,000달러가 있다면 2만 4,000달러는 광고하는 데 쓰고 나머지 1000달러로 코카콜라를 만들겠다" 고 말할 정도로 광고를 중요하게 생각했다. 코카콜라는 1891년부터 '코카콜라 걸' 로 불린 미녀들을 내세운 섹스어필 광고 공세를 퍼부었다. 1892년 원료비의 절반에 해당되는 돈을 광고비로 쓸 정도였다. 코카콜라는 1895년 말 미국 전역에서 판매되었다.

1896년의 광고는 "코카콜라를 마시는 사람은 점점 더 강해진다. 코카콜라를 마시면 머리가 점점 더 총명해진다" 고 주장했다. '코카콜라=약' 이라는 이미지는 장점도 있었지만 멀리 보면 약점이기도 했다. 그래서 코카콜라사는 "마시자 코카콜라를. 매우 향긋하고, 시원한" 이라고만 강조한 광고를 늘려나갔다.

1898년 스페인-미국전쟁 때 매약에 전시특별세를 징수하는 법률이 통과되자 코카콜라사는 법정투쟁을 벌여 결국 승소판결을 받아냈다. 그러나 이런 문제를 피하기 위해 코카콜라사는 이후 더욱 약 이미지를 탈피하기 위해 애를 썼다. 그럼에도 "심신의 피로를 가시게 하고, 두통을 고친다"는 광고카피는 포기하지 않았다. 사회적으로 계속 코카인의 중독성이 문제가 되자 코카콜라사는 1903년부터 원료에서 코카인 성분을 제거했다. 이해에 코카콜라는 3억 병 판매를 축하했다.

1913년경 코카콜라사는 1억 개 이상의 매체에 광고를 했기 때문에 미국 어디를 가건 코카콜라 광고를 피할 수 없었다. 계절도 뛰어넘었다. 당시 광고문구는 "갈증에는 계절이 없다(Thirst Know No Season)"였다. 1915년에 열린 디자인 공모전을 통해 당선된 코카콜라 '컨투어 병(Contour Bottle)'은 훗날 20세기의 가장 뛰어난 디자인으로 평가받으며 그 가치만 4조 원에 이른다고 평가받는다. 1919년 이후 코카콜라는 세계 설탕소비 1위를 차지한다.

코카콜라사는 1920년대에 발효된 금주법에 의해 술 판매가 전면적으로 금지되면서 비약적인 성장을 맞게 된다. 또 1920년대부터 겨울철 매출을 더욱 늘리기 위해 산타클로스가 코카콜라를 마셔대는 그 유명한 '산타클로스 마케팅'을 시작한다. 원래 산타클로스의 이미지 원조는 1822년 클레멘트 클라크 무어(Clement Clarke Moore)가 자신의 딸들을 위해 쓴 「성 니콜라스의 방문(A Visit from St. Nicholas)」이라는 시(詩)지만, 크리스마스라고 하면 곧장 산타클로스가 연상되게끔 산타클로스의 대중화에 결정적인 기여를 한 건 바로 코카콜라사의 산타클로스 마케팅이다.

코카콜라의 경쟁자는 없었던가? 1894년에 생겨 1898년에 펩시콜라(Pepsi-Cola)로 개명을 한 경쟁자가 있긴 했지만, 실질적인 라이벌 관계는 1930년대부터 시작되었다. 코카콜라는 1928년 제9회 암스테르담 올림픽과 1930년 제1회 월드컵부터 후원을 시작해 이후 거의 매번 공식후원사가 되었으며, 제2차 세계대전 때 유럽을 비롯한 전 세계로 진출함으로써 급성장했다.

코카콜라는 '미국의 상징'

코카콜라사는 진주만 폭격 이후 노골적으로 애국심을 자극하는 광고 공세를 폈다. 전투기에서 콜라를 쥔 손이 튀어나오는 가운데 "미국에 위기 도래. 미국인은 준비태세를 갖추지 않으면 안된다"고 노래를 부르는 식이었다. 어린이들을 대상으로 10센트에 판매한 '전투기 시리즈' 팸플릿도 대인기를 누렸다.

제2차 세계대전중 미군 병사들에게 코카콜라는 거의 종교적인 음료였다. 특히 아이젠하워(Dwight David Eisenhower, 1890~1969)를 비롯한 장군들이 코카콜라의 열성신도였다. 1943년 6월 19일 아이젠하워 사령관은 워싱턴에 "코카콜라 300만 병을 보내달라"는 전보를 쳤다. 한여름이 되자 미군 병사들이 마신 코카콜라는 800만 병에 달했고, 연말에는 7,500만 병을 넘어섰다. 병사 1인당 1주일에 두 병씩 마신 셈이었다. 미 육군은 코카콜라 사원을 우대해 이들에게 '기술고문'이라는 준(準)군인 지위를 부여했기 때문에 코카콜라 직원이면 어느 군부대건 그냥 통과할 수 있었다. 이들은 병사들에게 '코카콜라 대령'이라 불리며 큰 인기를 누렸다.

코카콜라사는 군인들의 코카콜라 사랑을 애국심과 연결시켜 광고함으로써 코카콜라를 '미국의 상징'으로 만들었다. 코카콜라사는 1948년부터는 코카를 전혀 넣지 않은 코카콜라를 만들었다. 1950년 코카콜라는 전 미국 청량음료 시장의 50퍼센트를 점유했으며, 1960년엔

1분당 4만 병, 1993년엔 전 세계적으로 1초당 4만 병이 소비되었다.

코카콜라는 '미국화'의 전도사가 되었다. 이런 현상을 최초로 포착해 의미를 부여한 것은 『타임(Time)』 1950년 5월 15일자 표지기사였다. 이전에 『타임』이 상품을 표지기사로 다룬 적은 한 번도 없었다. 레이몽(Reymond 2007)은 "물론 두 회사 사장들의 친분관계가 큰 영향을 미쳤겠지만, 그래도 미국 남부에서 발명된 음료수가 세계적으로 각광받는다는 점이 편집부의 관심을 끌었기 때문에 가능한 일이었다"며 다음과 같이 말한다.

코카콜라가 등장한 『타임』 1950년 5월 15일자 표지.

"특집기사에는 사진자료가 풍성하게 들어있었다. 뉴욕에서 파리, 카사블랑카, 리우데자네이루까지 코카콜라가 새로운 경제 모델의 선봉장임을 보여주는 사진들이었다. 그 경제 모델은 미국 기업이 돈을 벌려면 반드시 지역시장들의 발전에 기대야 한다는 것이었다. 보는 시각에 따라선 제국주의라고도, 자본주의의 가치를 수호하는 것이라고도 하겠지만 그게 뭔지는 중요하지 않다. 중요한 건 『타임』이 '선지자'의 역할을 떠맡았다는 것이다. 코카콜라의 '글로벌'한 주도권을 칭송하면서 『타임』은 막 움트기 시작한, 아직 이름조차 없었던 '세계화'의 조짐을 보았다."

이런 코카콜라 제국을 건설한 사람은 1923년에 실권을 장악한 로버트 우드러프(Robert Woodruff, 1889~1985)다. 창업자인 펨버톤은 1888년 8월 16일 57세로 사망했는데, 자신의 권리를 다른 사람에게 팔아넘겨 큰돈을 벌진 못했다. 그래서 '미스터 코카콜라' 라는 타이틀은 우드러프에게 돌아갔다. 정치자금 제공 등과 관련해 "민주당은 코카콜라, 공화당은 펩시콜라"라는 말이 나올 정도로 코카콜라사는 친(親)민주당 노선을 걸었다.

사회학자 린다 매독스는 코카콜라의 성공비결을 ① 미국에서 전국적으로 뻗어나간 최초의 상품으로 어디에서나 손쉽게 구할 수 있었다, ② 대중과 시대를 의식한 광고로 소비자에게 어필했다, ③ 드러내지 않고 애국심을 자극했다(요미우리 1996) 등 3가지를 꼽았다.

약 100년간 펩시콜라와 대결을 벌인 코카콜라는 2005년에 1위 자리(시가총액 기준)를 펩시에 내주고 2위로 주저앉았다. 펩시가 콜라 등 기존의 설탕음료 부문에서 벗어나 게토레이, 트로피카나 오렌지주스, 아쿠아피나 생수 등 소비자들의 변화된 입맛에 적극 부응하는 동안 코카콜라는 기존사업에 안주했기 때문이다. 그러나 2009년 코카콜라는 687억 3,400만 달러로 브랜드 가치 1위를 10년째 고수했다.

'쇼핑'의 탄생

백화점의 탄생지는 유럽이지만, 백화점의 마케팅 기법이 꽃을 피운 나라는 미국이었다. 미국에서 백화점의 대중화가 이루어진 시점은 1880년대였으며, 적어도 이때부터 백화점 문화는 미국에서 유럽으로 전파되기 시작했다. 백화점이 미국과 프랑스에서 발달되고 영국과 독일에선 비교적 늦게 발달됐다는 것은 결코 우연이 아니다. 백화점은 미국적인 동시에 프랑스적이었다. 백화점은 소비자본주의의 풍요 또는 방탕을 과시하는 동시에 소비주의를 삶의 맛과 멋에 결부시키는 문화공학적 요소가 흘러넘치는 곳이기 때문이다.

1886년 전기가 뉴욕 백화점의 창문들을 최초로 밝혔을 때, "사람들에게 미친 효과란 황홀지경이었다." 『일렉트리컬 리뷰(Electrical Review)』는 밝은 조명에 대한 지나가는 행인의 반응을 다음과 같이 회상했다. "마치 나방이 석유 램프에서 하는 것과 같이 사람들이 떼를 이루어 흩어지며 혼란스러웠다.……전깃불이 미국 한 도시의 작은 한 부분에 나타나자마자, 상점에서 상점으로, 거리에서 거리로 퍼지고 있는 지금까지도 빛에 대한 수요가 빠르게 퍼져나가고 있다."

1890년경부터 백화점은 신문의 주요 광고주로 등장했는데, 선두주자는 1861년부터 남성 기성복업계에 뛰어든 존 워너메이커(John Wanamaker, 1838~1922)였다. 1874년부터 엄격한 가격정찰제를 실시한 워너메이커는 광고를 대규모로 활용함으로써 소비자들을 유혹하는 데에 성공했다.

백화점은 '판매혁명' 을 몰고 왔다. 물론 이 혁명은 양적 변화인 동시에 질적 변화를 의미했다. 한 곳에서 많은 종류의 상품을 취급해야 할 필요성은 기획, 마케팅, 유통, 가격정책, 확장전략 등에 이르기까지 판매의 성격을 근본적으로 변화시켰다. 판매는 상품을 생산하는 공장처럼 매우 복잡다단한 구조와 기능을 갖게 되었고, 그에 따라 합리성의 증대가 필요하게 되었다.

백화점이 필요로 했던 합리성은 '쇼핑(shopping)' 의 탄생으로 이어졌다. 백화점은 쇼핑을 새로운 부르주아 여가활동으로 만들었다. 백화점이 생겨나기 이전엔 여성의 상품구입은 동네 근처에서 이루어졌다. 그건 단순한 구매(buying)에 지나지 않았다. 그러나 백화점의 탄생은 가격을 비교하고 판매점을 비교해가면서 상품을 구매하는 쇼핑을 가능케 했다.

이 쇼핑이 가지는 문화적 의미는 매우 컸다. 쇼핑은 여성의 외출을 빈번하게 만들었고 정당화시켰다. 집에만 갇혀 지내던 여성에게 쇼핑은 품위 있는 외출을 가능케 한 명분이 되었으며 실질적인 여가활동으로 기능했다. 19세기 후반 미국 도시의 길거리엔 남자들로 흘러넘쳤으며 여자는 보기 힘들었지만, 백화점의 대중화는 여자들이 길거리를 활보할 수 있는 길을 열어주었던 것이다.

당시 남자들은 길거리에 여자들이 점차 늘어나는 걸 못마땅하게 여겼던 모양이다. 예컨대, 1881년 6월 『뉴욕타임스』는 여성의 쇼핑을 남성의 음주나 흡연처럼 우려할 만한 사회악으로 간주하는 사설을 게재하기도 했다. 그러나 이 시기에 급성장한 『여성 가정의 벗(Women' s Home Companion)』(1873), 『여성 가정 저널(Women' s Home Journal)』(1878), 『레이디스 홈 저널(Ladies Home Journal)』(1883), 『좋은 집 꾸미기(Good House Keeping)』(1885) 등과 같은 여성잡지들은 소비를 훌륭한 주부의 조건으로 격상시키는 데에 앞장섰다.

이즈음 프랑스에서도 에밀 졸라(Émile Zola, 1840~1902)가 『보뇌르 데 담 백화점(Au Bonheur des Dames)』(1883)에서 세계 최초의 백화점인 봉마르셰 연구를 시도했다는 것도 흥미롭다.

'타자기혁명'과 여성운동

사무직 여성노동자가 늘면서 길거리에 여성이 많아지는 걸 무작정 비난하기는 어렵게 됐다. 특히 1870년대부터 총기제조업체인 레밍턴사(Remington Arms)에 의해 보급된 타자기는 1886년에 이르러 월 1,500대를 생산할 정도로 급증했는데, 1887년 어떤 기업사보는 다음과 같이 말했다. "5년 전 타자기는 단순하게 호기심을 불러일으키는 기계에 불과하였다. 이제 타자기의 단조로운 자판 소리는 이 나라의 거의 모든 회사의 경영 관리가 잘된 사무실에서 들을 수 있다. 거대한 혁명이 일어나고 있으며 타자기는 그 기반을 이루고 있다."

이는 그만큼 타자기를 다루는 사무직 여성노동자의 증가를 의미하는 것이기도 했다. 이에 따라 여성의 사회활동 참여도 왕성해졌다. 전국에 걸쳐 각종 여성클럽이 생겨났으며 1890년에 설립된 여성클럽총연합회(GWFC, General Federation of Women' s Clubs)는 200개의 여성클럽을 통합해 2만여 명의 여성을 대표했으며, 1900년엔 15만 명의 회원을 갖게 된다. 여성클럽들은 젊은 여성근로자들을 위한 투자, 속기, 부기 강습에서부터 주부를 위한 예술강좌에 이르기까지 다양한 활동을 펼쳤다.

도서관 색인 카드를 정리하는 데에 편리함을 강조한 레밍턴 타자기 광고.

여성클럽총연합회가 설립된 1890년에 여성참정권 단체들의 통합 기구인 전미여성참정권협회(NAWSA, National American Woman Suffrage Association)도 결성되었다. 이후 '페미니즘(Feminism)'이란 단어가 널리 쓰이면서 이 단어는 1890년대에 일반용어로 정착한다(Hunt 2009). 1893년 전미여성참정권협회는 여성의 참정권 부여가 '바람직하지 않은' 투표권자들을 수적으로 증가시킬 것이라고 주장하는 이들에 대해 다음과 같이 반박했다.

"참정권의 적합한 자격에 대하여 아무런 의견도 표명하지 않은 객관적 입장에서, 우리는 모든 주에 걸쳐 문명의 남성 투표권자의 수보다 글을 읽고 쓸 줄 아는 여성이 더 많으며, 모든 흑인 투표권자보다 글을 읽고 쓸 줄 아는 여성이 더 많으며, 모든 외국 출생의 투표권자보다 글을 읽고 쓸 줄 아는 여성이 더 많다는 중요한 사실에 주목하고자 한다. 따라서 이러한 여성에게 참정권을 부여하는 것은 본토 출신이든 외국 출신이든 문맹에 의한 통치라는 골치 아픈 문제를 해결할 것이다."

소비주의와 페미니즘의 결합

여성의 참정권 획득은 1920년에 가서야 이루어지는데, 그간 여성들의 이런 투쟁에 동참한 협력세력 중의 하나는 바로 백화점이었다. 미국의 백화점 발달사는 페미니즘 운동사와 밀접하게 연관돼 있다. 백화점들은 매장에 여성의 회합장소를 만들어 제공하기도 했으며, 여권운동을 마케팅에 이용하는 데에 큰 노력을 기울였다. 백화점들은 여성참정권 쟁취운동의 장소를 제공해주었고 백화점 쇼윈도를 운동의 홍보에 활용토록 해주기까지 했다.

백화점의 소비주의와 페미니즘의 결합은 백화점이 여성의 문화활동을 주관한 데에서 잘 나타났다. 백화점은 그간 여성이 접하기 어려웠던 문화행사들을 백화점에서 개최해 여성들이 보다 당당하게 백화점을 찾을 수 있게 만드는 데에 심혈을 기울였다. 그와 동시에 매장은 늘 축제 분위기에 흘러넘치게끔 꾸며 일단 백화점에 들어온 여성이라면 도저히 그냥 지나칠 수 없게 만들었다.

1890년대에 백화점 내 육아실이 만들어졌으며, 1910년경엔 도서관과 진료소가 들어서고 연극, 전시회, 강연회가 정기적으로 개최된다. 물론 모두 다 공짜였다. 그런 서비스 덕분에 사람들은 백화점을 공적 기관으로 인식하게 되었다. 백화점은 미국을 방문하는 외국인들에게도 미국 자본주의의 '인자한 얼굴'로 여겨졌다.

이런 변화는 여성의 쇼핑 외출을 더욱 용이하게 해주었으며, 이에 따라 '쇼핑중독'이라는 새로운 현상마저 나타났다. 1890년 한 잡지기사는 "백화점 고객은 거의 무의식적으로 피곤함을 잊어버리고 새로운 흥미를 느끼게 되었다"고 했는데, 가끔 '쇼핑중독'이 사회문제로 비화되는 일이 벌어지곤 했다.

1898년 12월 10일 『뉴욕타임스』는 뉴욕 6번가의 대형백화점인 시겔쿠퍼(Siegel-Cooper)에서 여성 2명이 체포된 사건을 보도했다. 은행 지배인의 부인인 세라 레이먼드(Sarah Raymond)라는 여성이 1달러짜리 향수 1병을 훔친 혐의였으며, 또 다른 여성 용의자인 로라 스위프트(Laura Swift)는 성직자의 부인으로 7달러짜리 우산과 잡화 몇 개를 훔친 혐의였다. 신문은 두 여성 모두 온화하게 생겼고 세간의 평판도 좋은 여성이었다고 보도했다. 이에 대해 김인호(2006)는 다음과 같이 말한다.

"유복한 중류계급의 이들 두 여인은 당시 잡화와 의류품을 취급하던 거대 백화점에 쇼핑을 하러 갔다가 눈앞에 무한히 펼쳐지는 소비의 세계에 푹 빠지고 말았다. 이들의 절도사건은 문화와 경제가 뿌리째 흔들리는 격동의 시대변화를 받아들이기에 벅찬 미국 중류층 여성과 사회가 직면한 곤경을 보여준 것이었다. 실제로 미국에서는 1870년부터 1914년까지 소비사회가 출현하면서 발생한 주요사건은 주로 중류층 여성의 절도였다."

중류층 여성의 절도는 역설적으로 소비주의의 강한 통합력을 웅변해준다. 코카콜라로 대변되는 광고와 백화점으로 대변되는 소비주의는 다인종 · 다민족으로 구성돼 사분오열(四分五裂)되기 십상인 미국사회를 통합시켜주는 동력으로 기능하게 된다.

참고문헌 Bryson 2009, Evans 1998, Fishwick 2005, Folkerts & Teeter 1998, Hunt 2009, Kessler 1997, Pendergrast 1995, Pomeranz & Topik 2003, Reymond 2007, Rietbergen 2003, Rifkin 1996, Twitchell 2001, 김기훈 2007, 김인호 2006, 사이토 다카시 2009, 요미우리 1996, 전성원 2009

제2장

자동차와 영화의 발명

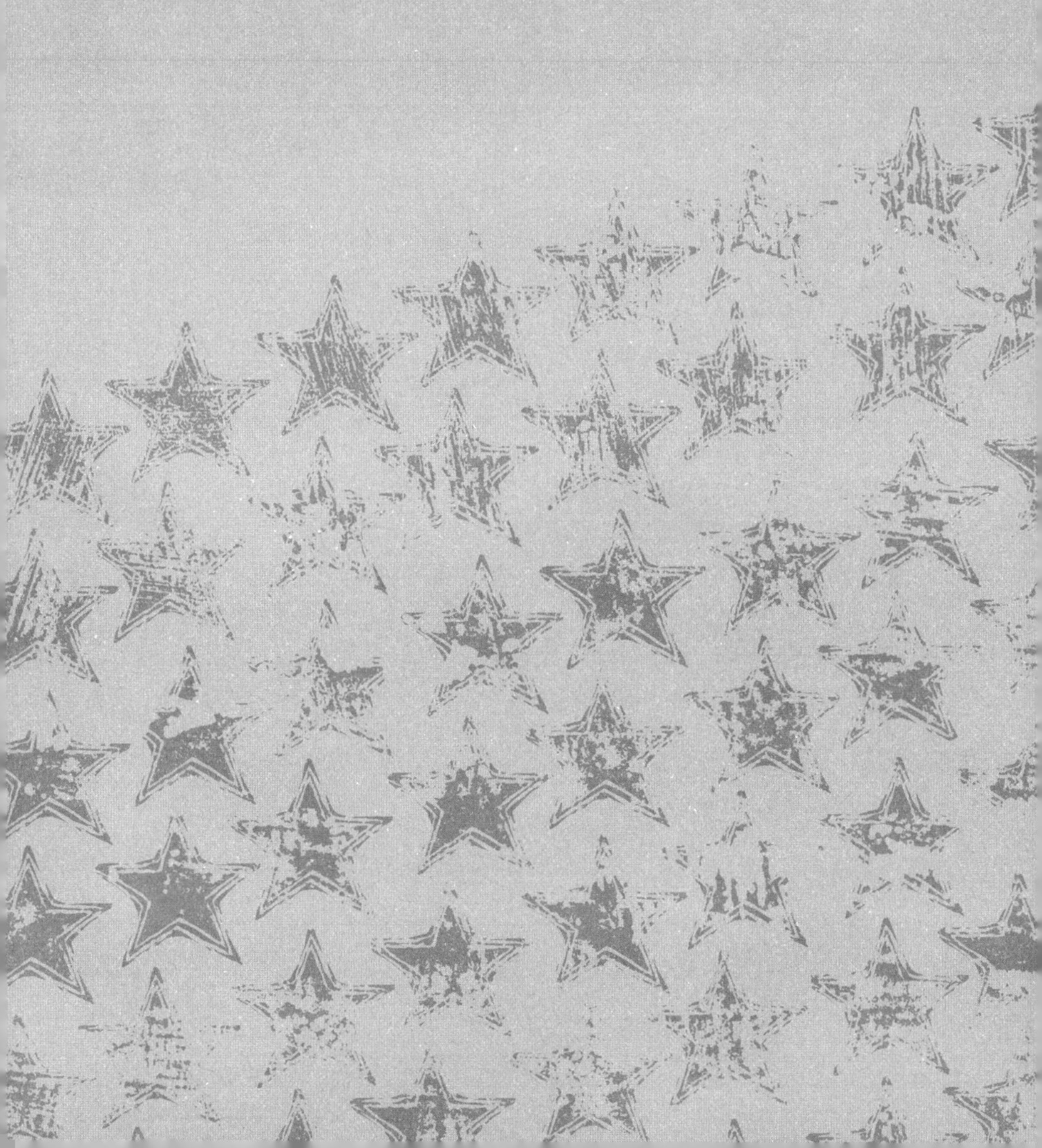

한미(韓美) 문화충돌
주미 한국공관 설립

원세개의 방해공작

1887년 11월 12일(음력 9월 27일), 미 해군함정 오마하호(Omaha)는 조선의 주미전권대신 박정양 일행(이완용, 이하영, 이상재, 이채연)을 태우고 인천항을 출발했다. 미국에 공사관을 설치하기 위한 임무였다. 고종은 미국에 가는 외교관들을 안내하도록 알렌에게 '공사관 외국인 서기관' 이라는 직함을 주었다. 급료는 장로교에서 지급한 것의 2배가 넘는 3,000달러였다. 다른 선교사들과의 싸움에 지친 알렌은 이를 수락하고 박정양 일행의 미국행에 동행했다.

원세개(袁世凱, 1859~1916)는 조선의 이런 독자적 외교에 강하게 반발해 50일 전에 떠나려고 했던 박정양 일행의 미국행을 좌절시킨 바 있었다. 결국 미국 정부의 항의로 원세개가 물러서긴 했지만, 여기엔 알렌도 모르는 굴욕적인 조건이 붙어 있었다. 이른바 영약삼단(另約三端)으로, 외교고문 데니(O. N. Denny)가 이홍장(李鴻章, 1823~1901)을

1887년 부임한 초대 주미공사 일행. 앞줄 왼쪽부터 이상재, 이완용, 박정양, 이하영, 이재연이고, 뒷줄은 무관과 하인들이다.

찾아가 얻어낸 승인 대신 조선 정부가 지켜야 할 세 가지 조건이었다.

그 조건은 첫째 조선공사가 주재국에 가면 먼저 청국공사관에 알려야 하고, 둘째 모든 외교모임에서는 반드시 청국공사의 아랫자리에 앉아야만 하며, 셋째 중대사안이 있을 경우 먼저 청국공사와 의논해야 한다는 것이었다. 그런 식으로 원세개는 영국, 독일, 프랑스 등 유럽 5개국에 조선 외교관을 파견하는 계획도 방해하고 좌절시켰다.

알렌의 일기에 나타난 박정양 일행의 모습

10명의 한국인을 데리고 배를 탄 알렌은 미국으로 가는 도상에서 쓴 일기에 한국인 일행에 대해 저주에 가까운 험담을 했다. 읽기에 민망할 정도다. 그는 "공사는 약하고 우둔한 친구"라고 했다. 그러나 그가 분노하는 건 주로 '매너'에 관한 것이다.

"그들은 일등석 티켓을 다섯 장만 가지고 있었지만 다 같이 일등석 객실에서 머물렀고 객실에서 식사도 같이했다. 나는 하는 수 없이 일등석 티켓을 두 장 더 구입해야 했다. 싸돌아다니기를 좋아하는 강진희와 더러운 사내 이상재는 하인에게 식사를 타 오게 해서 박정양 공사와 함께 객실에서 식사했다. 번역관 이채연은 얼간이였고 영어를 한마디도 할 줄 몰랐다. 그나마 이하영과 이완용이 일행의 나쁜 인상을 상쇄해주었다."

알렌은 모두가 '참을 수 없을 만큼 불결' 하며 그들의 '씻지 않은 몸'에서 '무시무시한 냄새' 가 난다고 불평하면서 다음과 같이 말했다.

"그들은 변을 볼 때에 변기에 서서 볼 것을 고집하여, 항상 변기를 더럽히고, 심하게 그들의 발자국을 남긴다. 방에서는 계속 더러운 냄새가 풍겼다. 그것은 연상 담배를 피우는데다가, 목욕을 하지 않음으로써 나는 몸 냄새, 담배 냄새 등이 코를 찌른다. 배에 있는 사람들은 대단히 친절했지만, 그러나 내 자신도 그러했을 것이지만, 그들을 쫓아버릴 수만 있다면 매우 고마워할 처지에 있었다. 나는 매일 아침 규칙적으로 공사를 보러 가서 그를 깨운다. 그들의 방에는 오래 머물러 있을 수가 없다. 그들의 옷에서 이를 지적해주어야 하기 때문이다. 옷에서는 이상한 냄새를 풍기고 있지만, 그들은 별로 대수롭지 않게 여기는 것 같다."

알렌의 일기는 계속된다. "샌프란시스코에 있는 팰리스 호텔에 도착하자, 그들은 한 작은 방에 들게 되었다. 상당히 큰 일행이 들어가기엔 방이 작다고 그들은 생각했다. 그런데 놀랍게도, 그리고 두렵게도 방이 움직이기 시작했다. 그들은 몸을 떨었고, 외국 땅에서 자기들을 괴롭히기 위하여 찾아온 지진이라고 소리쳤다. 나는 승강기가 어떻게 운영되고 있는가를 설명했으나, 그뒤로 한국인들은 계단을 사용했다."

알렌은 이렇듯 불평을 했지만, 분노까지 한 건 아니었다. 그의 분노는 워싱턴에 도착해서 터졌다. 박정양 일행이 청국이 요구한 조건을 받아들였음에도 그걸 비밀로 한 게 드러난 것이다. 미국에 도착해 박정양이 청국공사관을 먼저 방문하려고 하자 알렌은 사임하겠다고 협박하면서 그걸 반대했다. 미국 대통령에게 신임장을 바치기 전날인 1888년 1월 12일에 일어난 일이었다. 박정양은 알렌이 더 필요했기에 알렌의 말을 따랐다. 다음날 클리블랜드 대통령에게 신임장을 봉정했지만, 박정양은 내내 청국의 보복 불안에 떨어야 했다.

다시 알렌의 일기를 보자. "백악관에서의 첫 번째 접견 때에도 똑같이 곤란이 있었다. 박정양은 제복을 입은 대미국 국왕 앞에서 엎드려 절할 것으로 생각하고 있었다. 그러나 클리블랜드는 평민적이고, 거만을 떨지 않았고, 또 수수한 옷차림을 했기 때문에 박정양은 그를 대통령으로 확인하지 못했었다. 그리하여 어쩔 줄 모르고 있는데, 다시 두 번째로 당황하게 되었다. 즉 왕의 권위 앞에 당연히 해야 될 절이 허용되지 않았다. 한국에서 온 전권공사는 완전히 어리둥절해져 목소리를 내지 못했고, 대사를 잃어 이야기는 요점에서 벗어나 있었다."

박정양 · 이하영 · 이완용

6개월 후 『뉴욕헤럴드』에 조선 외교관의 밀수기사가 실렸다. 박정양은 알렌에게 "가장 천하고 비굴하면서도 비참한 상태에서" 부정행위를 고백했다. 그는 외교관의 면세권을 이용해 세 상자의 면세 여송연을 갖고 들어갔고, 링컨대학에 유학하고 있던 한국 학생 이계필이 그 것을 가져가 필라델피아에서 몰래 팔았는데, 이게 발각된 것이었다. 박정양의 수행원 중 한 사람이 저지른 일로 사태는 간신히 수습되었다(Harrington 1973).

그렇지만 아직 원세개의 보복이 남아 있었다. 원세개는 박정양의 귀국과 처벌을 요구했다. 결국 박정양은 원세개의 압력 때문에 1888년 11월 귀국했다. 고종이 박정양을 보호하려고 애를 썼지만, 원세개의 집요한 보복의지 때문에 박정양은 한동안 벼슬을 잃어야 했다.

박정양이 소환되자 이하영(1858~1919)이 외교부 말단직원으로 들어간 지 2년 만에 대리공사를 맡았다. 경주 농민의 아들로 태어나 아버지를 따라 이주해 간 부산에서 영국인 병원의 '하우스보이'로 들어가 영어를 익힌 젊은이가 영어 하나로 나이 서른에 그런 중책을 맡았으니 이거야말로 '코리언 드림'이 아닐 수 없었다. 김태수(2005)는 "이하영은 영어를 '출세의 자본'으로 삼은 대표적 인물이다"고 말한다.

이하영은 박정양이 추진하던 200만 달러 차관건을 물려받아 백방으로 뛰어다닌 끝에 마침내 뉴욕 은행을 통해 그 일을 성사시켰다. 그런데 한 가지 큰 문제가 남아 있었으니, 그 돈으로 미국 병사 20만 명을 빌려오라는 고종의 밀명이었다. 이하영은 100만 달러를 인출해 그 돈의 일부를 펑펑 쓰고 다니면서 로비를 벌였지만, 20만 병사를 원병으로 조선에 파견한다는 의안은 미 상원에서 부결되었다. 이미 16만 달러를 써 버렸으니 이 일을 어찌할 것인가! 미국 정부는 그 돈은 안 받을 테니 남은 돈이나 내놓으라고 했다. 훗날(1925년) 이하영은 "나는 미국의 관대한 태도에 감복하는 동시에 미국이라는 나라는 존경할지

언정 믿고 따를 나라는 못 되는 줄 깨닫게 되었다" 고 회고했다.

이 거짓말 같은 이야기는 진짜 일어난 실화다. 이하영은 영어도 잘하고 춤도 잘 춰 워싱턴 사교계를 누비면서 금발 미녀들의 인기까지 얻었던 모양이다. 미국 어느 유명한 부호의 딸로부터 약혼을 해달라는 간청도 받고, 그 금발미녀의 어머니는 자신의 맏사위가 이탈리아의 현직 육군장관이라는 걸 뻐기면서 자기 딸과 결혼해달라고 졸라댔다니, 어디까지 믿어야 될지 모르겠다.

그러나 이하영의 꿈같은 미국 생활도 1889년 6월 본국 귀국명령을 받으면서 끝이 났다. 이하영은 대리공사 자리를 이완용에게 물려주고 귀국해 내내 출세가도를 달리다가 1904년 외부대신의 자리에까지 오르게 된다. 을사늑약 직전 법부대신으로 자리를 바꿔 '을사5적' 의 타이틀은 피했지만, '을사7적' 으로 불리기도 한다. 이승만 정권 시절 육군참모총장을 한 이종찬은 이하영의 손자인데, 당시 군의 정치적 중립을 지키던 이종찬이 마음에 안 들었던 이승만은 유엔군 사령관 클라크(Mark W. Clark)에게 이종찬을 소개하면서 "이 사람 할아버지가 구한말 외부대신을 지낸 사람인데 그 사람이 바로 '한일합방' 때 도장을 찍어 나라를 팔아먹은 사람이오" 라고 말했다고 하니, 이 또한 '믿거나 말거나' 장르에 속할 이야기가 아닐 수 없다(전봉관 2007).

한편 이완용은 어찌 되었던가? 이완용은 처음에 박정양 밑의 참찬관으로 임명돼 미국에 왔다가 병을 이유로 1년이 채 못 되어 귀국해 동부승지 벼슬을 했다. 그러다가 박정양이 귀국한 후에 다시 미국으로 가서 일하다가 이하영의 자리를 물려받았다. 이완용은 2년간 일하고 귀국한다. 귀국 후 친미(親美)였다가 힘의 논리에 따라 친일(親日)

로 돌아서는 이완용의 이후 행보는 조선의 슬픈 운명을 시사해준다.

참고문헌 Allen 1991 · 1999, Harrington 1973, 김태수 2005, 이덕주 2004, 이이화 1992, 전봉관 2007, 허우이제 2003

해리슨-벨라미-이스트먼
1880년대 후반의 사회상

1888년 대선–벤저민 해리슨

코카콜라와 백화점들이 선도한 광고 마케팅은 정치분야에도 도입되었다. 이를 잘 보여준 것이 재선을 노리는 민주당의 클리블랜드와 공화당의 벤저민 해리슨의 대결구도로 치러진 1888년 대선이다. 이 선거를 지켜본 스코틀랜드 출신의 학자이자 정치가인 제임스 브라이스(James Bryce)는 미국의 선거운동은 석 달 동안 브라스밴드를 앞세우고 깃발과 배지가 난무하는 퍼레이드와 이에 환호하는 구경꾼들이 미국 전역을 뒤덮는 기간이라고 관찰소감을 썼다. 이런 선거는 참여자들로 하여금 자신들이 무언가를 만들고 있다고 믿게 만들고, 구경하는 사람들에게는 열성적인 모습을 보게 함으로써 강한 인상을 남기며, 대도시에서 일어나는 일을 신문에서 읽는 시골사람들의 상상력을 자극한다고도 했다. 즉 미국의 선거는 붐을 고조시키고 지속시키는 비즈니스라는 것이다.

1888년 대통령 후보 클리블랜드와 부통령 후보 서먼(Alan G. Thurman)의 선거 포스터.

비즈니스에 따라붙기 마련인 뇌물공세도 만만치 않았다. 공화당 재정책임자 더들리(William Wade Dudley, 1842~1909)의 승인에 따라 행해진 명백한 매표행위 스캔들이 드러났다. 더들리가 쓴 것으로 알려진 편지가 선거일 직전에 공개되었는데, 그 내용은 "유권자를 5명 블록으로 나눌 것. 그리고 믿을 만한 사람에게 이들 5명을 책임지는 데 충분한 자금을 제공할 것. 그리고 아무도 도망가지 않고 모두 우리 표를 찍도록 그에게 책임을 지울 것" 등이었다.

이 편지의 폭로효과에 힘입어 민주당의 클리블랜드는 일반투표에서 553만 7,857표를 얻어 547만 7,129표를 얻은 공화당의 해리슨을 눌렀다. 그러나 클리블랜드는 선거인단 투표에서 168대 233으로 패배하고 말았다. 미국의 독특한 선거방식이 빚은 결과다. 제23대 대통령에 당선된 해리슨은 부정사실을 몰랐다며 더들리에 분노했지만, 정말 몰랐던 것인지는 의문이다. 그는 자신에게 도움을 준 부자들을 공직에 끌어들여 그의 내각은 '실업가 내각'으로 불렸으며, 1890년 여름 뉴저지 해변의 백악관 여름별장 건설 부정의혹이 터지면서 해리슨 정부는 바닥으로 추락하기 때문이다.

정치권의 부정부패를 부추기는 동시에 그것에 편승한 대기업들, 특히 철도회사들의 횡포는 극에 이르렀다. 이들은 각 주 정부의 관리, 판사, 변호사, 목사, 언론인들에게 무임승차권을 제공하는 등 엘리트 포섭에 전력을 기울였다. 노스캐롤라이나주의 랠리에서 발행되는 잡지인 『진보적 농민(Progressive Farmer)』 1888년 8월 14일자는 다음과 같이 개탄했다.

"그들(철도회사들)이 신문을 장악하고 있지 않은가? 그들이 모든 정치가들의 뒤를 대주고 있지 않은가? 주 재판소의 모든 판사가 주머니에 무임승차권을 갖고 있지 않은가? 그들이 주의 유지들을 움직이고 있지 않은가?"

에드워드 벨라미의 『뒤를 돌아보면서』

별로 아름답지 않은 대선이 치러진 그해에 에드워드 벨라미(Edward Bellamy, 1850~1898)의 유토피아 소설 『뒤를 돌아보면서(Looking Backward)』(1888)가 출간돼 베스트셀러가 되었다는 건 의미심장하다. 뉴잉글랜드의 목사 집안에서 태어나 독일 유학을 마친 뒤 저널리즘 활동을 했던 벨라미는 이 책에서 1887년에 최면술로 잠들었다가 2000년에 깨어나 결핍감, 정치, 악덕이 없는 새로운 사회질서를 발견하게 된 한 보스턴 청년의 경험을 묘사했다. 이를 통해 벨라미는 고전적 자유주의, 자유방임주의가 무정부적 이기주의의 온상이라고 비난하면서 계급 간의 차이도 없고, 형제애적 협동(fraternal cooperation)이 경쟁을 대체한 세상의 전망을 제시했다. 이 책은 100만 부 이상 판매되면서 일종의 사회적 신드롬을 형성했다.

당시의 기업가들을 국민의 생명을 먹이로 하는 '경제동물' 이자 '탐욕의 범죄자' 로 비난한 벨라미는 자본주의로부터 비폭력수단에 의해 사회주의로 향하는 과도기적 단계로서 집산주의가 존재한다고 주장했는데, 이런 전망이 담겨 있는 철학엔 '산업국유화론' 또는 '국가사회주의(National Socialism)' 라는 딱지가 붙었다. 그런 비전과 더불어 미국인들의 관심을 끈 것은 벨라미가 제시한 '기술왕국' 이었다. 리프킨(Rifkin 1996)에 따르면, "그 책 한 권만으로 수백만의 미국인을 기술구원이라는 새로운 복음으로 개종하게 만들었다." 영국의 윌리엄 모리스는 벨라미가 구상한 사회는 완전한 중앙집권화에 의해 움직이는 국가사회주의에 불과하며, 기계적인 생활을 최상의 것으로 보았다고 비판했지만 모리스의 비판은 영국에서도 다수의 목소리는 아니었다.

벨라미의 비전은 국민주의자 클럽(Nationalist Culb)을 통해서 전파되면서 1890년대 중반 미국 전역에 170여 개의 산업국유론자 클럽이 결성되는 데에 큰 영향을 미쳤다. 이후 혁신주의의 대두와 더불어 수그러들지만, 이 사상은 미국 사회의 일각에 지속적인 영향을 미치게 된다. 벨라미는 도시를 빈곤과 범죄와 폭력이 없는 곳으로 그렸기 때문에, 이 소설은 도시개혁에도 큰 영향을 미쳤다.

진보적 운동의 가장 큰 문제는 늘 내부분열이었다. 이는 1891년 2월 벨라미가 다음과 같이 호소한 것을 통해서도 알 수 있다. "국유화론자, 사회주의자, 노동기사단, 노동총동맹, 진보적 개혁기관이 의견일치를 볼 것을 충고한다. 찬성하지 않은 안건에 대하여 개인의 판단을 보류하면서, 찬성한 안건에 대해서는 일치단결하여 행동하자."

1890년대에 '벨라미 신드롬' 이 일어난 것은 벨라미의 독일 유학이 말해주듯이 1880년대가 미국 지식계의 유럽 의존이 가장 높았던 때였다는 것과 무관치 않다. 랠프 왈도 에머슨(Ralph Waldo Emerson, 1803~1882)이 미국의 지적 독립선언을 한 건 1837년이었지만, 대학의 전문지식계까지 유럽으로부터 독립을 하는 데에는 반세기 이상이 걸려야 했다.

남북전쟁 직전 미국엔 21곳에 주립대학이 세워졌으며, 전체 칼리지 학생수는 1800년경 1,237명에서 1860년 3만 2,364명으로 늘어 18~21세 연령집단에서 차지하는 비율도 1퍼센트에서 3퍼센트로 증가했다. 그럼에도 최초의 미국 박사학위가 수여된 건 1861년에서야 예일대학에서 이루어졌다. 부어스틴(Boorstin 1991)에 따르면, "1880년대에 미국의 야심 찬 젊은 역사가들과 정치학자들은 독일에 공부하려고 몰려갔다. 돌아올 때 그들은 박사학위를 가지고 왔다. 박사학위야말로 그들의 신분을 확인해주는 증명서가 되었고 또한 미국 대학원 교육의 기본적인 기준이 되었다."

재벌들이 사재를 기부해 세운 사립대학들이 늘면서 미국 학문도 점점 성숙단계에 접어들었다. 코넬(Cornell, 1868), 반더빌트(Vanderbilt, 1873), 존스홉킨스(Johns Hopkis, 1876), 스탠퍼드(Stanford, 1885), 시카고

(Chicago, 1891) 등이 바로 그런 대학들이다. 바사(Vassar, 1867), 웰즐리(Wellesley, 1870), 스미스(Smith, 1871), 브린모어(Bryn Mawr, 1885) 등 여성만을 위한 대학들도 설립되면서, 19세기 말 미국의 대학 총수는 약 150개교에 이르렀다.

조지 이스트먼의 코닥 카메라

1888년은 벨라미의 『뒤를 돌아보면서』와 더불어 조지 이스트먼(George Eastman, 1854~1932)의 '코닥(Kodak)' 카메라가 탄생한 해다. 카메라의 발명은 1839년에 이루어졌지만, 보통사람들도 비교적 손쉽게 사진을 찍을 수 있게 된 것은 코닥의 탄생 이후다.

1880년 은행원이던 이스트먼은 사상 처음으로 유리판 필름을 발명했다. 1885년 뉴욕의 로체스터에 이스트먼 드라이 플레이트 필름 컴퍼니(Eastman Dry Plate and Film Company)를 설립한 이스트먼은 카메라의 대중화에 심혈을 기울였다. 그는 3년 만인 1888년 길이 16.5센티미터, 폭 8센티미터로 아담하거니와 놀라울 정도로 단순한 카메라를 제작하는 데에 성공했다. 당시 셜록 홈즈(Sherlock Holmes)가 미국에 막 상륙한 시점이라 아주 작고 간편해서 탐정처럼 눈에 띄지 않게 사용할 수 있다는 걸 암시하는 의미에서 처음엔 디텍티브 카메라(Detective Camera)라고 불렀다. 1888년 9월 이스트먼은 카메라의 이름을 '코닥(Kodak)'으로 바꾸었는데, 이는 아무 뜻도 없는 이상한 이름이었다. 4년뒤엔 회사 이름도 코닥으로 바꾸었다.

1888년 코닥 광고는 "그 누구건 10분이면 배울 수 있습니다"라는 점을 강조하면서 "버튼만 누르십시오. 나머지는 우리가 합니다(You

SPORTING GOODS 36

The Kodak Camera.

"You press the button, we do the rest."

The only camera that anybody can use without instructions. Send for the Primer, free.

The Kodak is for sale by all Photo stock dealers.

The Eastman Dry Plate and Film Co.

Price, $25.00—Loaded for 100 Pictures. ROCHESTER, N. Y.

"버튼만 누르십시오. 나머지는 우리가 합니다"라고 홍보하는 1888년의 코닥 광고.

press the button, we do the rest)"라고 외쳤다. 필름의 현상과 인화작업을 대행해주는 최초의 서비스였다. 100장의 필름을 다 찍은 코닥 카메라를 10달러와 함께 코닥의 대리점으로 보내면, 코닥이 필름을 현상하고 인화한 사진과 함께 새 필름을 넣은 카메라를 주인에게 돌려주는 서비스였다.

처음엔 종이 필름이어서 잘 찢어지는 문제가 있었으나, 뉴저지 뉴어크(Newark)의 한니발 굿윈(Hannibal Goodwin, 1822~1900)이라는 65세의 감독교회 목사가 셀룰로이드 필름을 발명함으로써 그 문제를 극복했다. 이는 이때가 진정한 아마추어 발명가의 시대였다는 걸 말해준다. 코닥도 1891년부터 셀룰로이드 필름을 사용했다. 굿윈은 자신이 발명한 셀룰로이드 필름을 사용한 이스트먼과 법정싸움을 벌이게 되는데, 굿윈이 죽은 지 몇 년이 지난 뒤에야 이스트먼은 굿윈의 특허를 이어받은 회사에 500만 달러를 지불하는 것으로 끝이 났다.

코닥은 '카메라 대중화'라는 혁명을 일으켰다. 이스트먼은 1898년 주머니에 쏙 들어갈 정도로 작은 포켓카메라를 제작하는 등 1890년대 말에 점점 더 싸고 멋진 카메라를 잇달아 소개하면서 광고에 어마어마한 투자를 했다. 떼돈을 번 이스트먼은 침실 12개를 포함해 방이 37개나 딸린 호화주택에서 어머니와 함께 평생 독신으로 살았다. 그는 건강이 나빠지자 1932년 모든 재산을 병원과 대학에 기증하고 "내 일은 끝났다. 더 기다려야 할 필요가 없다"는 유서를 남긴 채 권총으로 자살했다.

아마추어 발명가의 시대는 통계로도 입증된다. 1860년까지 미국의 전체 역사를 통틀어 겨우 3만 6,000건에 불과하던 특허는 1860년에서 1890년에 이르는 동안에 44만 건으로 증가했다. 몇 가지 인상적인 발명품을 더 살펴보자. 1879년 제임스 리티(James Ritty, 1836~1918)는 금전등록기, 1891년 윌리엄 S. 버로우(William S. Burroughs, 1857~1898)는 계산기를 발명했다. 1885년 시카고의 정육업자 구스타브스 스위프트(Gustavus Swift, 1839~1903)는 냉동설비를 갖춘 철도차량을 제안해 미국 최초로 정육공장을 설립했다. 1890년경 정육산업은 20년 전에 비해 9배로 성장했다.

프라이버시권의 등장

코닥 카메라는 전혀 뜻밖의 결과를 가져오는데 그건 바로 프라이버시의 침해다. 『뉴욕타임스』 1902년 8월 23일자는 "코닥족들이 숨어 있다가" 공인들의 사진을 찍어대는 바람에 사생활이 침해받고 있다고 불평했다. 1906년 G. S. 리(G. S. Lee)는 초인종이 가정내부를 침해하는 현상을 새로운 과학기술이 생활 전반을 내부화한 결과의 하나라고 지적했다.

그러나 코닥이나 초인종을 문제삼는 건 사치스럽다는 느낌이 들 정도로, 당시 프라이버시 침해의 선두주자는 단연 신문이었다. 1883년 변호사 새뮤얼 D. 워런(Samuel D. Warren, 1852~1910)은 어떤 신문이 자신의 결혼생활에 관해 무서울 만큼 상세하게 파헤친 기사를 내보냄으로써 큰 상처를 받았다. 그는 이때 받은 고통에 자극받아 역사적인 논문을 한 편 썼다. 하버드 법대 동기생인 루이스 D. 브랜다이스(Louis D. Brandeis, 1856~1941)와 함께 1890년 『하버드 로 리뷰(Harvard Law Review)』에 「프라이버시권(The Right to Privacy)」이라는 논문을 발표했는데, 이 논문은 개인의 권리를 위협하는 무책임한 언론의 실태에 대해 다음과 같이 말했다.

"언론은 모든 방면에서 타당과 분별의 분명한 한계를 넘어서고 있다. 이제 가십은 더이상 한가한 자나 불량한 자들의 단순한 소일거리가 아니고 염치불구하고 악착같이 찾아다니는 장사거리가 되었다. 호색적인 취미를 만족시키기 위해 날마다 신문에서는 성적 관계의 자세한 묘사를 담은 이야기들이 보도되고 있다. 태만한 자들을 독자로 끌어모으기 위해 신문의 지면은 모두가 그런 쓸모없는 가십들로 가득 차 있는데, 그런 가십들은 오직 개인의 가정 내 생활에 침입함으로써만이 얻을 수 있는 것들인 것이다."

이 논문은 '홀로 있을 권리(the right to be let alone)'를 주장했다. 이는 원래 토머스 M. 쿨리(Thomas M. Cooley, 1824~1898)가 1888년에 쓴 「불법행위에 관한 연구(Treatise on the Law of Torts)」에서 제시되었는데, 워런과 브랜다이스를 통해 널리 알려지게 된 것이다. 이것은 자신에 관한 정보를 통제할 수 있는 권리라 할 수 있다. 저작권법상의 판례들이 사상이나 감정 등에 대한 프라이버시의 권리를 인정하는 것이라면, 그러한 사상이나 감정이 문서나 행위, 대화, 표정 등의 어떤 형태로 표현되든 마찬가지로 프라이버시에 대한 권리로서 보호되어야 한다는 것이다. 즉, 비밀 · 성역 · 독거(獨居) · 정온(靜穩) · 익명(匿名)과 같은 인간실존의 내면적인 문제에 관심을 집중시켜 그러한 것을 보호할 권리를 프라이버시권이라고 말할 수 있다. 이제 인간의 이동성을 증대시키는 기술발전으로 사회익명성은 증대되고, 이에 따라 프라이버시 개념도 자연스럽게 자리잡게 된다.

참고문헌 Bellamy 1962, Boorstin 1991, Brinkley 1998, Bryson 2009, Charle & Verger 1999, Desbiens 2007, Dole 2007, Emery & Emery 1996, Foster 2001, Huberman 2001, Jamieson 2002, Kern 2004, Miller 2002, Pope 1983, Porter 1998, Rifkin 1996, Zinn & Stefoff 2008, 권용립 2003, 김기훈 2007, 김동철 1987, 박홍규 1998, 안윤모 2006, 이보형 2005, 팽원순 1988, 허두영 1998

'속도 숭배'
자전거-전차-자동차의 발명

자전거의 발달사

비록 영국의 존 보이드 던롭(John Boyd Dunlop, 1840~1921)이 발명했지만, 코닥 이상의 의미를 갖는 1888년의 발명품은 공기타이어 자전거였다. 여기서 잠시 자전거를 포함한 교통수단의 발달사를 살펴보지 않을 수 없겠다. 인류의 발명품 가운데 수송수단은 의외로 진화가 느렸다. 바퀴 달린 차량이 실질적으로 사용되기 시작한 것은 1470년 무렵이었으며, 사륜마차는 16세기 후반에서야 도로를 달렸다. 인류 최초의 자동차는 1482년 레오나르도 다빈치가 만든 태엽자동차라곤 하지만, 그건 장난감 수준이었고 근대적 의미의 자동차가 탄생되기까진 300년이 더 걸려야 했다. 1769년에서야 오스트리아 육군공병 니콜라 조제프 퀴뇨(Nicolas-Joseph Cugnot)가 프랑스 육군장관 수아절(Étienne-François de Choiseul) 공작의 후원으로 세 바퀴 증기자동차를 만들었다.

자전거보다는 자동차가 먼저 발명되었다는 게 흥미롭다. 자전거의 역사는 300여 년에 이른다. 원시적 수준이나마 세계 최초로 자전거를 발명한 사람은 1790년 프랑스의 콩트 메데 드시브락(Comte Mede de Sivrac)이다. 그는 2개의 나무바퀴를 전후로 배열해 달릴 수 있게 만든 2륜차에 '셀레리페르(célérifère, 달릴 수 있는 기계)' 라는 이름을 붙였다. 그렇지만 시브락은 가공의 인물이며, 최초의 자전거 발명가는 독일의 칼 드라이스(Karl Drais)라는 주장도 있다. 드라이스가 1818년 4월 6일 파리에서 선보인 드레지엔(Draisienne)이 최초의 자전거라는 것이다. 드레지엔은 두 나무 바퀴 사이에 안장을 올려놓고 핸들도 페달도 없이 발로 좌우 번갈아 땅을 차면 나아가는 방식이었다. 이 주행기는 비탈길을 달려나가는 데 사용되었으며, 최고 속도는 15킬로미터였다.

앞서 살펴본 바와 같이, 세계 최초의 기차가 출현한 건 영국의 조지 스티븐슨(George Stephenson, 1781~1848)이 손수 제작한 증기기관차 로코모션호(locomotion)가 약 40킬로미터 구간을 시속 7~13킬로미터로 달린 1825년 9월 27일이었지만, 자전거의 발전은 기차에 비해 더뎠다. 1839년에 스코틀랜드 덤프리셔의 대장장이 맥밀런(Kirkpatrick Macmillan)이 4년간의 실험을 통해 사람의 힘으로 추진되는 자전거를 완성했는데, 그는 1842년에 이 차로 역마차와 경주해서 이겼다고 한다.

오늘처럼 페달로 바퀴를 돌리는 자전거는 1861년 파리에서 대장간 일을 하면서 마차도 만들던 피에르 미쇼(Pierre Michaux)와 그의 아들이 만들었다. 앞바퀴에 페달을 단 미쇼의 나무 자전거 미쇼딘(Michaudine)은 현대적인 자전거의 출발점이 되었다. 바로 그해에 영국으로 건너간 미쇼딘은 나무바퀴 둘레에 철판이 씌워졌지만 앞바퀴는 엄청나게 크고 뒷바퀴는 작은 데다 노면의 진동과 충격이 탄 사람에게 너무 심하게 전달되어 본셰이커(Bone shaker, 뼈를 흔드는 것)라는 별명을 얻었다. 1862년에는 독일 뮌헨에서 이 자전거와 유사한 제품이 142대나 만들어졌다. 이후 바퀴에 통고무를 쓰면서 승차감이 좋아진 것은 물론 속도도 빨라져, 1860년대 후반에는 이 모델을 이용한 첫 레이스가 열렸다.

공기타이어 자전거의 발명

상업적으로 최초의 성공을 거둔 안전자전거 '로버(Rover)'가 나타난 건 1885년이었다. 이 자전거는 앞뒤 바퀴가 똑같았으며 다이아몬드형 프레임에 체인 구동식이었다. 이 모델은 당시 자전거 붐을 일으켜, 오늘날 자전거의 제1혁명이라고 불린다. 조선에 최초로 자전거가 들어온 것도 이즈음이었다. 정확한 연도에 대해선 설이 분분하나, 미국 공사관 무관을 역임했던 해군장교 포크가 1884년 제물포(인천)에서 서울까지 자전거를 타고 왔다는 기록이 있고, 미국 선교사 디엘 벙커(Dalziel Bunker)가 1886년 자전거를 탄 기록도 남아 있다.

초기 자전거는 공기튜브가 아닌 딱딱한 타이어를 썼다. 1888년에서야 영국의 존 던롭이 공기타이어를 발명해 자전거의 사회적 수요를 폭발적으로 증가시키는 데 기여했는데, 이것을 자전거의 제2혁명이라고 한다.

1880년대와 1890년대는 여성들도 다투어 자전거를 탈 정도로 인기를 누렸다. 여성이 자전거를 타는 데서 얻은 자유는 영국에서 여권운동이 번지게 한 데도 크게 기여했다. 의학자들은 속도감을 즐기려고 무리하게 페달을 밟을 경우 몸이 앞쪽으로 쏠리면서 옷이 클리토리스

1898년경 앨비온(Albion) 칼리지의 자전거 클럽.

를 압박해 젊은 여성이 이제까지 듣지도 경험하지도 못했던 성적 쾌감을 느낄 수 있다며 여성의 자전거 타기는 위험하다고 경고했지만, 이런 경고에 겁을 먹는 여성은 없었다.

1895년 미국의 자전거는 2,000만 대에 이르렀다. 담배 소비량은 자전거 타기가 절정일 때는 연간 7억 개비가 줄어들었다. 1896년 『사이언티픽아메리칸(Scientific American)』의 보도에 따르면, 사람들이 자전거 사는 데 정신이 팔려 "재봉사, 모자상, 서적상, 구두상은 물론 말을 파는 사람이나 승마를 가르치는 사람까지 한결같이 비탄의 소리를 내고 있다"고 했다.

조선에서도 1890년대에 들어서 자전거가 급작스레 늘어나 의료선교사인 올리버 R. 에이비슨(Oliver R. Avison)이 지나다니는 자전거수를 헤아려보았더니 1분 동안 120대에 이르렀으며, 서양사람뿐만 아니라 연락업무를 맡은 소년이나 상점의 배달소녀들이 많이 타고 다닌다 했다. 1890년대 후반에는 자전거 완제품은 물론 부속품까지 이미 상품으로 팔리고 있었다.

당시 조선에서 자전거는 '개화차'로 불렸다. 가마꾼 없이 스스로 가는 수레라 해서 '자행거(自行車)'라고도 했다. 유명인사 중 자전거의 선구자는 윤치호였다. 1898년 8월에 독립협회 회장이 된 윤치호의 연설회장은 언제나 초만원이었는데 연설보다 자전거를 구경하러 온 사람도 많았다. 임종국(1995)에 따르면, "일반의 경악은 대단하였다. 도대체 근대 이후 축지법을 쓴다고 소문이 자자했던 사람이라곤 이 윤치호뿐인데 이것인즉 자전거를 타고 축지법을 쓰는 이상으로 빠르게 달아났기 때문에 생긴 이야기였다." 조선인들만 자전거 속도에 놀란 건 아니었다. 1907년 프랑스의 저술가 폴 아당(Paul Adam)은 자전거가 '시간과 공간을 지배하고' 싶어 하던 세대에게 '속도숭배'를 낳았다고 썼다.

케이블카와 전차의 등장

자전거 등의 교통수단이 달리려면 도로가 있어야 했다. 미국의 도로는 20세기의 산물이다. 18세기가 끝날 무렵까지도 미국의 진정한 도로는 100킬로미터 길이의 필라델피아와 랜캐스터 턴파이크(turnpike), 보스턴과 뉴욕 사이의 보스턴 포스트 로드(Boston Post Road), 대니얼 분(Daniel Boone, 1734~1820)이 켄터키 지방에서 개척한 와일더니스 로드(Wilderness Road), 필라델피아와 코네스토가 강 초입을 연결하는 그레이트 코네스토가 로드(Great Conestoga Road)가 전부였다.

1864년 뉴욕시는 정체를 해결하기 위해 센트럴파크를 관통하는 3킬로미터의 지하터널을 뚫고 서브웨이(subway)라는 이름을 붙였다. 영국에서는 서브웨이가 아직도 지하통로의 의미로 쓰인다. 미국에서는 29년 동안만 그 의미로 쓰이다가 1893년에 생긴 도시의 지하철도를 가리키는 이름이 되었다.

말과 같이 쓰던 초기 도로의 가장 큰 문제는 말의 오물이었다. 1890년대에 뉴욕시의 6만 마리의 말은 매일 1,250톤의 배설물과 22만 7,124리터의 오줌을 배출했다. 1900년 뉴욕 로체스터의 담당공무원들은 시내에 있는 말들이 1년 동안 배출하는 오물이 1평방에이커를 53미터의 깊이로 뒤덮을 만한 양이라고 계산했다. 1년에 거리에서 죽는 말도 뉴욕 1만 5,000마리, 시카고 1만 2,000마리나 됐다. 말의 사체가 며칠 동안 방치되기도 해 도시에는 파리, 오물, 김이 피어오르는 시체가 항상 널려 있었다. 이런 위생상의 문제 때문에 당시 뉴욕의 2세 미만의 영아 사망률은 매년 70퍼센트에 달했다. 말 관련 사고로 목숨을 잃는 사람도 많아, 1900년 한 해 동안 뉴욕에서의 사망자는 시민 1만 7,000명당 1명꼴인 200명이었다(이런 통계를 들어 오늘날 자동차 사고로 죽는 시민보다 1900년에 말 사고로 죽는 시민이 거의 두 배에 가까웠다는 주장도 있다).

도로에서 말을 몰아낸 건 케이블카, 전차, 자동차였다. 지금은 샌프란시스코에만 남아 있지만, 케이블카는 한동안 인기를 누렸다. 1873년 처음 등장한 샌프란시스코의 케이블카의 운용규모는 1900년 177킬로미터의 노선과 600대의 차량이 있을 정도로 커졌다. 케이블카를 밀어낸 게 전차(trolley car)다. 최초의 전차는 베를린의 베르너 지멘스

(Werner Siemens)가 1879년에 선보였는데, 미국에서는 1885년 볼티모어와 햄프던(Hampden) 구간을 주행한 것이 최초였다. 전차는 광범위하게 확산되지만, 곧 자동차에 의해 밀려나게 된다. 한동안 도로에서 말, 케이블카, 전차, 자동차 등이 공존하는 가운데 이미 1890년대에 '교통혼잡시간(rush hour)' 과 '교통체증(traffic jam)' 이라는 신조어가 등장했으며, 도시근교 생활의 막이 열리게 되었다.

자동차의 발명

1769년 퀴뇨가 만든 세 바퀴 증기자동차는 말이 좋아 자동차지, 주행속도는 보행속도보다 느린 시속 3.2킬로미터에 불과했다. 그럼에도 이 자동차는 세계 최초의 교통사고라는 또 하나의 기록을 추가했다. 퀴뇨가 파리 교외의 숲에서 시험운전에 나섰다가 담벼락을 들이받은 것이다. 퀴뇨가 이 자동차를 고쳐 몰고 다니자 공포를 느낀 파리 시민들이 경찰에 '괴물수레' 를 처벌해달라고 항의하는 바람에 차가 창고에 갇히게 됐다.

속도개선으로 최초의 진정한 실용 자동차의 발명가로 인정받는 이는 독일의 고틀리에프 다임러(Gottlieb Daimler, 1834~1900)다. 그는 1886년 시속 15킬로미터의 속도로 달리는 네 바퀴 가솔린 자동차를 발명했다. 또 다른 독일인 카를 벤츠(Karl Benz, 1844~1929)는 거의 동시에 아주 흡사한 모양의 자동차를 두 번째로 발명했다. 벤츠가 '가솔린 엔진 구동의 타는 장치' 라는 특허를 받은 1886년 1월 29일은 세계 자동차 탄생기념일로 꼽힌다. 다임러사와 벤츠사는 1926년 서로 합병해 '메르세데스 벤츠' 라는 상호를 갖게 되는데, 메르세데스(Mercedes)는 다임러가 1901년 경주용으로 만든 자동차에 자신의 조카딸 이름을 따서 붙인 것이다.

벤츠의 자동차는 1893년에 열린 시카고 세계박람회에 전시돼 미국인들에게 깊은 인상을 남긴다. 바로 그해에 미국의 자전거 제조업자인 찰스 듀리에(Charles Duryea, 1861~1938)와 프랭크 듀리에(Frank Duryea, 1869~1967) 형제는 미국 최초로 휘발유로 움직이는 자동차를 만들었지만 미국인들은 거들떠보지도 않았다.

2009년 2월 25일 미국 대통령 버락 오바마(Barack Obama)가 첫 의회 연설에서 "자동차를 발명한 나라인 미국이 자동차 산업을 포기할 수 없다"고 말하는 실수를 저지른 것이나, 독일의 다임러 벤츠사가 이 실언을 강력 반박하고 나선 것은 자동차가 오늘날까지도 국가적 자존심의 상징임을 말해준다.

1894년 독일의 루돌프 디젤(Rudolf Diesel, 1858~1913)은 불이 나기 쉬워 위험한 가솔린 엔진을 대체할 수 있는 장치를 연구하다가 디젤 엔진을 개발함으로써 엔진 발전에 기여했으며, 1895년 프랑스의 앙드레 미슐랭(André Michelin, 1853~1931)은 자동차용 공기타이어를 발명해 자동차의 속도를 높이는 데에 결정적인 기여를 하였다. 이제 미국인들도 더이상 자동차를 외면하기는 어려웠으리라. 1895년 9월까지 미국 특허국에는 자동차 관련 특허가 500건이나 등록되었으며, 바로 그해에 토머스 에디슨(Thomas Edison, 1847~1931)은 기자들에게 "다음번 기적은 말[馬] 없이 탈 수 있는 이동수단이 될 것이다"고 말했다.

그즈음 아일랜드 이민자 농부의 아들로 태어나 기계를 다루는 데에 탁월한 재능을 갖고 있던 헨리 포드(Henry Ford, 1864~1947)가 듀리에

헨리 포드의 첫 번째 사륜자동차. 전진 외에 후진은 가능하지 않았다.

형제의 아이디어를 이용해 간단한 엔진 하나와 바퀴가 달린 저렴한 자동차를 만들고 있었다. 그는 1896년 초여름 새벽 디트로이트 집의 창고를 개조한 실험실에서 자신의 발명품인 최초의 포드 자동차를 이끌고 잠든 도시의 거리로 끌고 나왔다. 자전거 바퀴 4개에 4륜 마차의 차대를 얹고 자신이 직접 만든 2기통짜리 휘발유 엔진을 장착한 자동차였다.

그러나 아직 포드의 시대는 아니었다. 1897년 랜섬 올즈(Ransom Olds, 1864~1950)가 만든 올즈모빌(Oldsmobile) 자동차 광고는 "거의 소음이 없고 폭발이 불가능합니다"라고 선전했다. 당시 자동차 폭발사고가 많았다는 걸 말해준다. 1899년 9월 13일 뉴욕 시내의 센트럴파크 서쪽과 74번가가 만나는 지점에서 헨리 H. 블리스(Henry H. Bliss)는 아서 스미스(Arthur Smith)가 과속으로 몰던 택시(번호 43)에 치여 숨졌는데, 블리스는 미국 최초의 교통사고 사망자가 되었다. 경찰은 스미스를 살인혐의로 체포했지만, 법원은 고의가 아닌 과실로 일어난 사고라며 보석금 1,000달러에 석방했다. 뉴욕시는 사고 100주년을 맞아 현장에 표지판을 세웠다. 유럽에서는 이미 2명의 교통사고 희생자가 나왔었다. 브리짓 드리스콜(Bridget Driscoll)이라는 영국 런던 시민이 1896년 시내 하이드파크에서, 이에 앞서 1869년 메리 워드(Mary Ward)가 아일랜드에서 자동차 사고로 숨졌다.

미국 최초의 교통사고 사망자가 나온 그해에 자동차 제조업자 알렉산더 윈턴(Alexander Winton)과 클리블랜드의 기자 찰스 B. 생크스(Charles B. Shanks)는 클리블랜드에서 뉴욕까지 자동차 여행을 시도했는데, 두 사람이 뉴욕에 들어갈 때는 100만 명 가까운 사람들이 그들을 지켜보았다. 여행 중 송고한 극적인 기사 덕분이었다. 드디어 자동차에 대한 언론의 열광이 시작되었으며, 자동차업체들이 막강한 광고주가 됨으로써 자동차와 언론의 유착이라고 해도 좋을 정도의 협조체제가 이루어지는 가운데 자동차는 1900년대 들어 비약적인 발전을 이룩하게 된다. 1895년 미국의 도로에는 단지 4대의 자동차가 있었는데, 1898년엔 30대, 1900년에 1만 3,824대로 늘어난다. 1900년대의 자동차 이야기는 1914년부터 시작된 '포드주의 혁명'을 다루면서 하기로 하자.

참고문헌 Allen 2008, Alvord 2004, Beatty 2002, Brinkley 1998, Bryson 2009, Kern 2004, Klemm 1992, Levitt & Dubner 2009, Panati 1997, 강준만 2008, 김명진 2005, 김시현 2009, 김영진 2003, 박천홍 2003, 사루야 가나메 2007, 송상근 2008, 임종국 1995, 조정래 2001, 한겨레신문 문화부 1995, 허두영 1998

"부의 집중은 불변의 법칙"
트러스트의 시대

카네기와 홈스테드 파업

1889년 프랑스대혁명 100주년을 기념해 파리에서 개최된 만국박람회 조직위원회의 요청으로 완성된 귀스타브 에펠의 에펠탑은 강철 대들보에 의한 건물이라는 건축의 신시대를 선언하는 동시에 강철의 무한한 잠재력을 과시했다.

미국에서 강철의 시대를 구현하고 대변한 이는 철강왕 앤드루 카네기(Andrew Carnegie, 1835~1919)였다. 1835년 영국 스코틀랜드에서 가난한 직공의 아들로 태어난 카네기는 1848년 가족과 미국으로 이민해 펜실베이니아주 피츠버그의 슬럼가에 정착했다. 13세부터 여러 직업을 전전하다 1853년 펜실베이니아 철도회사에 취직해 비교적 안정된 생활을 누렸다. 남북전쟁 이후 철강수요의 증대를 예견한 그는 철도회사를 사직한 뒤 철강사업에 뛰어들었다. 때마침 철도시대가 열리면서 철강산업이 대호황을 누리기 시작했고, 그의 사업도 승승장구했다. 1870년대에는 피츠버그의 제강소를 중심으로 석탄, 철광석, 광석 운반용 철도, 선박 등을 수직계열화하는 철강 트러스트를 만들었다.

카네기는 1890년 『노스아메리칸 리뷰(North American Review)』에 기고한 글에서 "은행 잔고가 몇백 달러인 노동자의 권리든 은행 잔고가 몇백만 달러에 이르는 백만장자의 권리든 문명의 토대는 결국 소유권에 있다"며 "생산할 능력과 에너지를 가진 사람이 축적했을 때, 부는 악이 아닌 선으로 인류에 다가왔다"고 주장했다.

그런 원리에 따라 카네기는 1892년 세계 최대의 철강 트러스트인 카네기 철강회사를 설립하지만, 이해는 홈스테드(Homestead) 파업사건으로 얼룩졌다. 피츠버그 근교 홈스테드 제철소에서 일어난 이 사건은 카네기의 노조 불인정정책과 임금삭감으로 발생했다. 카네기의 대리인인 헨리 클레이 프릭(Henry Clay Frick)은 공장 문을 닫고 회사의 비노조원 고용을 가능하게 하기 위해 핑커튼(Pinkerton) 탐정회사로부터 300명의 무장요원을 불러들였다.

악명 높은 파업파괴자들인 이들은 1892년 7월 6일 바지선을 타고 강을 건너 공장에 접근했다. 파업노동자들은 강물에 휘발유를 붓고 불을 붙인 다음 총과 다이너마이트로 맞섰다. 이 싸움으로 3명의 핑커튼 요원과 10명의 파업 노동자가 사망하고 다수가 부상했다. 이 싸움은 파업노동자들의 승리로 끝났지만, 그 과정에서 노동자 부인들이 무기가 없는 사람을 몽둥이로 때리고 돌을 던지고 칼로 찌르는 등 과격행동을 보인 것이 언론에 의해 대서특필되면서 노조의 명성에 치명타를 입혔다. 게다가 7월 23일에 일어난 알렉산더 버크만(Alexander Berkman)이라는 아나키스트가 노조원이 아님에도 프릭을 저격해 중상을 입힌 사건으로 인한 여론악화는 노조에 마지막 일격이 되었다. 노조위원장 휴 오도넬(Hugh O' Donnell)은 "버크만의 총알이 곧바로 홈스테드 파업의 심장에 꽂힌 것 같다"고 말할 정도였다.

이런 상황에서 펜실베이니아 주지사는 카네기 회사의 요청으로 약 8,000명의 주 전체 방위군을 홈스테드에 파견했고, 이에 진압당한 파업 노동자들은 군대의 보호하에 생산을 재개했다. 『홈스테드: 미국 철강 도시의 영광과 비극(Homestead: The Glory and Tragedy of an American Steel Town)』(1992)의 저자인 윌리엄 세린(William Serrin)은 "이 사건은 제철산업의 노조를 무릎 꿇게 하였고, 그후 50년 이상 노조설립을 막고 전국적으로 고용자의 권위를 강화시켜 주었다"고 말했다.

록펠러와 트러스트

'트러스트(trust)'는 당대 기업계의 유행이었는데, 그 창안자는 석유왕 존 D. 록펠러다. 좀더 정확히 말하자면, 록펠러 고문변호사 중의 한 사람인 새뮤얼 도드(Samuel Dodd)가 기업독점을 가로막는 법률을 피해가기 위해 만든 것이다. 데이비스(Davis 2004)에 따르면, "이 귀족들은 도둑질을 건전한 기업 차원으로 끌어올려 거기에 '트러스트'라는 이름을 붙였다."

트러스트 협정하에서 개별 주식회사의 주주들은 트러스트 자체의 몫 대신에 자신들의 주식을 소규모 집단의 수탁자에게 양도했다. 트러스트 증서의 소유자들은 종종 수탁인의 결정에 대해 직접적인 통제력을 갖지 못했고, 단지 기업활동에서 얻어진 이익에 대한 배당 몫만을 받았다. 반면 수탁자들은 극히 일부의 회사만 소유하고서도 다수

스탠더드 석유회사 트러스트 증서. 록펠러를 비롯한 9명에 의해 트러스트가 만들어졌다.

의 회사에 대한 지배력을 행사할 수 있었다.

1888년 2월 뉴욕 상원위원회는 존 D. 록펠러와 그의 스탠더드 석유 트러스트에 대한 조사를 시작해 작성한 1,500쪽 분량의 보고서에서 스탠더드 석유회사가 "이 대륙에서 가장 활동적이고 어쩌면 가장 무서운 금권을 쥐고 있으며, 석유사업에서 거의 모든 경쟁자들을 몰아내 이 분야를 거의 혼자서 독차지하고 있다"고 결론내렸다. 미국의 여러 주정부에서는 이 보고서를 보고 깜짝 놀라 반독점법을 제정하게 되었고, 미국 하원도 그 뒤를 따를 것을 검토하기 시작했다.

뉴저지주는 이런 흐름에 역행해 1889년 사실상의 기업합병을 가능케 한 법인조직법을 만들었다. 이에 록펠러는 스탠더드 석유회사의 본사를 뉴저지주로 옮겨 지주회사(holding company)를 만들었다. 이로써 뉴저지주는 '트러스트의 어머니'라는 오명을 가지게 된다. 지주회사란 스탠더드 석유회사 트러스트의 다양한 구성원들의 주식을 사들여 트러스트에 속한 주식회사들에 대한 직접적이고 공식적인 소유권을 확립시켜준 중앙기업체였다. 이 방식은 곧 다른 기업들에게도 전파돼 1890년대 초에는 5,000개 기업이 300개의 트러스트를 구성했다. 19세기 말경 기업합병의 결과 미국에 있는 기업의 1퍼센트가 제조업의 33퍼센트 이상을 통제하는 것이 가능해졌다.

셔먼 반(反)트러스트법

트러스트와 거대 독점기업은 가격의 인위적 상승, 경쟁차단, 임금착취 등을 초래했으며, 이에 따라 트러스트의 원조인 록펠러의 스탠더드 석유회사는 미국인들이 가장 증오하는 기업이 되었다. 록펠러의 한 친구는 록펠러에 대해 "다른 면에서는 모두 정상이지만 돈에 대해서는 비정상"이라고 말했다.

1890년 의회는 여론을 감안해 셔먼 반(反)트러스트법(Sherman Antitrust Act)을 제정했다. 셔먼이란 이름은 윌리엄 테쿰서 셔먼(William Tecumseh Sherman, 1820~1891) 장군의 형제인 상원의원 존 셔먼(John Sherman, 1823~1900)이 그 법안을 발의한 데서 비롯된 것이다. 하지만 이 법도 1895년 대법원이 국가 총 제당(製糖) 용량의 98퍼센트를 소유하고 있는 회사를 통상독점이 아닌 제조독점이므로 법에 저촉되지 않는다고 판결함으로써 더 한층 유명무실해진 허약한 법이 되고 말았다.

돈에 대해서는 록펠러만 비정상인 게 아니라 시대가 비정상이었다. 1893년 대법원 판사 데이비드 J. 브루어(David J. Brewer)는 "사회의 부가 소수의 손에 쥐어진다는 것은 불변의 법칙이다"고 주장했다. 록펠러는 브라운대학 학생들과 트러스트 문제에 관해 이야기하면서 다음과 같이 주장했다.

"대기업의 성장은 적자생존(適者生存)일 뿐이다.……아메리칸 뷰티 장미는 그 주위에서 자라는 어린 싹들을 희생시켜야만 그 화려하고 향기로운 자태를 뽐낼 수 있다. 이는 사업에서 나쁜 게 아니다. 자연의 법칙과 신의 섭리가 작용한 결과일 뿐이다."

그런 원리에 따라 1904년 스탠더드 석유회사가 미국 시장의 86퍼센트 이상을 지배하게 된다. 이같은 부의 집중을 '불변의 법칙'으로 정당화하기엔 서민들의 삶은 너무 비참했다. 네덜란드 출신 이민으로 뉴욕에서 활동한 신문기자이자 사진작가인 제이콥 리스(Jacob Riis)는 1890년에 출간한 책 『나머지 절반의 사람들이 사는 법(How the Other Half Lives)』에서 공동주택(tenement)에 대한 깜짝 놀랄 만한 사진과 묘사로 중간계급 미국인들에게 충격을 주었다. 상상을 초월하는 최악의 주거조건이 적나라하게 폭로되었기 때문이다. 그러나 리스는 중국인은 마약과 범죄에 물들어 있고 늘 음모를 획책하는 민족이라고 묘사하는 등 강한 인종주의적 시각을 드러냈다.

바로 그해에 남미 볼리비아에서 경찰에 쫓기다 자살한 두 명의 미국 은행강도 사건은 시사적이다. 이 사건을 바탕으로 제작된 영화 〈부치 캐시디와 선댄스 키드(Butch Cassidy and the Sundance Kid)〉(1969)는 한국에서도 〈내일을 향해 쏴라〉라고 제목을 잘 붙인 덕분에 흥행에 성공했다. 미국 서부지역의 은행과 유니온퍼시픽 철도에서 강도짓을 하다가 남미 볼리비아로 숨어든 부치와 선댄스는 그곳에서 작은 은행들을 털면서 생활하다가 볼리비아 광산촌에서 경찰들에게 포위당한다. 경찰 수백 명에 둘러싸인 상황에서 두 사람은 "이제 호주로 가는 거야.

폴 뉴먼과 로버트 레드퍼드가 주연한 영화 <부치 캐시디와 선댄스 키드>의 한 장면.

그곳 역시 금이 많으니까. 이곳보다는 나을 거야" 라는 마지막 대사를 남기고 힘차게 뛰어나간다. 물론 그들을 기다리는 건 총알세례였다.

프런티어의 종언

1890년에 일어난 또 하나의 상징적이자 실질적인 사건은 바로 이해에 공식선언된 이른바 '프런티어의 종언' 이다. 1890년 전국 인구조사를 마무리하면서 인구통계청은 인구밀도가 1평방마일당 거주하는 사람이 2명이 되지 못한 지역을 '프런티어' 로 정의하고, 미국에 더는 프런티어 라인이 존재하지 않는다고 선언했다. 1862년의 자작농법(Homestead Act), 1873년의 산림개간법(Timber Culture Act), 1887년의 사막개간법(Desert Land Act) 등은 토지개척을 국시로 삼은 입법이었지만, 1890

년에 이르러 토지개척의 마감이 공식발표된 것이다.

19세기 초 프랑스령이었던 루이지애나를 사들인 토머스 제퍼슨(Thomas Jefferson, 1743~1826) 대통령은 미국이 이 땅을 개척하려면 적어도 500년은 걸릴 것이며, 미국인이 서부의 광대한 지역으로 이주하려면 1000년은 걸릴 것이라고 생각했지만, 채 100년도 안돼 미국의 프런티어는 끝이 나고 만 것이다. 참으로 놀라운 이동성과 유동성을 유감없이 보여준 셈이다.

미국인들은 희망에 부풀어 도시를 세웠다가 상황이 나빠지면 아무런 망설임 없이 버리고 떠났다. 1800년대 이전에 city는 대규모 지역사회를 뜻하는 말이었지만, 19세기 미국에서는 아무리 작아도 마을을 가리켰다. 작은 마을도 하룻밤 사이에 도시가 되고, 그럴듯한 도시도 순식간에 폐허로 변하곤 했다. 아이오와 한 곳만 해도 한 세기 동안 2,205개의 마을이 폐허로 변했다. 지금도 미국에는 네브라스카의 Republican City, 아이오와의 Barnes City, 일리노이의 Rock City라는 지명이 있지만, 이 도시들의 인구는 각각 200명대 수준에 불과하다.

미국에서 "부의 집중은 불변의 법칙"이라는 신앙이 널리 유포될 수 있었던 것도 바로 그런 이동성의 과잉과 무관치 않다. 집중에 대한 견제와 저항보다는 다른 곳으로 훌쩍 떠나 새로운 기회를 포착하려는 '프런티어 기질'이 '트러스트의 시대'를 낳게 한 동력 중의 하나였다고 볼 수 있지 않을까?

참고문헌 Beatty 2002, Brian 2002, Brinkley 1998, Bryson 2009, Davis 2004, Huberman 2000, Kern 2004, Rifkin 2005, Ryan 1971, Zinn & Stefoff 2008, 김남균 2000, 김용관 2009, 박진빈 2006, 서의동 2009, 신문수 2006

"리틀 빅혼을 기억하자" 운디드니의 인디언 학살

1886년 제로니모의 항복

프런티어의 종언은 이미 재앙을 당할 대로 당한 인디언에겐 마지막 재앙이었다. 미국은 1877년 수족(Sioux) 소탕 뒤에는 사나운 추장 제로니모(Geronimo, 1829~1909)가 거느린 아파치족(Apache)에 대한 대대적인 소탕을 전개했다. 제로니모는 '하품하는 사람' 이란 뜻이었지만, 그는 '하품' 과는 거리가 먼 용사였다. 그는 아리조나주를 근거로 10년 이상 싸웠다. 전사들의 사망으로 1886년경 그의 무리는 여자와 아이들을 포함해 30명에 지나지 않았지만, 그들을 쫓는 미군은 만 명가량이나 되었다. 결국 1886년 9월 4일 제로니모는 항복하고 말았다. 이것은 인디언과 백인 간의 공식적인 전쟁의 종말을 기록한 것이었지만, 백인폭력의 끝은 아니었다.

항복후 제로니모는 기독교를 받아들이는 등 미국 체제에 순응했다. 제로니모는 1898년 오마하시의 트랜스미시시피 국제박람회, 1901년

1886년 제로니모와 전사들.

버팔로시의 팬아메리카 박람회, 1904년 세인트루이스 세계박람회장에 나타나 물건을 팔곤 했다. 세인트루이스 세계박람회에선 자신이 만든 활과 화살, 그리고 자신의 사진이 담긴 25센트짜리 우편엽서를 판매했다. 그는 말년에는 명사로서 이름을 날리고 심지어 1905년 시어도어 루스벨트(Theodore Roosevelt, 1858~1919) 대통령 취임식 퍼레이드에 동참하기도 했다. 그의 인생은 워낙 드라마틱해 영화로도 만들어졌다. 1993년에 개봉된 할리우드 영화 월터 힐(Walter Hill) 감독의 〈제로니모(Geronimo: An American Legend)〉가 바로 그것이다.

제2차 대전 당시 미군의 낙하병들은 "제로니모!"라고 외치며 비행기에서 뛰어내렸고, 미군의 헬리콥터에는 아파치라는 이름이 붙었다. 이를 근거로 제로니모와 아파치가 미군의 존경을 받았다는 증거로 보는 시각도 있으나, 모욕이라는 시각도 있다. 터먼(Tirman 2008)은 "기병대의 후예인 육군 헬기부대가 자신들의 헬리콥터에 코만치, 블랙호크, 카이오와 등 인디언 부족의 이름을 붙인 것은 흥미로운 일이다. 마치 그들 종족을 말살한 것을 대단한 명예로 여기는 것 같다"고 꼬집는다.

앞서 거론한 바 있지만, 제로니모의 증손자 할린 제로니모(Harlyn Geronimo)는 할아버지의 유골을 돌려달라고 제로니모가 숨진 지 100주년이 되는 2009년 2월 17일 소송을 제기했다. 미국 오클라호마주 포트실의 인디언 죄수묘역에 묻힌 제로니모의 유골 일부가 다른 곳으로 빼돌려졌다는 것이다. 소송대상은 '스컬 앤 본즈(Skull and Bones, 해골과 뼈)'라는 예일대 출신들로 이뤄진 최고 엘리트 비밀조직과 연방정부였다.

조지 H. W. 부시(George H. W. Bush) 전 대통령의 아버지인 프레스코트 부시(Prescott Bush, 1895~1972) 등이 회원인 이 조직은 해골 등에 입맞춤을 하는 등 괴이한 의식을 치르는데, 제1차 대전 중인 1918년 이 조직의 회원인 예일대 학도병들이 제로니모의 무덤을 파헤쳐 유골을 옮겼다는 의혹을 받아왔으며, 2005년에는 이런 주장을 뒷받침하는 이 조직 회원의 편지가 발견되기도 했다. 조각가 겸 배우인 할린은 "할아버지의 영혼이 아직도 풀려나지 못한 채 떠돌고 있다"며 "고향 땅에 묻을 수 있도록 해달라"고 말했다. 그는 할아버지의 유골을 고향인 뉴멕시코주 질라의 황야에 묻겠다고 밝혔다.

'유령의 춤'과 '운디드니 학살'

제로니모가 이끄는 아파치족의 투항 이후 인디언의 저항은 사실상 끝나고 말았다. 이제 인디언들에게 무슨 희망이 있었으랴. 1888년 우보카(Wovoka)라는 네바다주의 파이우트족(Paiute) 인디언이 '유령의 춤

(Ghost Dance)' 이라는 일종의 종교운동을 벌인 건 바로 그런 배경에서 비롯되었다. 이 운동은 종말 이후의 세상은 인디언들이 물려받는다는 종말론으로 전 지역의 인디언들 사이에 광범위하게 퍼져 나갔다.

그 와중에서 두 명의 수족 주술사가 춤꾼들이 입는 '유령 옷(ghost shirts)' 으로 백인의 총탄을 막을 수 있다고 주장하면서 인디언들의 전투열기가 솟구쳤다. 1890년 우보카는 "이제 곧 봄이 되면 위대한 영혼이 나타날 것이다. 그는 온갖 종류의 사냥감을 가져올 것이다. 또 죽은 인디언들도 다시 세상으로 내려와 새로운 삶을 살게 될 것이다" 고 예언했다.

1890년 11월 중순경 이 유령의 춤으로 인디언들의 모든 생활활동이 중단되자, 이에 놀란 연방군은 인디언 추장들을 체포하기 시작했다. 기병대는 수족의 지도자 시팅 불(Sitting Bull, 1831?~1890)이 유령의 춤을 선동했다고 잘못 판단했다. 시팅 불은 우보카를 인정하지 않았음에도 그런 오해를 받아 1890년 12월 15일 자신의 통나무집에서 살해당했다.

빅 풋(Big Foot, 1826~1890)라는 이름의 추장은 연방군의 추격을 받았다. 1890년 크리스마스 사흘 후에 부녀자를 포함한 300여 명의 빅 풋 부족은 연방기병대에 발각되어 사우스다코타 파인릿지(Pine Ridge) 보호구역에 있는 운디드니(Wounded Knee) 야영지로 보내졌다. 그런데 그 기병대는 1876년 인디언에게 몰살당한 커스터(George Armstrong Custer, 1839~1876)의 옛 부대인 제7기병대였다. 커스터의 본대를 뺀 400명이 살아남아 부대를 재편한 것이다. 이들은 리틀 빅혼 전투의 패배에 대한 복수욕에 불타 있었다.

1890년 12월 29일 인디언들이 연방군에게 무기를 넘기려는 찰나,

눈 덮인 운디드니 야영지에 쓰러져 있는 빅 풋 추장.

블랙 코요테(Black Coyote)라는 이름의 귀머거리 인디언이 총을 발사했다. 사고였는지 고의였는지는 확실하지 않지만, 병사들은 순간 무장해제당한 인디언들을 향해 대포와 총을 발사했다. 군인들 중 일부는 "리틀 빅혼을 기억하자" 고 소리쳤다. 350명 중 300여 명이 사망했는데, 이중 200여 명은 여자와 어린이였다. 미군은 25명이 죽고 39명이 부상을 입었는데 대부분 동료 미군의 총알이나 기관총의 유산탄을 맞은 이들이었다. 잔인한 학살이었음에도 7기병대원들은 훈장을 받았다. 18명은 가장 명예스럽다는 의회 명예메달을 받았다.

25만 명으로까지 줄어든 인디언

이렇게 해서 운디드니는 인디언들의 '마지막 저항지' 가 되었으며, 이후 인디언들의 몰락이 가속화되었다. 1492년 무렵 북아메리카에는 400만~500만 명의 인디언이 살았지만, 1900년에 그 인구는 25만 명으로 줄어들었다. 헤이건(Hagan 2000)은 "그만큼 넓은 지역을 점하고 있던 사람들이 그토록 짧은 기간에 그처럼 폭력적인 단절을 경험한 경우는 역사상 그 예를 찾아보기 어렵다"고 말한다.

백인들은 인디언들을 완전히 제압한 뒤에도 "사악한 이교도 무리를 무찌르거나 개종시켜 기독교를 전파한다"는 이유를 들어 인디언 어린이들을 강제로 부모와 격리시켜 미국식 교육을 시켰다. 참으로 잔인한 짓이었지만, 이마저도 하나님의 뜻으로 간주됐다. 이후에도 사실상 인디언의 '식물인간화 정책'을 펴놓고도 그걸 복지정책이라고 강변하는 백인들을 향해 한 인디언은 이렇게 항변했다.

"우리 한번 상상해봅시다. 유대인들을 200년 동안 강제수용소에 넣어두고는 그들에게 지금 이 생활이 바로 복지국가 형태라고 말한다면 어떻게 반응할까요? 인디언 문제는 이보다 훨씬 더 심각하고 추악합니다."(박영배 1999)

1917년이 되어서야 50여 년 만에 최초로 인디언 출생률이 사망률을 앞지르게 되며, 1924년에서야 시민권을 얻는다. 그것도 제1차 세계대전 때 미국을 위해 싸워준 인디언들에 대한 보답의 차원에서 베풀어진 것이었다. 대공황 때까지만 해도 보호구역 내 인디언들의 참상은 한 정부보고서의 말을 빌면 "차마 눈 뜨고 볼 수 없을" 지경이었다.

1980년 인구조사 결과 인디언 수는 알류트족과 에스키모족을 포함해 대략 150만 명에 이르렀다. 에스키모(Eskimo)는 백인들이 다소 경멸적으로 '날고기를 먹는 사람들'이라는 의미로 부른 것으로, 이들

원주민은 스스로를 '사람'을 뜻하는 이누이트(Inuit)라고 칭한다.

이제 인디언과 서부는 영화를 비롯한 대중문화로 흡수되면서 프런티어 욕망 충족의 대상으로 변화의 과정을 겪게 된다. 백인들의 잔인함은 제거되거나 완화되면서 새로운 신화가 창조되고, 그런 과정을 거쳐 미국은 자긍심과 사회통합을 얻고자 한다.

참고문헌 Brinkley 1998, Brown 1996, Davis 2004, Fielder 2008, Geronimo 2004, Hagan 2000, Jacquin 1998, Morris & Wander 1990, Morrison 2000, Tirman 2008, 김순배 2009a, 박보균 2005, 박영배 1999, 백승찬 2009, 손세호 2007, 연동원 2001, 태혜숙 2009, 홍성태 2004

영화의 발명
에디슨의 키네토스코프와 뤼미에르의 시네마토그라프

에디슨의 키네토스코프

1890년경 코니아일랜드(Coney Island)와 같은 놀이공원, 야구장, 박물관 등이 많은 미국인들의 여가선용 장소로 사랑을 받았지만, 가난한 이민 노동자 가족들에겐 거리가 멀었다. 1890년대에 이민노동자들도 즐길 수 있는 값싼 오락거리가 등장하게 되었으니, 그것이 바로 영화다.

영화의 발명자는 공식적으론 1895년 프랑스의 뤼미에르 형제(Auguste and Louis Lumière)로 알려져 있다. 이현하(2001)는 "그러나 엄밀히 말하면 지금 우리가 알고 있는 개념의 영화에 가장 근접한 최초의 성과를 이룬 것은 에디슨과 그의 조수였던 W. K. 로리 딕슨(W. K. Laurie Dickson)이었다"고 평가한다. 이들은 1891년 키네토그라프(Kinetograph)라는 카메라와 키네토스코프(Kinetoscope)라는 이름이 붙은 영사기재(관람상자)를 세상에 공개했다. 그러나 에디슨은 키네토스코프의 국제특허를 신청하지 않았고, 따라서 영화의 발명이라는 영광

1905년 에디슨이 개량한 초기의 영화 촬영기.

은 뤼미에르 형제에게 돌아가고 말았다는 것이다.

에디슨은 자신의 이름으로 1,093개의 특허를 출원했는데, 이는 에디슨의 가장 가까운 경쟁자로 폴라로이드 카메라를 발명한 에드윈 랜드(Edwin Land, 1909~1991)보다 거의 두 배나 많은 특허였다. 에디슨 특허의 다수는 직원들의 머리에서 나온 것이었는데, 그는 그들을 혹사시킨 것으로 유명하다. 오죽하면 에디슨의 조수들에겐 '불면사단(insomnia squad)' 이란 별명이 붙었을까. 또한 에디슨은 경쟁자들을 그냥 보아 넘기지 못했고, 남의 발명을 자기 것으로 가로챘고, 유리한 법을 만들기 위해 뇌물공세도 마다하지 않았다.

키네토스코프에는 35밀리미터 필름이 사용되었는데, 여기에 얽힌 유명한 일화가 있다. 조수가 필름의 폭이 어느 정도여야 할지 묻자 에디슨은 엄지손가락과 다른 손가락을 구부리며 "한 이 정도면 되겠지"

라고 말했는데, 그때부터 영화 필름이 35밀리미터의 폭으로 정해졌다. 에디슨이 자신의 필름을 고안했다기보다는 폭 70밀리미터에 길이 15미터인 코닥 필름을 이용했을 가능성이 크다는 주장도 있다. 그것을 반으로 나누면 자연스럽게 35밀리미터 폭에 30미터 길이의 필름이 된다.

시네마토그라프와 바이타스코프

키네토그라프는 부피가 커서 이동이 용이하지 않았으므로 1893년 에디슨은 블랙 마리아(Black Maria)라는 세계 최초의 스튜디오를 만들었다. 그 모양이 범인호송차의 별칭인 '블랙 마리아'와 비슷하다고 해서 붙여진 이름이다. 1894년엔 뉴욕에서 최초의 키네토스코프 가게가 문을 열었다.

반면 1895년 발명된 뤼미에르의 촬영기인 시네마토그라프(Cinematograph)는 무게가 5킬로그램에 지나지 않았는데, 이건 에디슨 촬영기의 100분의 1 정도였다. 또한 전기에 의존하지 않고 수동으로도 촬영이 가능했다. 그래서 초기 다큐멘터리 영화의 태동에 큰 기여를 했다.

뤼미에르는 1895년 3월 파리에서 열린 '프랑스 산업진흥회의'에서 〈뤼미에르 공장 노동자들의 퇴근(La Sortie de l' Usine Lumière à Lyon)〉이라는 단편영화를 제작·상영했으며, 일반인들에게는 1895년 12월에 공개했다. 이해에만 1분짜리 영화 수십 편이 제작되었다. 뤼미에르가 만든 〈열차의 도착(L' arrivée d' un train en gare de La Ciotat)〉은 카메라를 선로 옆 플랫폼에 설치해 열차가 멀리서부터 가까이 다가오는 장면을 롱 숏부터 클로즈업까지 찍었다. 이 영화가 상영되었을 때 관객들이

뤼미에르 형제가 만든 영화 〈열차의 도착〉의 한 장면.

가까이 다가오는 열차에 놀라 비명을 지르며 몸을 피하는 소동까지 있었다.

시네마토그라프로 찍은 영화는 어느 나라의 도시에서건 개봉만 되면 몇 주일, 몇 개월 동안 연속상영될 만큼 폭발적인 인기를 누렸다. 1897년 말 세계 각지에서 활약하고 있던 수백 명의 촬영기사들이 보내온 작품들은 750개가 넘었으며, 뤼미에르나 시네마토그라프는 신문의 광고란에서 항상 단골 메뉴가 되었다. 1897년 5월 4일 파리에선 영화상영 중 영사기의 램프에 연료공급을 위해 사용되던 에테르가 원인이 되어 화재가 발생했고 관객 125명이 사망하는 참사로 이어졌다. 125명은 대부분 상류층이었는데, 이 사건 이후 상류층은 영화관에 가는 걸 꺼리게 되었다.

미국에선 에디슨이 발명한 것은 아니었지만, '에드슨의 바이타스코프(Vitascope)' 로 알려진 개량된 영사기가 1896년 4월 뉴욕에서 첫선을 보인 이후 영화상영은 급속히 전국으로 퍼져 나갔다. 톰슨 · 보드웰(Thompson & Bordwell 2000)은 "곧 수천 대의 영사기들이 사용되었고 영화는 보드빌 극장, 놀이공원, 작은 거리극장, 여름 휴양지, 시장, 심지어 교회와 오페라 하우스에서도 상영되었다"며 다음과 같이 말한다.

"그렇지만 1898년 초 영화의 신기함은 사그라들었다. 초기의 호응이 사라지면서 많은 상영업자들이 문을 닫게 되었다. 영화산업을 부활시킨 한 가지 사건은 1898년의 미국-스페인전쟁이었다. 애국적 열기가 전투와 관련된 것은 무엇이든 관람하려는 관객의 열의를 불러일으켰고 미국과 해외의 영화사들은 실제장면과 아울러 연출된 영화들로도 이익을 볼 수 있었다."

로스앤젤레스 할리우드

미국에서 영화는 20세기부터 대중의 사랑을 받게 되지만, 미국 영화의 중심지가 될 로스앤젤레스 할리우드(Hollywood)는 어떤 모습을 하고 있었던가. 'Los Angeles' 라는 명칭의 기원은 1769년 스페인의 탐험가인 가스펠 드 포르토라(Gaspar de Portolà)가 롱 비치 부근의 강을 '스페인의 천사에게 바치는 도시(El Pueblo de Nuestra Se ora la Reina de los Ágeles del Río de Porciúncula)' 라고 이름을 붙인 데서 시작되었다. 골드러시와 함께 유랑자들이 몰려들어 1850년 시로 승격된 로스앤젤레스는 1869년의 대륙횡단철도 개통과 1892년의 석유발견으로 급성장하게 된다.

최초의 미국 영화사들은 주로 뉴욕과 뉴저지, 시카고 등지에 자리잡지만, 당시 영화제작자들은 기후문제로 골치를 앓는다. 그 시대의 영화촬영은 외부나 태양광이 비치는 스튜디오에서 촬영했으므로 좋지 않은 기후는 제작을 크게 방해했기 때문이다.

할리우드라는 지명의 기원은 1886년 현재의 할리우드가를 중심으로 48만 5,622제곱미터의 토지를 구입한 캔자스 출신 부동산업자 하비 H. 윌콕스(Harvey H. Wilcox)의 부인 데이다(Daeida)에서 비롯한다. 콩밭이나 오렌지 레몬의 과수작물을 재배하던 작은 농촌마을 할리우드는 당시까지만 해도 '카후엥가(Cahuenga)'로 불렸다. 원주민이었던 가브리엘리노(Gabrielino) 인디언들이 할리우드 주변을 '작은 언덕들'이라는 의미의 '카엥냐(Kawenga)'로 부른 데에서 유래한 지명이었다.

윌콕스는 1887년 약 4,000제곱미터당 150달러에 구입한 이 지역 토지를 분양하기 위한 지도를 만들며 '할리우드'라는 지명을 붙였다. 데이다는 캔자스에서 할리우드로 오는 기찻길에서 만난 한 여성이 알려준 동부 여름 휴양지의 이름이 마음에 들어 같은 이름을 땄다고 한다. 이 때문에 할리우드는 호랑가시나무 한 그루 없이도 '호랑가시나무숲'이라는 지명을 얻었다.

1896년에 시작된 5센트짜리 극장(nickelodeon)은 1910년이 되면 미국 전역에 만 개를 넘게 되며, 1908년 로스앤젤레스가 영화제작중심지로 결정되면서 할리우드의 시대가 열리게 된다. 할리우드 시대의 개막엔 에디슨의 심술도 크게 기여하는데, 이는 나중에 자세히 이야기하기로 하자.

참고문헌 Barnouw 1974 · 2000, Belton 2000, Bryson 2009, Folkerts & Teeter 1998, Kern 2004, Sklar 1975, Thompson & Bordwell 2000, 권재현 1999, 연동원 2001, 이현하 2001, 진인숙 1997

제3장

프런티어의 정치학

'신대륙 발견 400주년'
인민당 창당과 시카고 박람회

그레인지 운동과 인민당 창당

1890년대 들어 농민의 자본가에 대한 적대감이 무럭무럭 자라났다. 물론 그럴 만한 이유가 있었다. 데이비스(Davis 2004)에 따르면, "신용대부권은 동부 은행들이 쥐고 있었고, 농기구 가격은 농기구 제조독점업체들이 좌지우지했으며, 운임률은 동부의 철도 트러스트들이 결정했고, 경제불황은 땅값을 바닥으로 끌어내리고 곡물가격을 곤두박질치게 했다."

1890년 캔자스의 메리 엘리자베스 리스(Mary Elizabeth Lease, 1853~1933)가 토해낸 주장에 따르면, "월스트리트는 미국을 소유하고 있다. 미국은 더이상 국민의, 국민에 의한, 국민을 위한 정부가 아니다. 미국은 월가의, 월가에 의한, 월가를 위한 정부가 되었다. 이 나라의 위대한 국민들은 노예가 되었고, 독점기업이 주인이 되었다. 서부와 남부는 공업의 동부에 묶여 무릎을 꿇었다. 돈이 지배한다. 국민들은 그들

1873년경 그레인지 농업협동조합의 홍보 포스터.

의 주인들을 살찌우기 위해 착취당하고 있다. 대중은 막다른 길에 몰렸다. 사악한 돈의 개떼들아! 대중을 이토록 궁지에 몰아세운 대가를 기대하고 있으라!"

농민들은 대기업의 횡포에 대한 분노를 정치적으로 표출하기 시작했다. 그 결과 그레인지(Granges)라 부르는 농업협동조합이 정부를 압박할 수준의 상당한 정치적 영향력을 획득했다. 1867년 농무부 관리였던 올리버 허드슨 켈리(Oliver Hudson Kelly, 1826~1913)가 워싱턴에 설립한 그레인지는 원래 중간상인의 이익을 제거하기 위해 만들어진

협동조합이었지만 농민들의 호응을 얻으면서 점차 정치조직으로 발전하기 시작했다. 1892년 세인트루이스에서는 그레인지 회원과 노동기사단의 잔여회원들이 함께 모임을 갖고 포퓰리스트당(Populist Party)을 창당했다. 공식명칭은 인민당(People' s Party)이었다.

1892년 7월 네브래스카주 오마하에서 대통령 및 부통령 후보를 지명한 인민당은 1892년 대통령 선거에서 3등을 차지했다. 대통령에는 민주당의 그로버 클리블랜드가 당선돼 4년 전 벤저민 해리슨에게 당한 패배를 설욕했다. 이로써 클리블랜드는 제22대 대통령에 이어 제24대 대통령이라는 두 개의 대통령 타이틀을 획득했다.

인민당 후보 제임스 B. 위버(James B. Weaver, 1833~1912)는 전체 투표수의 8.5퍼센트인 100만 표 이상을 획득했고, 6개 산악 및 대평원 지역주들을 확보해 22표의 선거인단 표를 얻었다. 또한 거의 1,500명에 이르는 인민당 후보들이 주 입법부와 지방관직 선거에서 승리를 거두었다.

1892년 말에 열린 인민당 전국대회는 철도, 전신, 전화 사업의 국유화와 오래 보존 가능한 농작물(옥수수, 밀, 목면 등)에 대한 시장의 접근방지책, 그리고 누진소득세를 요구하는 강령을 채택했다. 이들의 강령은 다음과 같다.

"지금 나라는 도덕적, 정치적, 물질적으로 몰락 직전에 놓여 있다. 부패는 유권자, 주의회, 의회를 압도하며 심지어 법정에까지 손을 뻗치고 있다. 국민의 사기는 저하되었고……신문들은 매수되거나 벙어리가 되었으며 여론은 침묵을 강요받고 있다.……수백만 노동자의 노동의 대가는 흔적도 없이 사라져 소수를 위한 부의 구축에 쓰이고 있다.……그에 못지않게 썩어빠진 행정부의 부정으로 이 나라에는 뜨내기 일꾼과 백만장자라는 두 개의 상이한 계급까지 생겨나고 있다."

인민당은 1894년에는 대농업 지역주들에서 주의회 의원과 주지사, 다수의 의석을 확보한다. 콜로라도, 아이다호, 캔자스, 미네소타, 몬태나, 네브라스카, 사우스다코타, 워싱턴 등의 주는 1890년대에 적어도 한 번씩은 모두 인민당 주지사를 선출했다. "정부의 불의라는 한 자궁 속에서 우리는 날품팔이와 백만장자라는 두 커다란 계급으로 길러졌다"는 인민당의 주장이 먹혀들었던 걸까?

인민당은 국내적으론 진보적이었지만, 국외적으론 팽창을 원했다. 예컨대, 1892년 캔자스의 인민당 하원의원 제리 심프슨(Jerry Simpson, 1842~1905)은 의회에서 막대한 잉여생산물로 인해 농민들은 "해외시장을 기필코 확보해야 한다"고 주장했다. 이런 맥락에서 역사가 윌리엄 애플맨 윌리엄스(William Appleman Williams)는 『현대 아메리카 제국의 뿌리(The Roots of the Modern American Empire)』에서 대규모 상업적 농업가와 인민주의자들이 팽창주의를 요구했다고 보았다.

콜럼버스의 '신대륙 발견 400주년'

인민당이 창당된 1892년은 콜럼버스의 '신대륙 발견 400주년'이 되는 해이기도 했다. 인디언의 비참한 운명과는 달리, 1892년 10월 12일 '신대륙 발견 400주년'을 맞아 시카고와 뉴욕 등에서 성대한 기념행사가 열렸다. 뉴욕에서는 5일 동안 가두행진, 불꽃놀이, 육군과 해군의 시가행진이 벌어졌다. 100만 인파가 몰려든 가운데 지금은 콜럼버스광장이라 명명된 센트럴파크 한 귀퉁이에서는 콜럼버스를 기념하는 동상 제막식이 열렸다. 또한 공립학교 학생들은 전미 학교축전에서 아메리카 대륙 발견 400주년을 기념하는 국기 게양식을 거행하며 난생 처음 국기에 대한 맹세를 하기도 했다(이어 1897~1905년 31개 주가 국기모독금지법을 제정한다).

그러나 아메리카는 이제 더이상 열려 있는 땅은 아니었다. 인디언 이외에도 다른 인종과 민족을 차별하는 새로운 배타주의가 등장해 미국을 닫힌 공간으로 변질시켰다. 1892년 저널리스트 토머스 베일리 올드리치(Thomas Bailey Aldrich, 1836~1907)는 『월간 애틀랜틱(Atlantic Monthly)』에 쓴 글에서 다음과 같이 주장했다.

"우리의 문은 넓게 열려져 아무런 방벽도 없이 방치되어 있다. 그 문을 통해 잡다한 거친 무리들이 몰려온다. 볼가강에서 온 사람, 중앙아시아의 스텝 지역에서 온 사람, 황해에서 온 무례한 사람, 시리아인, 튜턴인, 켈트인, 슬라브인, 구세계의 가난뱅이와 잡동사니들이 몰려 들어온다. 그들과 함께 낯선 신과 낯선 의식도 들어온다. 그들은 호랑이와 같은 정열을 가지고 무서운 발톱을 뻗고 있다. 길거리와 골목에서 들리는 이상한 말소리는 우리 분위기와는 다른 위협의 소리이고, 옛날 바벨탑에서 들렸던 바로 그 소리들이다."

이 주장은 결코 소수의 목소리가 아니었다. 1894년 이민제한연맹(the Immigration Restriction League)이 창설되는 것이 그걸 잘 말해준다. 나중에 윌슨 행정부에서 법무장관을 지낼 찰스 워런(Charles Warren, 1868~1954) 등 뉴잉글랜드 명문가 출신들이 주동이 된 가운데 하버드 대학 총장인 퍼시벌 로웰을 포함한 내로라하는 지식인들이 대거 참여했고, 헨리 캐벗 로지(Henry Cabot Lodge, 1850~1924)가 이들의 정치적 대변자 노릇을 했다. 이들의 주장은 이민자들이 미국의 도시를 망쳐 놓고 있다는 것이었다. 이들은 미국인을 '초기' 이민과 '새로운' 이민으로 구분하고, 둘 사이에는 중요한 차이가 있다고 주장했다. 한마디로 말해서 후자는 너무 저질이라는 것이다.

초기 이민자, 즉 구(舊)이민자는 앵글로색슨계나 게르만계로 주로 개신교를 믿는 북·서유럽 출신인 반면, 신(新)이민자는 슬라브계나 라틴계로 주로 가톨릭·그리스 정교·유대교 등을 믿는 동·남유럽 출신이었다. 신이민 입국자수가 처음으로 구이민 입국자수를 웃돈 것은 1891년부터 1900년까지 10년간으로, 이 기간중 구이민자는 164만 명, 신이민자는 192만 명이 입국했다. 이어 1901년부터 1910년까지의 입국자수는 구이민자가 191만 명인 반면, 신이민자는 623만 명에 이르게 된다.

시카고 만국박람회

'신대륙 발견 400주년' 행사는 1893년까지 이어졌다. 미국은 이를 기념하기 위해 1893년 5월 1일부터 10월 30일까지 47개국이 참가한 시카고 만국박람회를 개최했다. 1890년 인구규모에서 필라델피아(104만 명)를 제치고 미국 제2의 도시로 떠오른 시카고(110만 명)엔 무려 2,100만 명의 관람객이 다녀갔다.

이 박람회는 콜럼버스를 영웅으로 추앙하는 '콜럼버스 엑스포' 였다. 국가에 충성을 맹세하는 '국기에 대한 맹세(충성맹세)' 가 이 박람회의 개최를 기념하기 위해 제정되었다. "나는 국기와 국기가 상징하는 공화국에, 만인을 위한 자유와 정의를 위해, 분리되지 않는 하나의

1893년 시카고 만국박람회에 세워진 조선관. 조선이 독자적인 문화국임을 알렸다.

국가에, 나의 충성을 맹세합니다."

클리블랜드 대통령은 시카고에서 1,600킬로미터나 떨어진 백악관에서 금으로 만든 전신 키를 눌러 박람회장에 전깃불을 밝혔다. 30만 명의 인파가 열광하는 광경을 한 리포트는 다음과 같이 전했다. "이와 동시에 청중들은 일제히 청천벽력 같은 소리를 질렀다. 오케스트라는 할렐루야 합창곡을 힘차게 불렀다.……호수의 전기분수대는 하늘을 향해 물줄기를 뿜어 올렸다.……호수의 배 위에서는 대포알이 발사되었다.……눈앞에 무엇인가가 드러났다. 콜럼버스가 최초로 아메리카 해안을 항해했을 때 탔던 두 척의 도금 모형선박이었다."

조선은 역사상 최초로 이 시카고 만국박람회에 참가했다. 조선의 참여를 주선한 미국공사 알렌은 조선관에 태극기를 게양하는 동시에 이곳에서 "조선은 중국의 속국이 아니라 독립국"이라고 선언했다. 그는 또한 국악인 10명을 대동해 개최기간 동안 조선 고유의 궁중아악을 연주하게 함으로써 조선이 독자적인 문화국임을 국제적으로 알렸다.

그러나 애틀랜타의 에모리대학 유학 중 박람회를 방문했던 윤치호의 1893년 9월 28일자 일기엔 "모든 건물 위에 참가국들의 깃발이 휘날리고 있는데 한국 국기만이 없었다"고 개탄하고 있고, 『뉴욕헤럴드』지에는 "고종이 헐값인 한국의 폐품수집물들을 모아서 배편으로 성급하게 시카고로 보내서 출품"하게 했다는 악의적 기사가 실리기도 했다.

시카고 만국박람회는 미국 역사학계의 기념비적인 논문이 발표된 행사이기도 했다. 미국사에서 프런티어가 가지는 의미를 포착했던 토크빌의 미국 방문으로부터 60여 년이 지난 1893년 7월 12일 시카고 만국박람회를 기념하는 미국역사학회의 연차대회에서 위스콘신 출신 젊은 역사학자 프레더릭 잭슨 터너(Frederick Jackson Turner, 1861~1932)가 발표한 「미국 역사에서 프런티어의 의미(The Significance of the Frontier in American History)」라는 논문이 바로 그것이다. 1890년 '프런티어의 종언' 선언에 자극받아 쓴 터너의 논문은 큰 반향을 불러일으켰으며 이후 미국사 연구에 큰 영향을 미쳤다.

터너의 주장은 '프런티어 사관(史觀)', '프런티어 이론'으로 불리게 되는데, 그 요점은 미국 역사의 중심축은 서부의 역사이며 서부에 펼쳐진 광활한 개방지(free land)에서 신분과 지위에 상관없이 누구나 새로운 삶을 개척할 수 있는 가능성을 확인하면서 미국 민주주의가 형성되었다는 것이다. 이는 미국의 뿌리를 유럽에서 찾던 이전 설명과 결별한, 미국판 지정학(geopolitics) 이론이자 '주체사상'이었다. 미국사학의 '독립선언'이기도 했다. 터너의 주장엔 반론도 만만치 않지만, 미국을 이해하는 데에 절대적으로 중요한 이슈들을 제기하고 있는 바, 이를 심도 있게 살펴보기로 하자.

참고문헌 Boorstin 1991, Brinkley 1998, Davis 2004, Huberman 2001, Panati 1997, Phillips 2004, Piore 2001, Time-Life 1988, Turner 1962, Zinn 1986, Zinn & Macedo 2008, 민경배 1991, 박진빈 2006, 박천홍 2003, 사루야 가나메 2007, 손영호 2003, 신문수 2006, 안윤모 2006, 양홍석 2008, 이성형 2003, 임희완 2000

'미국 역사에서 프런티어의 의미'
미국의 정체성은 무엇인가?

미국인들의 삶을 역동적으로 만든 두 가지 꿈

프레더릭 잭슨 터너는 「미국 역사에서 프런티어의 의미」에서 미국인들의 삶을 역동적으로 만든 두 가지 꿈에 대해 이야기했다. 하나는 "대륙의 풍요로운 자원을 차지하기 위해 무제한 경쟁할 수 있는 개인의 자유"였다. 이와 관련, 터너는 "개척자에게 정부는 악"이라고 지적했다. 두 번째 꿈은 "국민에 의한 국민을 위한 국민의 정부라는 민주주의의 이상"이었다. 이 두 가지 꿈이 "공유지와 천연자원의 사유화 과정"에서 공존했다는 것이다.

생활방식의 차이도 '개인의 자유'를 숭배하게 만들었다. 컨(Kern 2004)의 해설에 따르면, "황무지에서의 생활은 복잡한 사회조직을 부수어 가족에 기반한 원초적 조직형태로 만들어버렸다. 그때그때 즉흥적으로 일을 처리해야 했기 때문에 성원들이 저마다 한 가지씩은 역할을 맡는 사회조직, 그리고 그 역할이 공동체 존망에 필수적인 새로운 사회조직들이 생겨났다. 바로 이런 환경이 '통제, 특히 직접적인 통제에 대한 반감'을 낳았다."

터너가 보기에 "프런티어는 새로운 기회의 장을 제공했다. 과거로부터 도망칠 수 있는 출구였다." 그래서 프런티어 지역의 특징적인 정서는 "구사회를 경멸하고, 구사회의 관념이나 구속을 참지 않고, 그 교훈에 관심을 두지 않는다는 점"이라고 했다. 물론 이는 경제적 의미를 가진 것이기도 했다. 동부에서는 가족이 한 장소에 머무르다 보니 세대가 흐를수록 계급격차가 심화되었지만, 서부는 동부인들의 불만을 해소할 수 있는 출구 노릇을 했으며 새로운 이민자들에게 기회를 제공함으로써 경제적 평등과 사회적 유동성을 가능케 했다는 것이다.

그렇기 때문에 '프런티어의 종언'은 심각한 문제를 낳을 수 있다. 터너는 프랑스의 지식인 에밀 부트미(Emile Boutmy, 1835~1906)의 말을 인용해 "미국 사회의 특이한 점은 민주주의 체제라기보다 방대한 대륙의 자원을 발견하고 개발하고 자본화하는 하나의 거대한 회사처럼 보인다는 것이다"고 했다. 즉, "미국의 민주주의는 헐값이나 무료로 차지할 수 있는 땅이 넓다는 것을 바탕으로 이루어졌다. 바로 그런 조건이 미국의 민주주의를 형성했고 그 기본특징을 이루고 있다"는 것이다. 그는 "주인 없는 자원을 두고 벌어지는 무제한 경쟁의 시대가 종언을 고하고 있다"고 지적하면서, 이후를 우려했다.

"개인의 지위향상을 위해 부를 축적하는 것이 성공의 주요척도인 한, 그 대가가 무엇이든 그 결과 문명이 어떻게 되든 물질적인 풍요가 구호인 한, 개척자들에게 소중했던 보통사람에 대한 믿음과, 그것에 바탕을 둔 미국의 민주주의는 위험에 처한다. 그런 사회가 세우는 최상의 목표는 가장 강한 의지를 가진 사람만이 달성할 수 있기 때문이다."

프런티어가 만든 미국 문화

좋건 나쁘건, 이렇듯 서부개척을 통해서 미국 고유의 문화가 서서히 정착되었으며, 개인주의, 낙천주의, 애국심 등과 같은 미국 고유의 국민성도 이때에 형성되었다는 게 터너의 주장이다. 터너는 프런티어 생활의 특징을 ① 야비하고 힘을 자랑하는 반면에 날카롭게 캐기를 좋아하는 것, ② 편리한 것을 재빨리 발견하려고 마음을 실제적이고 창조적인 방향으로 돌리는 것, ③ 물질적 사물에 대한 광범위한 지배, ④ 부단한 신경과민이라고 할 정도로 정력을 과시하는 것, ⑤ 선악(善惡) 양편에 대용(代用)하는 개인주의와 동시에 자유로 말미암아 얻어지는 명랑성과 풍족감 등으로 보았다(이보형 1988).

프런티어는 미국 특유의 우월주의 및 반지성주의(反知性主義)와도 관련이 있다. 서정갑(2001)은 "미국인은 독립후 100년이 넘도록 개척지를 찾아 개발하는 동안 그들 외부세계의 많은 나라들이 왕정제도 또는 독재를 타도하기 위하여 혁명과 전쟁을 치르는 것을 보았다. 그들은 지역적으로 멀리 떨어져 있으면서 왜 다른 나라도 미국처럼 평화로운 민주국가를 창설하지 못하는가를 생각하면서 미국 정치에 대한 우월감을 갖게 된 것이다"며 다음과 같이 말한다.

"귀족이 없는 사회에서 평등사상의 강조는 미국인을 반지성적으로 만들었고 지성보다 직관과 평범한 진리와 상식을 더욱 소중한 것으로 생각하게 만들었다. 지식인은 미국 풍토에서 말재주를 부리는 궤변가로 여겨지기도 하며 대체로 불신받는 경향이 높다. 정치인에 있어서

1893년 네브라스카의 카우보이 경기에서 9명의 카우보이가 출발선에 서 있다.

도 막강한 지식의 소유자보다는 상식적 차원에서 시민들과 대화할 수 있는 정치가가 더욱 성공적이 되고 있다. 반지성주의가 미국 사회에 지배적으로 작용하는 이유는 역사적으로 개척지(frontier)가 존재해온 것과 상업주의와 자본주의 문화와 함께 실용주의 사상이 모든 분야를 지배하여 왔기 때문이다. 그들은 그들의 문제를 상식적 차원에서 실용적으로 해결하려고 한다. 이성과 합리성에 호소하기보다는 세속적인 상식에 호소하는 것이 훨씬 더 설득력을 가지며 또한 납득이 잘 된다. 지성적, 합리적인 정책은 각종 우익단체들의 용이한 공격대상이 된다."

프런티어는 미국의 정체성을 넘어 미국 우월주의로 나아가고 이를 보수주의로 결합시키는 데에 일조하기도 한다. 어린 시절을 오클라호마주 툴사라고 하는 프런티어 도시에서 보낸 대니얼 부어스틴(Boorstin 1995)도 프런티어에 큰 학문적 열정을 보였는데, 그는 프런티어가 미국에 미친 영향, 그리고 그렇게 해서 형성된 미국이 세계에서 가진 한 가지 사명에 대해 다음과 같이 주장한다.

"서부행의 한 가지 특징은, 사람들이 새로운 공동체를 이루고 있었으며 그것이 매우 생생한 유대감을 품게 했다는 점이다. 그들은 다른 이들과 협력해야 한다는 것을 알았다.……계고적 학문으로서의 역사학의 목적 가운데 하나는 세계의 이상적 법칙을 아는 척하는 사람들을 경계하도록 만드는 것이다. 내 생각으로 미국은 이 세계에서 한 가지 사명을 갖고 있다. 그것은 정치적 이데올로기 없이, 나아가 똑같은 종교마저도 없이 함께 살아가는 사람들의 가능성에 대한 본보기가 되는 것이다."

부어스틴(Boorstin 1991)은 터너의 주장을 보완하는 차원에서 프런티어 지역에서 나타날 수 있는 사고방식과 감정의 세 가지 특징을 지적한다. "첫째로 과장된 자아인식을 들 수 있다. 우리는 경계지역에서 우리가 누구며 무엇을 하고 있는지를 더욱 확실하게 인식할 수 있다. 둘째 특징은 새로운 것과 변화에 대한 관용이다. 우리는 새로운 것과 접하였을 때 다를 수 있음을 인식하고 때로는 우리의 취향은 새로움에 끌리고 자극을 받는다. 셋째 특징은 강한 공동체의식이다. 생소하고 이질적인 것과 마주칠 때, 우리 비슷한 사람들은 서로에게 의지한다. 그리고 새로운 공동사회나 지역사회를 조직할 때 서로 기운을 북돋우어준다."

앞서 보았듯이 신세계에 도착한 퓨리턴들은 부패한 세계에 대해 모범이 되는 신성한 사회, 즉 '언덕 위의 도성(city upon a hill)'을 건설한다고 믿었다. 이와 관련, 부어스틴은 "오늘날 우리는 전통적인 경계지역에 숨어 있는 위험을 본다. 지나친 자기인식, '언덕위의 도성' 징후는 자의식, 자만, 자학의 위험을 지니고 있고, 오랜 시간이 지난 문화적 경계지역은 인종적 고립과 더불어 맹목적인 인종우월주의가 될 위험을 갖고 있다"며 다음과 같이 말한다.

"새것을 선호하는 성향은 현재 집착병(disease of Presentism)을 일으킬 위험이 있다. 이 병은 역사 대신 사회학을, 고전 대신 베스트셀러를, 영웅 대신 유명인사를 선호하게 만든다. 메이플라워 선조들이 동료들에게 보였던 관심, 즉 지역사회에 대한 관심은 변하는 여론의 추세에 집착하는 강박관념이 될 위험이 있다. 그 증세는 정치에 있어서는 민중선동, 개인생활에 있어서는 소심한 순응주의, 그리고 기업가, 운동선수, 작가, 예술인 등의 경우에는 모방성으로 나타난다."

터너의 프런티어 사관 비판

1925년 스탠퍼드대학의 역사학자 J. C. 알맥(J. C. Almack)은 프런티어 논제를 물질주의적이고 결정론적인 것으로 비판했다. 대체적으로 보아 터너의 프런티어사관은 20세기 중반까지 절대적인 호응을 얻다가 1960년대를 기점으로 수정주의 학파가 대두하면서 거센 비판에 직면했다. 지나치게 미국 중심적 · 인종주의적 · 성차별적 · 제국주의적이며, 다른 요인의 고려에 실패했으며, 프런티어보다는 영국의 공화주의가 더 큰 요인이라는 것 등이 비판의 주요 요지였다. 이와 관련, 브링클리(Brinkley 1998)는 다음과 같이 말한다.

"사실 터너의 시각은 부정확하고 미성숙한 것이었다. 1890년대에 거대한 공유지는 아직도 존재했다. 터너의 연설 이후 40년 동안 정부는 과거에 자작농법을 통해 정부가 나누어주었던 것보다 더 많은 에이커의 토지를 분배하였다. 그러나 '프런티어의 상실' 이 신화였다 하더라도 그것은 강력한 것이었다. 그것은 서부의 낭만적 이미지를 이후 수십 년 동안 살아 있게 하였다."

루이스 M. 해커(Louis M. Hacker)는 프런티어 사관 때문에 미국 역사가들이 ① 미국 밖의 일에 대하여도 보다 많은 관심을 가져야만 할 때 미국의 활동을 내향적으로 보아왔고, ② 미국의 제도적 발전이 유럽과 평행한다는 것을 이해하지 않고 미국적 입장에서만 자료를 수집해왔고, ③ 미국사에서의 계급적 대립을 무시하고, ④ 미국이 독점자본주의 및 제국주의 단계로 발전해왔다는 것을 이해하지 못하는 등의 오류를 저질렀다고 비판하였다(이보형 1988). 그러나 이런 일련의 비판에도 불구하고, 김봉중(2001)은 터너의 이론은 오늘날에도 여전히 미국 문명을 이해하는 주요한 담론의 축을 제공한다고 평가한다.

터너는 문제의 논문을 발표한 지 3년 후 『월간 애틀랜틱』에 쓴 「서부의 문제(The Problem of the West)」라는 글에서 "지난 300년 동안 미국인의 삶에 있어서 지배적인 양상은 바로 팽창이라는 것이다" 며 "이러한 측면에서 강력한 외교정책을 요구하는 것이다" 라고 주장했다. 터너의 주문대로, 이제 팽창은 세계를 향하기 시작했다. 1890년대 초 미국이 처음으로 제국주의적 모험을 시작한 것도 우연이 아니다. 권용립(2003)은 19세기 말 미국 팽창 이데올로기의 양대 기반은 사회진화론 사상과 프런티어의 소멸이었으며, 영토의 팽창만이 미국 정신의 타락을 막을 수 있다는 역사적 비전이 생성되었다고 말한다.

인디언은 어디로 갔나?

터너는 "오늘날까지의 미국 역사는 대서부(the Great West)로 향한 식민지 정복의 역사라 해도 과언이 아니다. '아무도 살지 않는 땅' 인 서부로의 진출이 미국의 발전에 기여한 것이다"라고 주장했는데, 이는 그 땅에 살고 있던 인디언들의 존재를 무시한 것이었다.

인디언 출신으로 뉴멕시코대학 인류학 교수를 지낸 오르티즈(Ortiz 2000)는 서구문명과 연관된 '프런티어' 라는 개념은 인디언 부족사회 그 자체는 말할 것도 없고, 인디언의 생존이라는 대의와 인디언과 백인의 관계사를 올바르게 서술하는 데 있어 서구문명이라는 개념 이상으로 악영향을 끼쳐왔다고 말한다. 백인 프런티어들이 건재한 이상 인디언들은 살아남기 위해 프런티어의 후위(rearguard)로서 필사적인 싸움을 할 수밖에 없었고, 때문에 자신들의 이야기를 들려주거나 자신들의 경험을 이야기할 겨를도, 의미도 찾을 수 없었다는 것이다. 그는 어떤 한 문화의 프런티어가 다른 문화에는 '역류(backwater)' 또는 '뒤뜰(backyard)' 이 될 수 있음을 각 문화의 새로운 세대들에게 환기시켜주지 않으면 안 된다고 말한다.

오르티즈는 '황야(wilderness)' 라는 개념 역시 유럽계 미국인들의 문화의식 속에 깊이 뿌리박혀 있는 낡디낡은 개념이라고 말한다. 이 개념은 유럽 출신 이주자들로 하여금 인디언들을 아메리카 황야의 일부, 다시 말해 말살하고 몰아내야 할 어떤 것으로 간주하게 함으로써 그 진면목을 드러냈다는 것이다. 이런 사고방식은 미국의 많은 백인들이 오늘날에도 여전히 인디언들을 자연의 일부로 여기고 있다는 점에서 지금까지 의연히 살아 있다는 것이다. 예컨대, 루터 스탠딩 베어

(Luther Standing Bear)는 『얼룩독수리의 땅(Land of the Spotted Eagle)』(1933)에서 '황야' 라는 개념의 실체를 인디언의 시각으로 다음과 같이 표현한다.

"오직 백인들에게만 자연은 '황야' 였고, 오직 그들에게만 대지는 '야생(wild)' 동물과 야만인들이 '떼 지어 몰려다니는' 곳이었다. 우리에게 있어서 자연은 길들여져 있는 온순한 것이었다. 대지는 기름졌고, 우리는 위대한 신비(the Great Mystery)가 내려주는 가득한 축복 속에 있었다. 동쪽으로부터 털 많은 사람들이 와서 광기어린 잔혹함으로 우리와 우리가 사랑하는 가족들에게 수많은 불의를 자행했을 때, 우리들에겐 그것이야말로 '야생적인(wild)' 일이었다. 숲속의 동물들이 다가오는 백인들을 피해 도망가기 시작했을 때, 우리에겐 그것이 바로 '무법천지 서부(Wild West)' 의 시작이었다."

또 인디언 출신으로 인디아나대학 역사학과 교수인 에드먼즈(Edmunds 2000)는 백인이주민들은 대부분 경제적 기회주의자로서 더 많은 몫의 이익을 갈망했고, 자신들의 야심을 충족시킬 수 있는 가능한 이익을 모두 독점하는 것에 대해 아무런 양심의 가책도 없었다고 말한다. 그래서 인디언들이 대량학살되었다는 것이다.

해외로부터의 이민이 많아지면서 터너의 인종주의적 우려도 높아졌다. 1910년 터너는 1907년에 도착한 이민 중에서 "4분의 1이 지중해로부터 온 인종이며, 다른 4분의 1이 슬라브계이며, 8분의 1이 유대인이며 유럽 중동부 백인과 튜턴인도 6분의 1이라는 수를 차지하고 있다"고 언급하면서 백인의 순수성을 확인하기가 어려워진다며 탄식했다. 이와 관련, 양홍석(2008)은 "그가 얼마나 잠재적으로 인종적인 강박관념에 사로잡혀 있었는지 매우 분명하게 보여준다"고 말한다.

터너의 이런 우려가 시사하듯이, 미국 사회의 주류인 앵글로색슨계 미국인 신교도를 지목하는 와스프(WASP: White, Anglo-Saxon, Protestant)의 배타적 결속은 프런티어의 종언과 궤를 같이한다. 와스프는 좁은 의미로는 잉글랜드계만을 가리키지만, 잉글랜드계와 민족적 뿌리가 같다고 할 수 있는 게르만족이나 바이킹족의 분파인 독일, 프랑스, 북유럽 국가 및 영국 왕가와 혈연관계가 있는 네덜란드, 웨일즈 등의 혈통도 와스프와 동격에 가까운 대우를 받았다.

와스프만 입장할 수 있는 컨트리클럽은 1882년에 최초로 생겨난 뒤 1929년에는 4,500개에 이르렀으며, 그로튼 스쿨(Groton School, 1884)을 비롯해 상류 와스프 자제들의 진학예비학교들이 생겨났고, 와스프 상류인사들의 인명록인 『명사록(Social Register)』(1887)이 창간되었고, '메이플라워호 자손협회'(1894)를 비롯한 와스프의 유서 깊은 계보를 자랑하는 클럽들의 창설이 잇달았다. 이는 프런티어의 종언이 중하류층의 서부행을 중지시킴으로써 그들의 불만이 자신들에게로 향하는 것에 대처하기 위한 와스프의 자구책이었다.

대중문화가 이어받은 프런티어

팽창의 기운은 대중문화를 통해서도 표출되었다. 벨튼(Belton 2000)은 서부영화의 탄생은 서부의 몰락, 더 구체적으로 말하면 프런티어의 종식과 불가분의 관계가 있다고 말한다. 프런티어가 사라지기 시작한 시기에 서부영화가 서부를 대신하기 시작했으며, 비록 신화적인 방법이긴 하지만 그렇게 해서 미국적 성격을 계속해서 형성해나갔다는 것

1903년 영화 〈대열차강도〉의 한 장면.

이다.

1926년부터 1967년까지 40년 이상에 걸쳐 할리우드는 다른 어떤 종류의 영화보다 많은 서부영화를 제작했다. 이 기간 동안 제작된 모든 할리우드 영화의 거의 4분의 1이 서부영화였다. 1926년 이전의 통계가 없어서 그렇지, 1903년에 제작된 〈대열차강도(The Great Train Robbery)〉의 인기가 말해주듯이 무성영화시대를 석권한 것도 바로 서부영화였다. 서부영화는 1930~1940년대에 매년 1,000편, 1950년대에 800편 이상 제작되었다.

서부영화는 텔레비전까지 점령했다. 1950년대 중후반 시청률 10위까지의 프로그램 가운데 웨스턴드라마는 7개를 점유하기도 했다. 웨스턴물의 범람은 변형된 웨스턴물을 낳게 했으며, 그 대표적인 작품이 NBC가 1959년부터 방영한 〈보난자(Bonanza)〉였다. "웨스턴 소프 오페라(western soap opera)"로 불린 〈보난자〉는 그후 무려 14년간 일요일 저녁에 고정편성되는 불후의 작품으로 남게 되었다. 미 국민의 서부개척시대에 대한 동경에 힘입은 웨스턴물은 1950년대의 무사안일했던 아이젠하워 시대가 '생동하는 미국'의 기치를 내걸고 '뉴프런티어 시대'를 선언한 케네디(John F. Kennedy, 1917~1963) 시대로 대체될 것을 요구하는 미 국민의 정서구조를 반영한 것이기도 했다.

1958년 소련이 최초의 인공위성을 우주로 쏘아올리자 미국은 충격을 받았다. 미국은 초중등 교육과정에서 수학과 과학을 새로운 우선순위로 삼고, 인터넷 개발에 착수했다. 케네디와 존슨(Lyndon B. Johnson, 1908~1973) 시대에 우주정복은 미국의 프런티어 정신의 가장 중요한 목표가 되었다. 이후 SF영화가 쏟아져 나오기 시작했다.

벨튼(Belton 2000)은 기술에 대한 태도에서 대조되지만 서부영화와 SF영화는 프런티어 경험을 찬양한다는 점에서 놀라울 정도로 서로 비슷하다고 말한다. 실제로 서부영화의 위력이 사라지면서 SF영화가 그 주제와, 상황, 도상, 모티프의 상당부분을 이어받았다는 것이다.

SF영화와 더불어 내재적으론 게토(빈민가)를 대상으로 한 경찰수사물도 서부극의 정서구조를 이어받았다. 기틀린(Gitlin 2006)은 "서부극은 개척시대를 지나 70년 이상 지속되었을 뿐만 아니라, 이 과정에서 다양한 형식모색과 구체화를 통해 자리매김되고 재생산되기를 반복했다"며 "텔레비전은 경찰 쇼를 만들어냈고 그리하여 황무지는 게토로 옮겨갔다"고 말한다.

이제 인터넷이 새로운 프런티어가 되었다. 휘태커(Whitaker 2001)는 미국인들 중 많은 사람들에게 하나의 이념이 존재하고 있는데, 그것은 '변경자본주의(frontier capitalism)' 혹은 거친 개인주의로서 가장 잘 묘사될 수 있다고 말한다. 그 자아상은 6연발총과 동등한 동시대 무기인 고속 모뎀으로 무장하고 최첨단 문명의 바깥에 서 있는 외로운 변경개척자의 모습이라는 것이다.

미국과 유럽의 차이

오늘날에도 미국과 유럽의 차이는 많은 경우 프런티어 이론으로 설명할 수 있다. 사형제와 위험사회론이 그 대표적 사례다. 리프킨(Rifkin 2005)은 미국과 유럽의 사고방식이 얼마나 다른지를 이해할 수 있는 지름길은 사형제도에 대한 양측의 견해차이를 분석하는 것이라고 주장했다. 물론 미국인들과는 달리 유럽인들은 사형제에 열정적으로 반대하는 편이다. 그 이유에 대해 리프킨은 이렇게 말했다.

"우선 그들은 20세기 들어 정부에 의해 자행된 인명살상과 파괴행위를 너무도 많이 겪었기 때문에 국가가 인간을 처형할 수 있는 권한을 유지한다는 것 자체에 혐오감을 갖는다. 20세기에 세계적으로 희생된 인명은 1억8700만 명 이상이며, 그중 다수가 유럽에서 목숨을 잃었다. 유럽인들에게 사형은 자신들의 어두운 과거를 일깨운다."

반면 미국인들은 다수가 사형제에 찬성한다. 찬성자의 37퍼센트는 "눈에는 눈, 이에는 이"라는 구약성서의 격언을 그 이유로 들었다. 신약성서 여러 곳에 등장하는 용서의 가르침은 외면하는 것이다. 범죄에 대한 미국인들의 정서는 본질상 보복적인데, 미국 심리학자들은 그 이유의 일부를 서부개척 시절 재산권의 보장이 허술했을 때 자신의 재산을 보호할 필요성과 이런 전통이 대중문화를 통해 확산된 탓으로 보고 있다.

울리히 벡(Ulrich Beck 1997)의 위험사회론도 미국에서는 나올 수 없는 유럽적 산물이다. 리프킨은 유럽의 지성인들은 '리스크 감수' 에서 '리스크 예방' 의 시대로 가는 대전환을 두고 토의를 벌이고 있지만, 미국의 지성인들 사이에선 그런 토의가 거의 없다고 했다. 미국인들은 리스크를 감수하는 타고난 모험가 기질을 갖고 있기 때문이다. 이는 서부개척 시절부터 몸에 밴 것이다. 미국인들은 자신의 운명을 결정하는 사람은 결국 자기 자신이라는 신념에 중독돼 있기 때문에 눈에 잘 보이지 않는 위험을 인식하기가 매우 어렵다는 것이다.

유럽과는 확연히 다른 미국의 높은 이주율도 프런티어 문화의 산물이다. 19세기에는 10년마다 노동자 거주지역의 주민들이 완전히 바뀌었을 정도였다. 이는 계급에 기초한 단체나 기구들이 생겨나 지속적으로 활동하는 데에 악영향을 미쳐 계급중심의 연대를 거의 불가능하게 만들었고, 이것이 미국에 사회주의가 없는 한 요인이라는 분석도 제기되고 있다(Foner 2006). 사회학자 데이비드 리스먼(David Riesman, 1909~2002)은 성욕을 '마지막 프런티어' 라고 했다지만, 미국인들의 프런티어에 '마지막' 이 있을 것 같지는 않다.

헨리 키신저(Henry Kissinger)는 "미국인들은 홀로 말을 타고 앞서 달리면서 마차대열을 인도하는 카우보이를 좋아한다. 그는 늘 적시적소에만 등장한다" 고 말한다. 훗날 미국의 여러 대통령들이 카우보이처럼 보이기를 좋아하는 건 물론이고 그렇게 보이려고 애를 쓰는 건 당연한 일인지도 모르겠다.

잠시 가치판단을 배제하고 프런티어 사관을 미국인의 문화적 기질에 국한시켜 본다면 매우 설득력이 높다는 걸 인정하긴 어렵지 않다.

부정적인 측면에서만 보자면, 국제적으로 난폭하게 구는 카우보이 기질과 그 바탕이라 할 인종차별주의나 엄청난 자원과 에너지를 낭비하는 물질주의적이고 소비주의적인 삶은 확실히 미국적인 것이기 때문이다. 또 '노다지' 를 잡으려는 한탕주의 속성이 강하며 그것이 이른바 '아메리칸 드림' 으로 미화되어왔다는 것도 빼놓을 수 없겠다. 그러나 동시에 '동전의 양면' 원리처럼 그 이면의 특성이 미국의 활력이자 저력이라는 점에도 주목해야 할 것이다.

참고문헌 Arnold 2006, Beck 1997, Belton 2000, Boorstin 1991 · 1995, Brinkley 1998, Edmunds 2000, Gelfert 2003, Gitlin 2006, Kern 2004, Limerick 1998, Lowenthal 2006, MacMillan 2009, Ortiz 2000, Persons 1999, Rifkin 2005, Rosenberg 2003, Whitaker 2001, 강준만 2001, 권용립 2003, 김봉중 2001, 박영배 1999, 서정갑 2001, 오치 미치오 1999, 오치 미치오 외 1993, 이보형 1988

미국의 '지식혁명'
프레데릭 테일러의 '과학적 관리법'

미국철도노동조합 결성

1893년 3월 '필라델피아 앤 리딩 철도회사(Philadelphia and Reading Railroads)'는 막대한 돈을 빌려온 영국 은행들의 지불요구를 감당할 수 없게 되자 파산을 선언했다. 이른바 '1893년 공황'의 시작이다. 6개월 내에 8,000개 이상의 기업, 156개의 철도회사, 400개 은행이 문을 닫았으며, 노동력의 20퍼센트 정도인 100만 명에 달하는 노동자들이 일자리를 잃었다.

아나키스트 엠마 골드먼은 뉴욕시의 유니온광장에서 열린 실업자들의 대규모 집회에서 연설을 하면서, 아이에게 줄 음식이 필요한 사람들은 가게로 들어가 먹을 것을 집어가라고 주장했다. 그녀는 "폭동을 사주했다"는 이유로 체포되어 2년형을 선고받았다. 시카고에서는 일자리가 없어 시청의 마룻바닥과 계단, 그리고 경찰서에서 매일 밤 잠을 자려는 사람이 20만 명에 이르렀다.

그런 상황에서 노동운동은 노동자들의 생사(生死)문제가 되었기에, 그해에 전투적인 성격의 미국철도노동조합(ARU, American Railway Union)이 결성되었다. 이 노동조합 결성을 주도한 이는 유진 데브스였다. 해고의 위협과 더불어 철도노동자들의 노동조건이 믿기지 않을 정도로 열악한 것도 노조결성의 주요이유가 되었다. 특히 보일러 폭발사고로 매년 수천 명의 화부들이 죽거나 불구가 되었다. 철도건설도 여전히 무시무시한 작업이었다. 1890년에서 1917년까지 7만 2,000명의 노동자가 철로에서 사망했고, 200만 명이 부상을 당했다. 기관차고와 정비소에선 15만 8,000명이 사망했다.

1855년 미국 인디애나주 태러호트시에서 가난한 집안의 맏아들로 태어난 데브스는 초등학교를 졸업하자마자 철도정비창 노동자 생활을 시작했다. 그는 전국 화부형제회(Brotherhood of Locomotive Firemen)의 지도자 조수아 리치(Joshua Leach)의 제안으로 화부형제회 테러호트 지부를 결성하는 데 앞장섰다. 열악한 작업환경 속에서 사고가 속출하고 최저생계비에도 못 미치는 임금을 받던 노동자들은 부상을 당한 채 직장에서 해고되어야만 했다. 사고로 목숨을 잃은 동료들과 장례치를 돈이 없어 눈물 흘리는 가족들의 모습은 익숙한 풍경이었다. 기차화부형제회는 이에 대비하기 위한 일종의 '상조회'에 불과했지만, 데브스는 이를 발전시켜 미국철도노동조합을 세운 것이다.

풀먼 객차회사 파업

미국철도노동조합은 노동기사단까지 흡수해 1894년 풀먼 객차회사(Pullman Palace Car Company)를 상대로 파업에 돌입했다. 1864년 기차차

풀먼 파업기간 동안 일리노이 연방군이 풀먼 아케이드 빌딩 앞에 열을 지어 서 있었다.

량의 계단식 침대를 발명한 공동발명자이자 그 침대를 만드는 회사의 소유주인 조지 풀먼(George Pullman, 1831~1897)은 매우 독특한 인물이었다. 그는 파업과 무정부주의자들로부터 자신을 보호하기 위해 시카고 남쪽 242만 8,113제곱미터 땅에 개인영지를 만들고 약 1만 2,000명의 노동자와 그 가족들이 살게끔 한 뒤, 이 마을의 이름을 풀먼이라고 지었다. 한 노동자는 "우리는 풀먼의 집에서 태어나 풀먼의 공장에서 생계를 해결하고 풀먼 학교에서 교육을 받고 풀먼 교회에서 교리문답을 한다. 그리고 죽으면 풀먼 지옥으로 간다"고 말했다. 금융공황이 지속되고 있던 1894년 그의 회사가 2,500만 달러의 이윤을 기록했는데도 풀먼은 검약 캠페인을 벌여 노동자들을 해고한 다음 25퍼센트가 인하된 임금으로 다시 채용하는 수법을 썼다. 풀먼 마을의 주택임대

료는 근처 마을들의 시세보다 25퍼센트 높았는데, 노동자 3명이 임대료를 낮춰달라고 하자 풀먼은 그들을 해고해버렸다. 이런 일련의 횡포가 파업의 불씨가 되었다.

미국의 기차치고 풀먼 객차회사와 연결되지 않은 곳이 없었기 때문에 그 파업은 곧 전국적인 규모로 확대되었다. 노동자 6만 명이 파업에 동참했다. 일리노이 주지사 존 피터 알트겔드(John Peter Altgeld, 1847~1902)는 헤이마켓 아나키스트들에 대한 재판을 비판했고, 주지사가 되자 감옥에 있던 피고인들을 사면하는 등 파업노동자의 불만에 동조한 인물이었다. 그래서 그는 고용주들을 보호하기 위한 주 민병대의 소집을 거부했다. 이에 철도운영자들은 연방정부에 정규군 파견을 요청했고, 링컨처럼 철도회사의 변호사를 지낸 바 있는 클리블랜드는 파업진압을 위해 군대를 소집했다. 6월 말 1만 2,000명의 연방군이 파견된 가운데 시카고에서는 한바탕 혈전이 벌어졌고 그 와중에서 시위 노동자 12명이 사망했으며, 데브스는 체포되어 6개월간 투옥되었다. 그는 이 투옥기간 중 마르크스의 저서를 접하고 사회주의자로 거듭났다.

1894년엔 공황의 여파로 이른바 '콕시의 행진' 사건도 일어났다. 오하이오주 출신의 사업가이자 민중주의자인 제이콥 S. 콕시(Jacob S. Coxey, Sr., 1854~1951)는 실업자를 위한 직업창출을 위해 대규모 공공사업계획을 주장했다. 자신의 요구사항이 받아들여지지 않자 그는 '콕시의 군대' 라고 알려진 실업자행진을 주도해 워싱턴까지 가려고 했다. 처음에는 수천 명의 사람들이 전국 각지에서 출발했으나 워싱턴 의사당에 도착한 사람은 400명 수준이었다. 이 저항은 콕시와 몇몇 사람들이 의사당 지역에 불법침입했다는 이유로 체포된 이후 해체되었다.

저항의 관리

언제까지 노동자들의 저항을 무력으로 억누를 수 있을 것인가? 그런 의문이 제기되던 때에 미국 자본주의의 혁명이라고 해도 좋을 정도의 변화를 촉발시킬 새로운 시도가 이루어지고 있었으니, 그건 바로 엔지니어이자 경영 컨설턴트인 프레더릭 테일러(Frederick Winslow Taylor, 1856~1915)의 '과학적 관리' 연구였다.

필라델피아의 부유한 가정에서 태어난 테일러는 어렸을 때부터 '효율의 화신'이라고 해도 좋을 정도로 독특한 면을 보였다. 그는 학교까지 가는 길에 발걸음 수를 세어 가장 효율적인 보폭을 찾아낼 정도였으며, 게으른 것을 참아내지 못했다. 그는 하버드 법대 진학을 원하는 아버지의 뜻을 뿌리치고 자신의 연구를 위해 미드베일 제강소(Midvale Steel Works)에 입사해 현장노동에 뛰어들어 6년 후 미드베일의 수석 엔지니어가 되었다. 현장노동을 제대로 안다는 것, 이것이 테일러의 가장 큰 강점이

프레더릭 테일러는 과학적 관리법을 통해 생산성을 크게 향상시켰다.

었다.

1881년 최초로 지식을 작업의 연구와 분석에 적용해 작업을 과학화하기 시작한 테일러는 스톱워치를 이용해 개별노동자의 과업을 가장 작은 단위의 확인 가능한 작업요소로 나눠서 효율을 추구했다. 그는 1889년 미드베일을 떠나 경영 컨설턴트로 일하면서 1901년까지 베들레헴 철강회사(Bethlehem Iron Company)의 작업 디자인에 관여했다. 이런 경험과 연구를 바탕으로 테일러가 1895년에 발간한 『성과급 제도(A Piece-Rate System)』는 1911년에 출간될 『과학적 경영의 원칙(The Principles of Scientific Management)』의 모태가 되었다.

바로 그해(1895)에 유럽에선 프랑스의 사회심리학자 귀스타브 르봉(Gustave Le Bon, 1841~1931)이 『군중: 대중의 정신연구(La psychologie des foules)』를 출간했다. 그는 '군중의 시대'가 왔다고 선언하면서, 중산층을 지배하던 이성의 법칙에 대중이 얽매이지 않으며, 군중과 대중이 세계를 장악한다는 새 시대의 모습을 제시했다. 그가 말한 '군중'은 단순무식한 사람의 집단이 아니라 "도덕적 · 지적인 개성을 상실한 사람들이 그들을 조종하는 사람의 암시에 따라 거대한 에너지를 발휘하는 인간집단"이다. 그는 "집단 내에 쌓여가는 것은 재치가 아니라 어리석음이다. 집단은 높은 지능이 필요한 행동을 할 수 없으며, 소수 엘리트보다 언제나 지적으로 열등하다"고 말했다. 훗날 무솔리니는 이 책을 늘 머리맡에 두고 탐독하였다던가.

프랑스의 사회과학자 가브리엘 타르드(Gabriel Tarde, 1843~1904)는 친구 르봉이 제기한 두려움에 새로운 의견을 제시했다. 그는 군중은 걱정거리지만, 매스미디어 특히 신문은 공유된 건설적인 목표를 통해 군중을 결집하고 질서가 잡히도록 군중을 길들일 수 있다고 주장했다. 이미 1890년 『모방의 법칙(Les lois de l' imitation)』을 출간한 바 있는 타르드는 "열차라는 더 빠른 교통수단에 의해 거리가 줄어들고" "인구밀도가 점점 더 높아지는" 것에 주목하고, 이 현상들로 인해 모방과정이 훨씬 쉬워졌다고 말했다.

유럽에서 '군중' 에 대한 공포감이 커져가고 있을 때에, 미국에서 제시된 답이 바로 테일러의 노동관리를 위한 시도였던 셈이다. 저항의 부드러운 관리법이라고나 할까. 테일러는 노동조합으로부터도 욕을 먹었지만 자본가들을 '돼지들' 이라고 부르는 등 그들의 탐욕에 대해서도 공격을 퍼부었기 때문에 처음엔 노사 양쪽 모두에게 배척을 받았다.

'마르크스는 빼고 테일러를'

테일러가 촉발시킨 '자본주의혁명' 은 '지식혁명' 이기도 했다. 2,400년 전 소크라테스에게 지식의 유일한 기능은 자기 자신을 아는 것과 계발하는 것이었다. 즉, 지식은 내면적인 것에만 머물렀던 것이다. 지식을 행동에 적용할 것을 주장한 소피스트들에 대해 소크라테스는 그것은 지식의 오용이라고 단정했다. 지식의 목적은 지식 그 자체라는 것이다.

프로타고라스도 소크라테스의 지식에 대한 인식의 범주를 벗어나진 못했다. 프로타고라스에게 지식의 결과는 무엇을 말하고 어떻게 말하는가를 결정하는 데 필요한 것에 지나지 않았다. 지식은 논리, 문법, 수사학이었다. 2,000년 이상 프로타고라스의 그런 지식개념이 서양학문을 지배했다. 동양도 비슷했다. 지식은 무엇을 할 수 있는 능력을 의미하진 않았다. 실용성을 제거한 것이다. 실용성은 지식이 아니었으며 심지어 지식에 대해 불경스러운 것으로까지 취급받았다.

피터 드러커(Peter Drucker 1993 · 2001)는 그런 지식의 역사를 거론하면서 '이젠 모든 게 달라졌다' 고 말한다. 그는 현대 자본주의가 지배적인 힘을 갖게 된 것은 바로 이 지식의 의미가 변화되었기 때문이라고 말한다. 그래서 그는 테일러를 높게 평가한다. 드러커는 지적 역사(知的 歷史)에 있어 테일러보다 더 큰 영향을 준 인물은 거의 없었는데도 불구하고 테일러만큼 의도적으로 왜곡된 사람도 없었으며 또한 한결같이 잘못 인용되고 있는 사람도 없다고 개탄한다. 드러커가 보기에 테일러가 왜곡된 이유는 그때까지 어느 누구보다도 지식인들 사이에 일을 경시하는 풍조가 가시지 않았기 때문이다.

드러커는 테일러에 대한 악평의 대부분은 정확하게 말하면 지식을 작업연구에 적용했기 때문에 받은 것이었다고 말한다. 테일러의 주장, 즉 작업은 연구될 수 있고 분석될 수 있으며 또한 작업은 일련의 간단하고도 반복적인 동작으로 나눌 수 있고, 각 동작은 하나의 옳은 방법으로 주어진 시간 내에 알맞은 도구를 사용해 수행될 수 있다고 한 것은 노동조합에게는 정말이지 치명적 공격이었다는 것이다.

드러커는 '다윈-마르크스-프로이트' 가 '현대 세계를 창조한 삼위일체' 로 인용되고 있는 것에 불만을 표하면서 "만약 이 세상에 정의라는 것이 있다면 마르크스는 빼고 테일러를 대신 집어넣어야만 한다" 고 주장한다. 드러커는 지난 100여 년간의 폭발적인 생산성 향상을 통해 선진국 경제를 창조한 것은 작업에 대한 지식의 적용이라는 점을 인식하는 사람이 너무나도 적은 것은 심각한 문제라고 주장한다. 기술자들은 기계에, 경제학자들은 자본투자에 그 공을 돌리고 있다는 것이다. 드러커뿐 아니라 대니얼 벨(Daniel Bell)도 "어떤 사회적인 격변이 어느 한 사람에게 돌릴 수 있다면, 삶의 방식으로서 효율의 논리는 테일러에 근거한다" 고 말한다.

미국인의 효율성 사랑

그러나 드러커와 벨의 옹호에도 불구하고 노동쪽의 테일러에 대한 비판은 여전하다. 브레버만(Braverman 1974)은 테일러리즘(Taylorism)의 목적은 노동자들을 상호교체할 수 있도록 하고, 그들의 개성이나 인간성을 빼앗아 상품과 같이 매매되는 규격품처럼 다룸으로써 새로운 분업이 필요로 하는 단순노동을 할 수 있도록 하는 데 있었다고 비판한다.

백욱인(1996)은 테일러가 작업장에서의 노동과정을 법칙화하고 규칙으로 만든 것은 개별노동자들의 지식을 착복해 작업장 단위에서 새로운 기술과 지식으로 노동자를 통제하고 지배하는 결과를 낳았다고 말한다. 노동자들의 작업 관련 지식은 자신에게서 멀어졌으며, 이제 거꾸로 작업에 관한 자신들의 주체적인 지식이 상실, 즉 탈숙련화되었다는 것이다.

"탈숙련화된 노동력은 노동과정에 대한 자율성이나 결정권을 갖지 못한다. 이들은 노동과정의 수인(囚人)에 불과하다. 이와 유사한 방식이 사회적인 차원에서 이루어질 경우 우리는 이를 '사회적 테일러리즘' 이라 부를 수 있다. '사회적 테일러리즘' 은 일상생활에서 이루어지는 사회구성원의 지식과 정보가 문화산업체로 수렴되어 그곳에서 일방적인 규칙과 법칙을 만들어내어 대중의 여가와 취미를 일률적으로 조정하고 조작하는 방식이다."

그러나 경영의 세계는 테일러와 그를 추앙하는 벨과 드러커의 편을 들고 있다. 아니 경영의 세계가 아니라 미국 사회 전체라고 하는 게 옳겠다. 과학적 관리법이 미국에서 탄생한 건 우연이 아니라 필연이라고 보는 게 옳을 것이다. 리프킨(Rifkin 2005)은 "유럽인들은 종종 왜 미국인들이 살기 위해 일하기보다 일하기 위해 살까 하고 궁금해한다. 그 대답은 효율성(efficiency)에 대한 미국인들의 깊은 애착에서 찾을 수 있다. 미국인들은 효율성이 높을수록 더욱 하나님께 가까워진다고 믿는다"며 다음과 같이 말한다.

"읍내에 설치된 공동시계가 유럽의 새 시대를 알리는 상징이었다면 스톱워치는 미국의 새 시대를 알리는 상징이었다. 테일러는 직공들의 업무를 자은 단위로 나눈 다음 스톱워치를 이용해 최적의 상태에서 각 업무단위를 가장 효율적으로 수행할 수 있는 표준 작업시간을 결정했다. 테일러는 직공의 세부적인 행동까지 조사함으로써 효율성 제고를 위해 어떤 행동을 고쳐야 하는지 권고할 수 있었다. 그에 따른 시간 정략은 종종 몇 분의 1초까지 측정되었다."

1900년 게오르크 짐멜(Georg Simmel, 1858~1918)은 현대생활이 가속화되고 인간관계는 물론 상업상의 거래에서도 시간엄수 관념, 신뢰성, 정확성을 주입시키는 데에 '회중시계의 보편적 보급'이 커다란 영향을 끼쳤다고 말했다. 스톱워치를 무기로 삼은 테일러의 '과학적 경영' 방식 또는 테일러리즘은 점차 거의 모든 미국 기업에 본격 적용되면서 생산성을 폭발적으로 증가시키는 결과를 낳는다.

1911년 그의 『과학적 경영의 원칙』이 출간되었을 땐 스톱워치를 구하기 어려울 정도로 스톱워치 수요가 폭발한다. 효율을 늘 쟁취하고 정복해야 할 대상으로 간주한 테일러리즘은 기업 · 산업계의 새로운 프런티어였다. 이 프런티어의 정복으로 미국은 모든 면에서 세계 최강국으로 우뚝 서게 된다.

참고문헌 Allen 2008, Beatty 2002, Braverman 1974, Brian 2002, Brinkley 1998, Davis 2004, Drucker 1993 · 2001, Frank & Cook 1997, Guerin 1974, Kern 2004, Noble 1977, Rifkin 1996 · 2001 · 2005, Surowiecki 2005, Tye 2004, Zinn 1986, 매일경제 지식프로젝트팀 1998, 백욱인 1996, 홍사중 1997

"인류를 금 십자가에 못 박지 말지어다"
농민에 대한 기업의 승리

클리블랜드는 모건의 허수아비

1893년 공황에 대해 미국 정부는 금괴를 비축해 버티려고 발버둥쳤고, 이에 따라 1895년부터 미국을 지배한 가장 큰 이슈는 금화 대 은화의 갈등이었다. 인민당은 '은화 자유주조'를 새로운 정치 슬로건으로 채택해 미국을 금은본위제 국가로 되돌려놓으려고 했지만, 이게 올바른 답은 아니어서 인민당의 힘도 덩달아 약화되었다.

클리블랜드 대통령은 강력한 금본위제 옹호자였다. 그는 1896년 연방의 금보유고가 바닥나면서 재정이 거의 파산 직전에 이르자 이미 1873년 공황시에 미국 경제를 구한 바 있는 J. P. 모건에게 지원을 요청했다. 모건은 금과 국채를 교환해주는 형식으로 거의 파산 직전에 이른 연방정부를 구해주었다. 그런 다음 즉시 국채를 되팔아 엄청난 차액을 남겼다.

모건은 1907년 월스트리트 위기 때에 또 한번 이런 묘기를 연출하게 된다. 이와 관련, 경제학자 존 케네스 갤브레이스(John Kenneth Galbraith)는, 19세기의 미국 경제는 약 20년마다 공황을 경험했는데 이 기간은 대중이 지난번 공황을 잊는 데 걸리는 시간이라고 했다.

이런 구원으로 모건의 사회적 위치와 명성은 높아졌으며, 이를 바탕으로 모건은 1900년까지 미국 철도의 절반을 차지했으며, 나머지 소유권도 거의 그의 친구들이 차지해 전국의 철도요금을 좌지우지했다. 반면 클리블랜드는 모건의 허수아비가 된 셈이라 그의 정치생명은 끝장나고 말았다.

윌리엄 제닝스 브라이언의 등장

클리블랜드의 정치생명이 막을 내리자 일부 민주당 의원들은 인민당 강령에서 답을 찾고자 했다. 네브래스카 하원의원 윌리엄 제닝스 브라이언(William Jennings Bryan, 1860~1925)은 '은화 자유주조' 슬로건에서 정치적 기회를 포착했다. 탁월한 연설가인 브라이언은 1896년에 열린 민주당 대통령 후보지명 전당대회에서 미국 정치를 '동부 기업인 대 서부 농민', '금본위제 대 은본위제' 구도로 몰아가면서 2만 청중을 사로잡았다. 이는 브라이언이 서부의 은, 동 업자들에 매수되었기 때문이라고 보는 시각이 유력하지만, 그의 연설은 화려했다.

"도시를 불태우고 농장을 남겨두면 도시는 마술처럼 다시 솟아오를 것입니다. 하지만 농장을 파괴하면 이 나라의 모든 도시에는 잡초만 무성히 자랄 것입니다." 그는 극적인 미사여구까지 동원해 "노동자의 이마에 가시면류관을 씌우려 하지 말라"며, 십자가에 못 박힌 예수 그리스도처럼 두 팔을 벌리고 "인류를 금 십자가(Cross of Gold)에 못 박지 말지어다"라고 외쳤다. 이 연설 하나로 그는 36세의 젊은 나이에 미국 역사상 최연소 민주당 대통령 후보가 되었다. 민주당이 자신들의 강령인 '금 십자가'를 부르짖자 인민당은 울며 겨자 먹기로 브라이언을 지지하지 않을 수 없었다.

1896년 윌리엄 제닝스 브라이언. 1900년과 1908년 대선에서도 대통령 후보로 지명되었다.

공화당은 어떠했던가. 오하이오 주지사 윌리엄 매킨리(William McKinley, 1843~1901)는 오하이오 주 출신의 부호이자 정치 보스인 '킹 메이커' 마커스 A. 해나(Marcus A. Hanna, 1837~1904)가 내려준 지침과 자금 덕택에 공화당 대통령 후보가 되었다. 사업가들은 브라이언의 승리 가능성에 겁을 먹고 정치자금을 공화당에 퍼부었다. 그 결과 선거비용에서 민주당은 30만 달러를 쓴 반면, 공화당은 민주당의 20배가 넘는 700만 달러를 썼다.

1896년 대선-윌리엄 매킨리

브라이언은 주로 서부와 남부에서 약 29만 킬로미터를 여행했고 약 500만 명의 사람들에게 연설을 했다. 그의 종교부흥 집회 같은 천막집회 스타일은 전통적인 프로테스탄트들을 즐겁게 만들었지만, 민주당에 표를 던졌던 많은 가톨릭 이민과 다른 소수인종들을 소외시켰다. 반면 매킨리 진영은 풍성한 선거자금으로 1,400명의 연사를 고용해 유세를 펼쳤다. 공장주는 근로자들에게 브라이언이 승리하면 공장을 폐쇄한다고 겁을 주고 새로운 상품을 주문하면서 브라이언이 승리하면 취소한다는 단서를 다는 등의 방법으로 선거에 깊이 개입했다. 은행들도 농민들에게 브라이언이 승리하면 즉각 대출금을 상환해야 한다고 협박했다.

이 선거에서 매킨리는 710만 2,246표를 얻어 649만 2,559표를 얻은 브라이언을 누르고 승리했다. 선거인단 득표수는 매킨리 271표, 브라이언 176표였다. 이 대선은 전화를 이용해 대통령선거 개표결과를 보도하는 최초의 선거가 되었다. 당시의 보도에 따르면 "수천 명이 수신기를 귀에 찰싹 붙이고 밤을 지새웠다. 그들은 최초로 자신들 앞에 펼쳐지고 있는 다양한 가능성들에 취해 있었던 것이다."

매킨리의 제25대 대통령 당선은 서부 농민들에 대한 동부 기업인들의 승리를 의미했다. 그래서 인민당도 몰락의 길로 들어섰다. 바첼 린지(Vachel Lindsay)는 이 선거결과에 대해 "브라이언의 패배는 / 서부은의 패배 / 밀의 패배 / 서류철의 승리 / 부자들의 승리 / 주머니가 불룩한 외투 / 다이아몬드 시곗줄이 늘어진 조끼 / 윤나는 구두 / 관리자들의 승리 / 플리머드록의 승리 / 그리고 지주 가문을 번성케 한 / 모든 것의 승리 / 가진 자들의 승리"라고 했다.

‘노다지! 노다지!’

미국에서 ‘금본위제 대 은본위제’ 갈등이 벌어지고 있을 때에 조선에선 운산(雲山)금광 채굴권이 미국인들에게 넘어갔다는 것도 기록해둘 필요가 있겠다. 1860년 이후 새로운 거대금광이 발견되지 않아 세계적으로 금 가치는 1870년대부터 폭등세를 기록하고 있었다.

1892년 초 유럽의 강대국들은 자국의 워싱턴 주재 외교대표의 수준을 공사(minister)에서 대사(ambassador)로 격상시켰다. 이제 미국이 비로소 국제적으로 강대국의 지위를 인정받은 것이다. 1893년 알렌이 미국 대리공사로서 조선을 좌지우지하던 청의 원세개가 부리던 횡포에 도전하고 나선 것도 우연은 아닐 것이다.

당시 조선에 주재하는 각국 공사들의 가장 큰 과업은 경제적 이권을 따내는 것이었다고 해도 과언이 아니다. 열강이 눈독을 들인 것이 조선의 1차 자원들이었고, 그중 가장 크게 욕심을 낸 것이 금광이었다. 금이 난다고 하면 중국에서 조공물품으로 금을 요구할 것을 꺼린 나머지 금광을 여는 것을 일절 허락하지 않았기 때문에 조선은 본래 금광업이 전혀 발달하지 않은 사회였다. 그러니 열강이 더 욕심을 낼 수밖에. 행운은 미국에게 돌아갔다.

1887년 고종이 알렌에게 물었다. “한국이 어떻게 하면 미국 정부의 관심을 끌어 중국의 정치적 간섭으로부터 벗어날 수 있겠는가?” 알렌이 답하기를, “금광채굴권을 미국인 회사에게 주십시오.” 그로부터 8년 후인 1895년 가장 질 좋은 금광으로 알려진 평안북도 운산금광 채굴권이 알렌의 주선으로 미국인 사업가 모스(James R. Morse)에게 허가되었다. 알렌이 채굴권을 무상으로 하사받아 거액의 구전을 받고 모스에 넘긴 것이다. 또 모스는 이 채굴권을 1897년 미국인 자본가 헌트(Leigh J. Hunt)와 파셋(J. Sloat Fassett)에게 넘겼다. 송우혜(2004)는 '노다지' 라는 말이 운산금광에서 나왔다며 다음과 같이 말한다.

"쿵, 무거운 곡괭이가 검은 흙벽을 크게 찍어내자 돌연 반짝반짝 노랗게 빛나는 것이 보였다. '노 터치! 노 터치!' 즉각 미국인 채굴감독의 고함이 광구 속을 쩡쩡 울렸다. 조선인 광부들은 고개를 끄덕였다. 또 금맥이 나왔구나. 땅속에서 금맥이 드러날 때마다 미국인들이 지르는 소리는 똑같았다. 노 터치(No touch, 손대지 마라)! 혹여 금을 훔칠까 봐 소리치는 것인데, 조선인 광부들의 귀에는 '노다지' 로 들렸다. 그들은 '노다지' 는 '금' 을 가리키는 양인들 말이라고 믿었고, 그래서 자신들도 금맥을 발견하면 즉각 소리쳐서 금이 나왔음을 알렸다. '노다지! 노다지!' 평안북도 운산금광의 조선인 광부들에게 황금은 곧 노터치였다. '노다지' 라는 단어는 처음에는 '광물이 쏟아져 나오는 광맥이 발견되었다' 는 뜻의 광산용어로 쓰이다 이내 '큰 횡재' 를 뜻하는 말로 조선인의 일상생활 속에 들어갔고, 이제 100여 년이 지난 지금은 어엿이 한국어 사전에도 올랐다."

미국에 이어 다른 열강들도 광산채굴권을 하나씩 챙겨 갔다. 1896년 러시아는 경원·경설광산 채굴권, 1897년 독일은 강원도 당현금광 채굴권(광지 확정은 1896년), 1898년 영국은 평남 은산금광 채굴권(광지 확정은 1900년), 1900년 일본은 직산금광 채굴권, 1901년 프랑스는 평북 창성금광 채굴권(광지 확정은 1907년), 1905년 이탈리아는 평북 후창금광 채굴권(광지 확정은 1907년) 등을 챙김으로써 한반도를 '노다지의 땅' 으로 만들었다.

이처럼 다른 나라들도 광산이권을 얻었지만, 운산처럼 큰돈을 벌지는 못했다. 1904년 말 한 영국인은 미국인들이 "한국에서 수지가 맞는 유일한 광산을 소유했다"고 평했다. 을사늑약 이후에도 알렌 등의 동양광업개발주식회사는 계속 광산을 운영했는데, 1903년부터 1917년까지 연평균 12퍼센트의 이익배당을 실현했다. 제1차 세계대전 이후 이익이 반토막으로 떨어졌지만 1903년에서 1938년까지의 연평균 이익배당은 9퍼센트 이상이었다. 일본의 강경태도로 1939년 일본의 금광회사에 소유권을 넘겨야 했는데, 매각대금은 800만 달러였다.

알렌은 운산금광 이외에도 여러 이권에 개입해 미국의 이익을 대변했다. 김정기(1992)는 "그의 노력으로 경인철도의 부설권을 양도받았고(뒤에 일본에게 매각), 서울시내 전차가설권, 수도가설권까지 챙겨 갔다"며 다음과 같이 말한다. "당시 서양열강들의 이권침탈에 뒤지지 않는 양과 질이었다. 일본과 서양열강들이 조선의 이권을 침탈하는데 국가적인 지원이 따랐음을 감안할 때 알렌의 성과는 타의 추종을 불허하는 고독한 성공담이었다. 또한 고종의 미국 짝사랑이 잉태한 대표적 결과였다. 그는 복음전파의 선교사와 제국주의 외교관의 절묘한 화합물이었다."

미국 내의 '농민에 대한 기업의 승리'는 국제관계에서도 그대로 나타났고, 전통적인 농경사회에서 한 걸음도 나아가지 못한 조선은 그런 메커니즘의 소용돌이로 휘말려 들어간 것이라고 볼 수 있겠다.

참고문헌 Allen 1991 · 1999, Brinkley 1998, Davis 2004, Harrington 1973, Huberman 2001, Kern 2004, Means 2002, 강성학 1999, 김기정 2003, 김정기 1992, 송우혜 2004, 신복룡 2002, 우태희 2005, 이덕주 2004, 이배용 1990, 이영석 2009

백인과 흑인의 '분리평등'
호머 플래시 사건

'객차의 흑백분리는 정당하다'

혈통으로 보아 8분의 7은 백인, 8분의 1은 흑인인 호머 플래시(Homer Plessy, 1863~1925)라는 사람이 있었다. 열차의 백인석에 앉으려던 플래시는 열차의 객차를 흑백으로 갈라놓은 1890년의 루이지애나 주법에 따라 체포되었다. 이에 대해 그는 끝까지 법정투쟁을 벌여 1896년 이 사건은 대법원까지 올라갔다. 홀로 외롭게 한 투쟁은 아니었다. 18명의 흑인 그룹이 루이지애나 주법의 위헌성을 밝히기 위해 의도적으로 일으킨 것으로, 피부가 거무스름한 34세의 플래시를 이 사건의 주역으로 뽑은 것이다.

대법원은 루이지애나주의 손을 들어주었다. 대법원의 판결에서 주들은 열차나 공립학교 등의 공공시설에서 흑인과 백인의 자리를 합법적으로 분리시켜도 좋다는 '분리평등(separate but equal)' 개념이 생겨났다. 대법관 헨리 빌링스 브라운(Henry Billings Brown, 1836~1913)은 대법원 판결 다수의견에 이렇게 썼다.

"우리가 보기에 원고의 그릇된 주장의 저변에는, 법으로 정해진 흑백인종의 분리는 흑인이 열등함을 상징한다는 가정이 전제된 것 같다. 그게 사실이라면, 그 생각은 백인의 행동을 보고 판단한 것이 아닌, 흑인이 원하는 방식으로 그 행동을 해석한 것에서 나온 것일 뿐이다."

반면 소수의견에서 존 마셜 할란(John Marshall Harlan, 1833~1911)은 "공공도로에서 시민을 인종에 의해 자의적으로 분리하는 것은 헌법에 명시돼 있는 법 앞의 자유와 시민적 평등에 전적으로 모순되는 것으로 굴종의 상징이다. 이것은 여하한 법적 근거로도 정당화될 수는 없다"고 말했다.

부커 워싱턴의 '애틀랜타 타협'

호머 플래시 사건 판결로 학교, 식당, 열차, 버스, 식수대, 간이식당 등 남부의 생활 모든 면에서 흑백분리의 골만 깊어졌다. 각 주는 흑인의 선거권을 제한하고 학교를 분리시키는 법들을 제정했다. 선거권 제한의 주요기준은 재산과 문자해독 테스트였다. 일부 백인들도 이에 걸려 선거권을 잃게 되자 일부 주는 이른바 '조부(祖父) 조항(grandfather laws)'을 통과시켰다. 조상이 재건기 이전에 투표권이 있었다면 그 사람에게 투표권을 허용한다는 것이다. 이런 법은 '짐 크로우 법(Jim Crow laws)'으로 불렸다. 이런 '분리평등' 개념에 의한 인종차별은 이후 60년간 지속된다.

이런 '분리평등'의 시기에 유화적인 흑인운동을 펼친 흑인지도자가 있었으니, 그가 바로 부커 T. 워싱턴(Booker T. Washington, 1859~

루이지애나주 청중 앞에서 연설하는 부커 워싱턴.

1915)이다. 노예로 태어난 그는 수위로 학자금을 벌며 햄튼사범농업학교를 졸업한 뒤 교사로 일했다. 미국의 대표 흑인직업학교가 된 앨라배마의 터스키기대학은 그가 거의 혼자 힘으로 세운 것이다.

1895년 조지아주에서의 유명한 연설에서 워싱턴(Washington 1962)은 애틀랜타 타협(Atlanta Compromise)이라고 널리 알려진 인종관계론을 역설했다. 일종의 실력양성운동이라고나 할까? 그는 "우리 동포 중에서도 현명한 분들은 사회적 평등문제로 분란을 일으키는 것이 얼마나 바보짓인지 잘 알고 계십니다"라면서 흑인들은 정치적 권리를 위한 선동을 그만두고 자기발전과 평등을 위한 준비에 집중해야 한다고 주장했다. 흑인들의 당면문제에 관심을 집중하는 실용주의 노선을 걷자는 것이었다.

백인사회에 순종하는 '엉클 토미즘'인가?

1901년에 출간된 부커 워싱턴의 자서전인 『노예제도로부터(Up From Slavery)』는 고전적인 미국 성공담으로서 벤저민 프랭클린(Benjamin Franklin, 1706~1790)의 자서전과 맞먹는다. 그는 "어떤 피부를 가졌건 장점은 결국 인식되고 보답된다"는 확신을 피력하면서 공개적으로 보수파 남부 신사들의 위엄과 예의를 찬양했다. 그는 인종적 편견은 편협한 무지의 소산으로서 대중적인 계몽사상의 진보 속에서 일소될 것이라고 주장했다.

워싱턴의 주장은 일부 백인들, 특히 대통령들의 호감을 샀다. 1895년의 연설은 클리블랜드 대통령의 찬사를 받았으며, 그의 후임인 매킨리 대통령은 터스키기대학을 방문했고, 시어도어 루스벨트 대통령은 워싱턴을 백악관에 초대해 같이 식사하기도 했다.

비판자들은 부커의 주장은 흑인중산층의 이해만을 대변했을 뿐 남부의 흑인인구 중 75퍼센트를 차지하는 흑인소작농의 입장을 전혀 고려하지 않았다고 말한다. 그래서 현대의 민권운동가로부터 그는 백인사회에 순종하는 '엉클 토미즘(Uncle Tomism)'을 선전한 데 지나지 않는다는 비난을 받기도 한다. 워싱턴에 대한 평가와 관련, 데이비스(Davis 2004)는 다음과 같이 말한다.

"당대나 후대나 워싱턴의 비판자들은, 그가 현존질서에 화해, 수용하는 방식이 서툴렀고 심지어 비겁하기까지 했다고 불만을 토로한다. 그런가 하면 어떤 사람들은 선택의 폭이 극히 제한된 시대에 그는 자신이 할 수 있는 모든 것을 다했다면서 그를 옹호한다. 어찌됐든 그는 '건방지다'는 이유 하나만으로 군중이 흑인을 교수형시킬 수도 있었던 시대를 살았던 인물인 것만은 분명하다."

과연 시대가 그렇게 엄청나게 달라진 것일까? '분리평등'의 원칙은 지금도 건재한 게 아닐까? 단지 '분리'의 기준이 세련되고 정교화된 건 아닐까? 금력이 능력으로 포장되면서 그런 분리평등으로 인해 차별을 받는 사람들이 그걸 자기 탓으로 돌릴 수 있게끔 변화된 것은 아닐까? 그런 의문에도 불구하고 세상이 엄청나게 진보했다는 걸 부인하긴 어려울 것이다. 오늘날 그 누구도 '건방지다'는 이유 하나만으로 교수형을 당할 리는 없잖은가 말이다.

참고문헌 Brinkley 1998, Davis 2004, Persons 1999, Vardaman 2004, Washington 1962, 사루야 가나메 2007, 이보형 2005

'황색 저널리즘'의 탄생
퓰리처와 허스트의 신문전쟁

뉴저널리즘 시대

1880년대와 1890년대는 도시의 팽창이 드라마틱하게 이루어진 시기다. 1840년 인구 25만이 넘는 도시는 1개, 1860년 인구 5만이 넘는 도시는 16개에 불과했지만, 1890년엔 인구 25만이 넘는 도시가 11개에 이르고(3개는 100만 이상) 전 인구의 3분의 1이 도시에 거주했다. 인구 8,000명 이상의 도시는 1880년에서 1900년 사이에 2배로 증가했으며, 도시 인구는 5,000만에서 7,600만, 점유비로는 전체 인구의 22.7퍼센트에서 32.9퍼센트로 증가했다. 역사학자 아서 M. 슐레진저(Arthur M. Schlesinger, Sr., 1888~1965)는 1878년부터 1898년까지를 '도시의 발흥(the rise of the city)' 시기로 보았다.

도시의 발흥은 대중신문의 급속한 성장을 가져왔다. 일간지의 총 발행부수는 1850년 75만 부에서 1890년 830만 부로 급증했다. 신문의 성격은 어떠했던가? 1900년까지도 평균적인 미국인의 학교교육은 5

년 미만이었다. 여기에 눈높이를 맞춰야 할 필요가 있었다.

미국 언론사에서 1830년대에서 1850년대 초까지를 '페니 신문 시대', 1860년대 후반부터 1900년까지를 '뉴저널리즘 시대' 라고 한다. '뉴저널리즘' 은 ① 신문가격이 싸고, ② 진보적 · 개혁적이고, ③ 읽기가 쉬웠으며(외양은 물론 내용도 통속적), ④ 뉴스 기능을 강조하는 등의 특성으로 이전의 저널리즘과 구별되었다. 특히 1880년대와 1890년대에는 기자(reporter)의 발달이 이루어져, 이 시기를 가리켜 흔히 '기자의 시대(Age of Reporter)' 라고 한다.

이 '뉴저널리즘 시내' 의 선두주자는 단연 조지프 퓰리처였다. 퓰리처는 특권계급에 대한 혐오를 강하게 드러내면서도 그들의 삶을 동경하는 독자들의 호기심도 충족시키는 이중전술을 능숙하게 구사했다. 브라이언(Brian 2002)에 따르면, "특히 여자들은 그가 경멸하는 이른바 귀족들의 재미있는 이야기를 듣고 싶어 안달이었다. 그는 귀족들의 굉장한 저택과 화려한 생활, 약점, 재산 등에 대한 기사를 그림과 함께 실음으로써 자신의 원칙을 배반하지 않고도 여자들의 욕구를 충족시켜 주었다. 그는 귀족들의 어떤 점도 미화하지 않았고, 그들 중 일부를 조롱과 경멸의 대상으로 만들기도 했다."

퓰리처는 뉴욕의 일간지 발행인 중에서 최초로 별도의 체육부를 만들었으며, 살인사건 보도에서도 살해방법을 자세히 설명하고 현장 스케치 그림을 싣는 새로운 방법을 도입했다. 이는 자신이 아마추어 탐정이라는 공상에 빠진 독자들의 욕구를 충족시켜 주기 위한 것이었다. 이것이 유행이 되어 다른 신문들도 퓰리처의 방법을 그대로 베끼게 되었다. 재벌을 비난할 때에도 흥미 위주의 비교기법을 선보였다. 예컨대, 2억 달러에 이르는 윌리엄 헨리 반더빌트(William Henry Vanderbilt, 1821~1885)의 재산을 금으로 바꾸면 350톤은 된다면서 이것을 들어올리려면 힘센 사람 7,000명이 필요하고, 운반하려면 말 1,400마리가 필요하다는 식이었다. 여기에 반더빌트의 저택에서 겨우 몇 백 피트 떨어진 곳에서는 아이들이 굶주리고 있다는 사실을 밝히면서, 그 한 사람이 이렇게 많은 돈을 갖고 있는 것이 공정한 일인지에 대한 판단은 독자들의 몫이라고 주장했다.

퓰리처의 '정신분열증적인 보도태도'

그러나 퓰리처도 이미 특권층에 속할 정도로 많은 돈을 번 사람이었으며, 노동자들도 궁극적으론 부자가 되는 '아메리칸 드림' 을 꾸고 있다는 걸 잘 알고 있었다. 그래서 그의 신문은 아메리칸 드림을 미화하는 동시에 그 드림을 이룬 부자들을 공격하는, 양립하기 어려운 두 가지 일을 동시에 해냈다. 또다른 퓰리처 연구자인 조지 주어젠즈(George Juergens)는 그런 '정신분열증적인 보도태도' 에 대해 이렇게 말한다.

"『뉴욕월드』는 월스트리트의 거물들을 해적이라 공격하고, 그들의 생활방식을 반사회적이고 천박하다고 공격하면서, 그들을 아메리칸 드림이라는 성공의 살아 있는 상징으로 미화했다. 이 신문은 발행될 때마다 거의 매번 자기 모순적인 태도를 보였다. 그 모순이 바로 매력의 일부였다. 이 신문은 자신을 만들어낸 사회의 이상주의와 어리석음을 반영했을 뿐이며, 그것은 그 신문이 사람들의, 사람들을 위한 신문임을 보여주는 또하나의 방법이었다."

퓰리처는 "선정적인 신문이 고귀한 사회적 목표에 봉사할 수 있다"는 확고한 신념의 소유자였다. 그래서 퓰리처의 기자들에게도 자제력은 결코 미덕이 아니었다. 그는 기자들에게 "어떤 인물도 신성불가침이 아니며, 도가 지나친 질문이란 존재하지 않는다"는 식의 태도를 갖도록 압박했다. 기자들의 무례함에 대해 항의가 들어오면 퓰리처는 기자들이 워낙 열정이 넘쳐 자신도 어찌할 수 없다고 오리발을 내밀곤 했다.

퓰리처는 개혁적이었지만 인종적 편견이 매우 강한 인물이었다. 아일랜드인, 독일인, 헝가리인을 제외하곤 그는 외국인들을 혐오했다. 그는 영국의 왕족과 귀족들에 대해서도 거친 독설을 퍼부어댔다. 그는 이탈리아인들은 '더럽고 불결한 악취 속에서 만족스럽고' 행복하게 살고 있다고 했으며, 프랑스인에 대해서는 볼테르(Voltaire), 루소(Jean-Jacques Rousseau), 위고(Victor-Marie Hugo)를 찬양하는 구제불능의 멍청이들이라고 했다. 중국인들은 '야만인' 이라고 무시했다. 브라이언(Brian 2002)은 퓰리처를 다음과 같이 옹호한다.

"퓰리처와 같이 지적이고, 경험 많고, 전체적인 시야를 지닌 사람이 이처럼 편협한 생각을 노골적으로 드러냈다는 사실은 매우 놀랍다. 그러나 그는 그 시대의 사람이었다. 그 시대에 아일랜드인은 독일인을 경멸했고, 독일인은 이탈리아인을 경멸했으며, 이탈리아인은 유대인을 경멸했다. 그리고 유대인은 아마도 그들 모두를 경멸했던 것으로 생각된다.……그러나 퓰리처는 형편없는 대우를 받는 이탈리아인 노동자들을 대신해 사회개혁운동을 벌이는 등 이상할 정도로 일관성이 없었다."

퓰리처는 언젠가 자신의 친구에게 속내를 이렇게 털어놓았다. "난 외국인이니까 결코 대통령이 되지는 못할 걸세. 하지만 난 언젠가 대통령을 당선시키는 사람이 될 거야." 그런 신조하에 퓰리처는 1884년 대통령 선거에서 민주당 후보 그로버 클리블랜드의 승리, 1886년 뉴욕 시장 선거에서 에이브람 휴위트(Abram Stevens Hewitt)의 당선에 결정적 기여를 함으로써 언론권력자로 우뚝 섰다.

넬리 블라이의 활약

퓰리처는 1887년부터 넬리 블라이(Nellie Bly)라는 23세의 여기자를 앞세워 '잠입취재'의 새로운 경지를 선보였다. 블라이의 본명은 엘리자베스 코크레인(Elizabeth Cochrane, 1864~1922)인데, 그녀는 기자가 직접 위험한 사건에 개입하거나 모험적인 행사에 참여해 그 경험을 토대로 보도하는 이른바 탐정 저널리즘(detective journalism) 또는 스턴트 저널리즘(stunt journalism)의 원조가 되었다.

블라이는 정신병자 연기를 해 정신병원에 환자로 들어간 뒤 열흘 동안 생활하면서 그곳에서의 인권유린을 취재해 폭로하는 기사를 썼다. 이 기사로 검찰의 대대적인 수사와 더불어 병원예산이 57퍼센트나 늘어나는 당국의 조치가 취해졌다. 다음 해에 블라이는 고객으로 위장해 거물 로비스트를 찾아가 어떤 법안을 매장시켜달라고 요청한 다음, 로비스트에게서 뇌물을 줘야 할 사람들의 명단을 얻어낸 다음 그걸 폭로하는 기사를 썼다. 절도를 저질렀다는 허위혐의를 만들어 교도소에 수감된 뒤 그곳에서 벌어지는 여성수감자 학대를 폭로하는 기사를 씀으로써 당국이 여성간수들을 채용하게끔 만들었다.

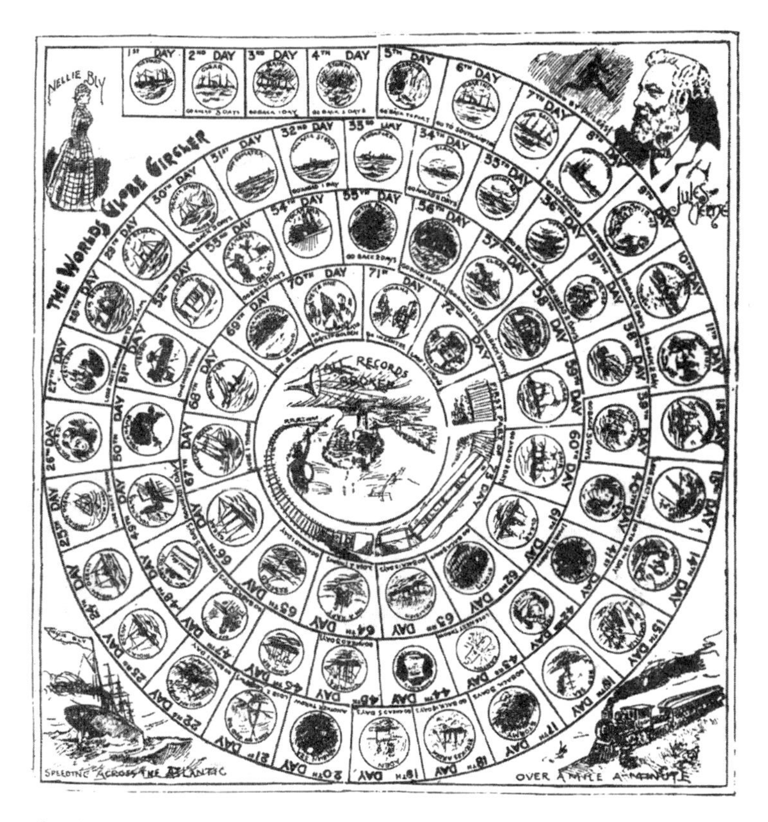

『뉴욕월드』에서 제공한 넬리 블라이의 80일간의 세계일주 게임.

꼭 위장잠입 취재를 하지 않더라도 센세이셔널하게 폭로할 거리는 많았다. 평소 편두통에 시달려온 블라이는 7명의 의사를 찾아가, 그들의 진단과 처방을 비교 평가하는 기사를 썼다. 흥미롭게도 7명의 진단과 처방이 다 달랐다. 이 기사는 의사들의 실명을 밝힘으로써 그들에게 망신을 주었다.

퓰리처는 1889~1890년에 쥘 베른(Jules Verne, 1828~1905)의 소설 『80일간의 세계일주(Around the World in Eighty Days)』를 신문판매에 적극

이용했다. 1873년에 출판된 이 소설의 주인공은 대영제국의 모든 자신감과 과도한 면을 구현한 인물이었다. 퓰리처는 블라이에게 '80일간의 세계일주' 를 직접 하면서 기사를 써보내라고 했고, 독자들에겐 실제로 여행에 걸린 시간에 가장 가까운 답을 내놓은 사람에겐 공짜 유럽여행을 시켜주겠다고 했다. 거의 100만 통의 응모편지가 쏟아져 들어왔다. 덩달아 『80일간의 세계일주』의 인기도 높아져 세계적인 베스트셀러가 되었고 연극으로도 만들어졌다.

72일 6시간 11분 만에 세계일주를 마친 블라이는 그 과정에서 세계적인 명사가 되었다. 72일간의 세계일주 기록은 몇 달이 지나지 않아 깨졌지만 훗날 블라이는 미국 우표에 여성언론인 4인방 중 한 명으로 등장한다. 뉴욕 브룩클린엔 그녀의 이름을 딴 놀이공원이 있으며 영화 〈슈퍼맨(Superman)〉의 열혈 여기자 로이스 레인(Lois Lain)의 롤모델이기도 하다.

윌리엄 랜돌프 허스트의 도전

이런 일련의 잠입취재 폭로기사와 이벤트 연출에 독자들은 열광했고, 신문부수는 쑥쑥 늘어났다. 이즈음 퓰리처는 시력을 거의 잃어 죽을 때까지 시각장애인으로 지내게 되지만, 마키아벨리를 뺨칠 정도의 책략으로 자신의 신문을 완전히 장악해 계속 주도권을 행사해 나갔다. 퓰리처에게 용서할 수 없는 죄악이란 재미없는 신문을 만들어내는 것이었다. 1893년 발행부수가 50만을 넘어서는 등 승승장구하고 있던 퓰리처에게 강력한 도전자가 나타났으니 그는 바로 윌리엄 랜돌프 허스트(William Randolph Hearst, 1863~1951)였다.

캘리포니아의 부유한 광산업자의 아들인 허스트는 처음에 퓰리처의 『뉴욕월드』에서 기자로 훈련을 쌓은 뒤 1887년 샌프란시스코로 가서 『샌프란시스코이그재미너(The San Francisco Examiner)』를 인수해 선정적이고 개혁적인 색깔로 1890년까지 재정적으로 성공적인 신문으로 만들었다.

허스트가 철도회사의 무법적인 권력에 대항하는 캠페인을 전개하는 등 인민의 대변인으로 변신해 개혁운동에 앞장선 건 당시의 시대상황에 따른 상업주의 전략이었다. 그의 신문철학은 독자들의 입에서 "원 세상에(gee-wiz)!"라는 말이 나오도록 하는 것이었다.

1896년 허스트는 『뉴욕저널(New York Journal)』을 인수해 퓰리처의 『뉴욕월드』에 도전하면서 치열한 경쟁을 벌였는데, 이때에 '대중신문'의 모든 본색이 적나라하게 드러났다. 두 신문이 벌인 치열한 경쟁의 와중에서 비롯된 저널리즘을 가리켜 황색 저널리즘이라고 하는데, 황색 저널리즘은 '영혼이 없는 뉴 저널리즘'으로 불린다. 1896년에서 1901년까지 전성기를 맞는 황색 저널리즘이란 말이 나오게 된 배경은 이렇다.

허스트의 주특기는 '사람 빼내가기'였다. 그는 돈으로 『뉴욕월드』의 기자들을 빼내간 건 물론이고 『뉴욕월드』에 첩자까지 심어놓았다. 그래서 퓰리처는 기자들에게 지시를 내릴 때 암호를 사용하기도 했다. 허스트는 1896년 퓰리처의 『뉴욕월드』의 일요일판인 『선데이월드(The Sunday World)』에 대항해 『선데이월드』의 제작진을 몽땅 비밀리에 돈으로 매수해 『선데이저널(The Sunday Journal)』을 창간하였다.

『선데이월드』에 게재된 인기 만화 '노란 꼬마(Yellow Kid)'의 작가리처드 펠튼 아웃콜트(Richard Felton Outcault, 1863~1928)도 『선데이저널』로 가 '노란 꼬마'를 그렸다. 아웃콜트는 엄청난 성공을 거둔 만화 시리즈 『호건의 골목길(Hogan's Alley)』을 만든 사람으로, 이 만화의 주인공은 반짝이는 눈동자에 웃을 때면 앞니가 빠진 자국이 드러나는 장난꾸러기 소년이었다. 이 아이는 노란색 잠옷처럼 생긴 옷을 입고 있었는데, 이 때문에 '노란 꼬마'라는 별명이 붙어 있었다.

『선데이월드』는 새로운 만화가를 고용해 계속 '노란 꼬마'를 그리게 함으로써 두 신문 사이에 '노란 꼬마' 경쟁이 붙었다. 두 신문 간의 상호공격적인 PR로 당시 뉴욕 시내 어디에서나 '노란 꼬마'를 볼 수 있었다. 『뉴욕프레스(New York Press)』 편집국장 어빈 워드맨(Ervin Wardman)은 끔찍한 사건과 스캔들을 이용하는 두 신문의 방식을 가리켜 '황색언론(yellow press)'이라 불렀는데, 이게 바로 '황색 저널리즘

『뉴욕저널』 1896년 10월 25일자에 실린 <옐로우 키드와 축음기>.

(yellow journalism)' 이라는 용어를 탄생시킨 계기가 되었다.

이 신문들은 '열쇠구멍 저널리즘(keyhole journalism)' 이라는 말도 들을 정도로 선정성 경쟁을 벌였다. 『뉴욕 월드』지가 선정적인 문장과 편집을 사용하게 된 건 역마차, 전차, 버스 통근자들의 욕구에 맞춘 결과였다. 이 신문은 판 크기를 줄이고 제목활자를 크게 하는 동시에 그림을 사용하여 독자들의 시선을 사로잡고자 했다.

'허스트의 전쟁'

이 두 신문의 '황색 저널리즘' 경쟁은 1898년 미국-스페인전쟁의 발발에 큰 영향을 미쳤다. 1896년 쿠바에 파견된 허스트 신문의 삽화(揷畵)기자 프레더릭 레밍턴(Frederic Remington, 1861~1909)이 쿠바에 전쟁이라고 할 만한 사건은 없으므로 귀국하겠다고 했을 때에 허스트는 다음과 같은 내용의 전보를 보냈다. "그림만 그려 보내면 전쟁은 내가 만들어내마(You' ll furnish the pictures and I' ll furnish the war)."

스페인전쟁이 '허스트의 전쟁(Hearst' s war)' 이라는 말이 나오게 된 배경이다. 일부 역사가들은 만약 1895년에 일어난 쿠바 폭동사건 당시에 허스트가 발행부수 경쟁에서 퓰리처계의 신문에 도전하지 않았더라면 1898년 미국과 스페인의 전쟁은 일어나지 않았을 것이라고 주장할 정도다.

1865년에 창간된 『네이션』은 만 부를 넘지 않는 잡지였지만 영향력은 컸다. 제임스 밀러 맥킴(James Miller McKim)이 창간하고 에드윈 L. 고드킨(Edwin L. Godkin)이 편집인을 맡았는데, 고드킨은 황색언론을 맹렬히 비판하곤 했다. 스페인전쟁이 선포되기 두 달 전인 1898년 2월

24일자에 고드킨은 다음과 같이 썼다.

"미국 언론의 역사에서 지금까지 알려진 것 가운데 지난주에 이 두 신문이 한 행동만큼 수치스러운 것은 없다. 사실을 전반적으로 왜곡시키고, 공중을 흥분시킬 목적으로 이야기를 고의적으로 지어내고, 심지어 이런 지어낸 이야기가 무색할 정도로 엉터리없는 제목을 달고, 이 모든 것이 결합되어 발행부수가 가장 많은 이들 신문의 이슈가 사회 전체로 전파되고 있다. 단순히 더 많은 신문을 팔기 위해 인간이 이런 잘못된 일을 해야 한다는 것이 말할 수 없이 부끄럽다."

그러나 황색 저널리즘은 저지하기 어려운 대세였다. 1900년경 미국의 도시지역에서 발행되던 신문의 적어도 3분의 1가량은 극도의 황색 저널리즘 경향을 보였다. 신문이 먹고사는 밥은 광고가 아닌가. 1890년대는 광고의 전성시대이기도 했다. 1880년대 퓰리처에 의해 처음 시도된 일요판 신문의 경우는 광고로 뒤덮이다시피 했다. 언론매체는 물론이고 건물의 한쪽, 운행중인 선자, 종이가방, 종이성냥에까지 광고가 등장했다. 특히 1892년에 발명된 종이성냥은 3년도 안 되어 광고매체로 광범위하게 사용되었다. 1900년대 초엔 '경품(giveaway)' 이라는 용어가 최초로 등장했다.

1880년대 말 나무 펄프에서 그물망식의 종이를 뽑아내는 혁신적인 제지기술의 발명과 더불어 1900년 한 시간에 16페이지 신문을 14만 4,000부 인쇄해낼 수 있었던 호(Richard Hoe, 1812~1886)의 인쇄기는 신문사를 대기업으로 만드는 원인과 결과의 역할을 모두 했다. 1892년 4개의 도시에서 10만 부 이상의 발행부수를 가진 신문이 10개에 지나지 않았으나 1914년엔 12개의 도시에서 30개 이상의 신문이 10만 부

이상 발행된다.

황색 저널리즘의 메커니즘은 출판계에선 '베스트셀러'의 상례화로 나타났다. 베스트셀러 목록이라는 말은 1897년 『북맨(The Bookman)』이라는 월간지가 최초로 '가장 잘 팔리는 책들'을 소개한 이후부터 시작되었다. 원래 영어에서 seller는 '책을 파는 사람'만을 의미했으나, 1900년경에 이르러선 '많이 팔리는 책'까지 의미하게 되었다. 1894년 한 해에만 700종의 소설이 출판됐는데 이후 그 수는 급증해 1899년에는 모두 2,000여 종의 새 소설이 출간됐다. 이는 문맹인구의 감소, 공공도서관의 증가(1898년 1,700여 개), 국제저작권법 발효(1891), 출판 마케팅 등에 힘입은 현상이었다.

1890년 미국 최초로 인구 100만을 돌파한 도시가 된 뉴욕시(151만 명)는 1897년 12월 31일 자정을 기해 맨해튼을 브루클린, 퀸즈, 브롱크스, 스태튼아일랜드와 결합시킨 대뉴욕시로 거듭났다. 이제 뉴욕 인구는 340만 명으로 미국의 두 번째 대도시인 시카고의 두 배 크기가 넘었고 파리보다 더 커졌다. 1900년 기업체 본사 70퍼센트가 뉴욕에 자리잡은 가운데 수입 물량의 3분의 2와 수출 물량의 5분의 2가 뉴욕의 항구를 통해 움직인다. 이런 규모를 기반으로 뉴욕은 미국 미디어의 수도로 기능하게 된다. 저널리즘의 새로운 프런티어를 개척하기 위한 시도는 이후에도 왕성하게 이루어진다.

참고문헌 Altschull 1991 · 2003, Boorstin 1964 · 1991, Brian 2002, Bryson 2009, Cebula 1979, Desbiens 2007, Emery & Emery 1996, Kern 2004, Panati 1997, Pember 1983, Schudson 1978 · 1996, Smith 1990, Stephens 1999, Traub 2007, 박진빈 2006, 이상철 1982, 임소정 2009, 차배근 1983

'새로운 프런티어'
미국-스페인전쟁

"메인호를 기억하라!"

1894년 미국은 관세인상 조치의 하나로 설탕에 비교적 높은 관세를 부과했는데, 이는 쿠바 경제에 타격을 입혔다. 게다가 1895년 설탕의 과잉생산으로 쿠바는 경제파단에 직면했다. 이렇게 되자 스페인 지배에 항거하는 혁명운동이 쿠바에서 일어났으며, 스페인은 이에 강경 대응했다. 1892년 망명지인 미국에서 쿠바혁명당을 결성해 독립투쟁에 나섰던 쿠바 독립의 영웅 호세 마르티(Jose Marti, 1853~1895)는 1895년 스페인군에 의해 참혹하게 처형당했다.

반란은 민간인 지원을 받고 있었기 때문에 스페인은 반란진압을 위해 일반인을 철조망 수용소에 격리했다. 수용소에는 40만 명이 수용되었으며, 그 안에서 사망한 사람만도 21만 명에 이르렀다. 이런 격리 정책으로 미국의 호전여론이 격화되었다. 미국은 오래전부터 쿠바를 매우 우려했다. 쿠바가 영국의 손에 떨어지지 않을까 하는 우려와 혹

$50,000 REWARD.—WHO DESTROYED THE MAINE?—$50,000 REWARD.

EDITION FOR GREATER NEW YORK

NEW YORK JOURNAL

AND ADVERTISER

DESTRUCTION OF THE WAR SHIP MAINE WAS THE WORK OF AN ENEMY.

$50,000!

$50,000 REWARD!

For the Detection of the Perpetrator of the Maine Outrage!

Assistant Secretary Roosevelt Convinced the Explosion of the War Ship Was Not an Accident.

The Journal Offers $50,000 Reward for the Conviction of the Criminals Who Sent 258 American Sailors to Their Death. Naval Officers Unanimous That the Ship Was Destroyed on Purpose.

$50,000!

$50,000 REWARD!

For the Detection of the Perpetrator of the Maine Outrage!

NAVAL OFFICERS THINK THE MAINE WAS DESTROYED BY A SPANISH MINE.

Hidden Mine or a Sunken Torpedo Believed to Have Been the Weapon Used Against the American Man-of-War—Officers and Men Tell Thrilling Stories of Being Blown Into the Air Amid a Mass of Shattered Steel and Exploding Shells—Survivors Brought to Key West Scout the Idea of Accident—Spanish Officials Protest Too Much—Our Cabinet Orders a Searching Inquiry—Journal Sends Divers to Havana to Report Upon the Condition of the Wreck. Was the Vessel Anchored Over a Mine?

BY CAPTAIN E. L. ZALINSKI, U. S. A.

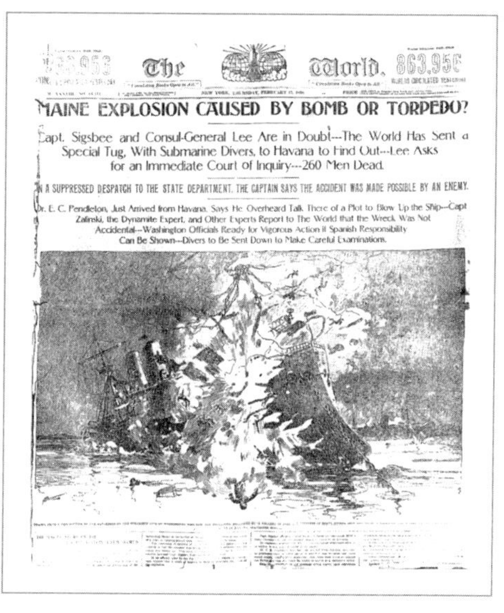

The World.

MAINE EXPLOSION CAUSED BY BOMB OR TORPEDO?

Capt. Sigsbee and Consul-General Lee Are in Doubt—The World Has Sent a Special Tug, With Submarine Divers, to Havana to Find Out—Lee Asks for an Immediate Court of Inquiry—260 Men Dead.

IN A SUPPRESSED DESPATCH TO THE STATE DEPARTMENT, THE CAPTAIN SAYS THE ACCIDENT WAS MADE POSSIBLE BY AN ENEMY.

Dr. E. C. Pendleton, Just Arrived from Havana, Says He Overheard Talk There of a Plot to Blow Up the Ship—Capt. Zalinski, the Dynamite Expert, and Other Experts Report to The World that the Wreck Was Not Accidental—Washington Officials Ready for Vigorous Action if Spanish Responsibility Can Be Shown—Divers to Be Sent Down to Make Careful Examinations.

『뉴욕저널』과 『뉴욕월드』의 메인호 폭발사건 보도기사.

인들에 의해서 혁명화되지 않을까 하는 두려움이었다. 이제 그 두려움을 떨쳐버릴 기회가 온 것이다.

1897년 스페인에 자유주의 내각이 들어서면서 쿠바에 어느 정도의 자치를 허용했지만, 이런 유화정책은 역효과를 가져와 반란은 더욱 격렬해졌다. 미국 정부는 쿠바 내 미국인의 생명과 재산을 보호한다는 이유로 1898년 1월 전함 메인호(Maine)를 아바나에 파견했다.

미국 내 호전파의 대표적 인물은 매사추세츠 명문가 출신 상원의원 헨리 캐벗 로지와 당시 해군 차관보였던 시어도어 루스벨트였다. 이미 1894년 터너의 프런티어 논문을 찬양한 바 있는 루스벨트는 다른 팽창주의자들과 더불어 "미국에 좋은 모든 것은 다 프런티어의 결과이며, 이제 스페인과의 전쟁에서 새로운 프런티어를 찾게 될 것이다"

고 말했다.

1898년 1월 25일 미국 전함 메인호는 아바나항에 입항했는데, 2월 15일 정체불명의 폭발로 파괴되었고 그 와중에서 미군 266명이 사망하는 사건이 벌어졌다. 이 사건은 세계를 깜짝 놀라게 만들었다. 심지어 조선에서까지 신문 호외를 발행할 정도였다. 『독립신문』 1898년 2월 19일자가 발행한 호외는 한국인 발행 신문 최초의 호외로 기록되고 있다.

미국 정부가 원인규명을 하고 있는 상황에서 퓰리처와 허스트의 두 신문은 확실한 근거 없이 경쟁적으로 추측성 기사를 남발했다. 후발주자인 허스트의 『뉴욕저널』이 더 공격적이었다. 이 신문은 이미 메인호 폭발 이전에 매킨리 대통령을 "약해빠지고 말만 번지르르한 정치가"로 비판한 워싱턴 주재 스페인대사 드로메(Dupuy de Lome)의 편지를 입수해 공개한 데 이어 메인호 폭발을 스페인의 소행으로 단정짓는 기사를 내보냈다. 스페인 정부는 이 사건에 자신들도 경악했다며 쿠바인들과의 싸움을 중단하겠다고 제의했지만, 이미 때는 늦었다. 퓰리처와 허스트는 쿠바인들의 고통을 끝장내야 한다는 명분을 앞세워 스페인과의 전쟁을 선동했으며, 그 와중에 "메인호를 기억하라!"라는 노래까지 나와 복수를 부추겼다.

메인호의 폭발 원인

매킨리 대통령은 처음엔 스페인에 더 공격적인 정책을 써야 한다는 의회의 압력이 거세질 때 "서두른다고 해서 애국적인 것은 아닙니다"라고 거부했지만, 이제 더이상 여론의 압박을 무시하긴 어려웠다. 매킨리는 1898년 4월 11일 억압받는 쿠바인들을 해방시키기 위한 무장 개입을 승인하라고 의회에 촉구하고 나섰다. 대(對)스페인 선전포고안은 311대 6으로 하원을 통과했으며, 상원에서는 42대 35로 통과되었다. 4월 25일 스페인에 대한 공식적인 선전포고가 이루어졌으며, 이를 보도한 4월 26일 『뉴욕월드』의 판매량은 130만 부로 『뉴욕저널』과 접전을 벌였다.

전쟁을 촉발시킨 메인호의 폭발 원인은 무엇일까? 당시 스페인이 한사코 전쟁을 피하려고 발버둥친 걸로 보아 스페인이 저지른 것 같지는 않다. 1년 뒤 메인호가 엔진 고장으로 폭발했다는 사실이 밝혀지기도 했지만, 미국 역사서들은 대부분 "오늘날까지도 정확한 원인은 밝혀지지 않았다"고 기술하고 있다.

반면 필리핀 교과서는 "메인호 폭발은 전쟁을 일으키기 위해 미국 스파이들이 저지른 사건"으로 단정짓는다. 쿠바 교과서는 "모든 정황은 이 사건이 미국의 자작극이었음을 보여준다. 백인장교들이 폭발 당시 배에 없었기 때문에 대부분 참사를 피했다는 사실은 미국에 책임이 있다는 이론에 설득력을 더했다"고 말한다. 카리브 연안국의 교과서는 "아마도 이 사건은 재난을 겪은 미국을 자기편으로 끌어들이려고 쿠바의 애국자들이 저지른 일이었을 것이다"고 기술하고 있다. 가장 흥미로운 건 스페인 교과서다. 놀라울 정도로 담담하다. 스페인 교과서는 "명확하게 밝혀지지 않았지만, 미국은 스페인의 사보타주가 폭발의 원인이라고 주장했다"는 한 줄로 처리하고 넘어간다.

조지 듀이와 시어도어 루스벨트

전쟁은 쿠바, 푸에르토리코의 카리브해, 그리고 스페인의 식민지인 필리핀 등 세 곳에서 이루어졌다. 해군성 차관보 시어도어 루스벨트는 군 지휘계통에서 비교적 낮은 서열에 있었음에도 열렬한 제국주의적 정열로 직위 이상의 권한을 행사했다. 그는 일방적으로 태평양함대를 강화시켰고, 전쟁이 발발하게 될 경우 스페인 식민지인 필리핀 주둔 스페인 함대를 공격하라고 홍콩에 있던 태평양함대 사령관인 조지 듀이(George Dewey, 1837~1917) 함장에게 훈령을 내려두었다.

5월 1일 필리핀에 도착한 듀이는 6척의 전함을 이끌고 필리핀 마닐라항에 정박 중이던 스페인의 고물전함 12척을 모두 파괴하고 스페인 수병 381명을 죽였다. 미국 사망자는 단 한 명이었는데, 그것도 일사병으로 인한 사망이었다. 듀이는 즉시 제독으로 승진했으며 미국-스페인전쟁의 첫 영웅이 되었다. 몇 달 후 미국 정벌군이 도착하자 스페인은 마닐라시를 포기했다.

이 전쟁에서 필리핀인들은 미국이 자신들을 독립시켜주는 줄 알고 열심히 미국을 도왔다. 필리핀 교과서는 그 점을 거론하면서 1898년 8월 18일 마닐라 정복상황을 다음과 같이 묘사한다. 이건 미국의 주류 역사서에는 거의 나오지 않는 이야기다.

"오후 1시 그린 장군은 앞으로 마닐라 항복의 상징이 될, 성벽 위에 나부끼는 스페인의 백기를 보았다. 곧바로 모든 적대행위가 중단되었다. 미국군은 승리에 기뻐하며 도시에 들어섰는데 자신들을 도운 필리핀 군대가 들어오지 못하게 하려고 성문을 닫았다. 필리핀인들은 마닐라 함락을 즐겁게 축하하는 자리에서 배제됐다는 사실에 분노했

1898년 쿠바 산티아고 산후안 언덕에서 러프 라이더. 가운데가 시오도어 루스벨트.

다. 마닐라 함락은 필리핀과 미국의 협력이 끝났다는 것을 의미했다. ……필리핀인들은 미국이 자신들의 자유를 옹호할 것이라고 기대했지만, 오히려 배반당하고 미국 제국주의자들의 손아귀에 떨어졌다."

미국-스페인 전쟁은 취재기자가 300~500명이 참여할 정도로 취재 열기가 뜨거운 언론전쟁이기도 했다. 이 전쟁의 주요무대인 쿠바에서 연일 신문의 1면을 장식하며 가장 유명해진 건 러프 라이더(Rough Rider)로 알려진 기병대였다. 러프 라이더는 거친 말을 잘 다루는 카우보이란 뜻이다. 600여 명으로 구성된 이 기병대는 명목상으로는 레너드 우드(Leonard Wood, 1860~1927) 장군이 지휘했으나 실질적 지휘자는 시어도어 루스벨트 대령이었다. 그는 전쟁에 참전하기 위해 해군부 차관보를 사임한 뒤 자원병을 모집해 스스로 전장에 뛰어든 것이다. 그는 "전쟁의 필요성을 주장하고 있는 사람이 참전하지 않는 것은 위선"이라고 했으며, 자신의 돈을 들여 전비를 마련하는가 하면 부하들을 끔찍이 돌보았다. 백악관 일부에선 그의 정신상태를 의심했지만, 곧 그는 전쟁영웅으로 떠올랐다.

미국의 '새로운 프런티어'

스페인 전쟁은 4개월 만에 끝났다. 이 전쟁으로 희생된 미국인 수는 5,462명이었지만, 순수한 전사자는 379명에 지나지 않았다. 대부분 황열, 말라리아 등의 질병으로 사망했다. 8월 중순 휴전조약을 거쳐 1898년 12월 10일 파리평화조약에서 필리핀, 푸에르토리코의 할양 그리고 쿠바의 독립이 결정되었다. 마리아나스(Marianas)와 괌(Guam)도 미국에 할양되었다. 미국은 이렇게 해서 새로 얻은 지역을 '새로운 프런티어'라고 불렀다.

이 전쟁을 기술한 스페인 교과서가 메인호 폭발의 경우처럼 놀라울 정도로 담담하거니와 오히려 비판의 화살을 안으로 돌린 게 흥미롭다. "스페인은 쿠바, 푸에르토리코, 필리핀을 빼앗겼다. 언론과 정치인들은 평화조약이 스페인이 거둔 명백하고 신속하며 손쉬운 승리라며 여론을 기만했다. 1898년의 전쟁은 스페인 역사 전체를 통틀어 가장 충격적인 사건 중 하나였고, 평온하던 스페인 왕정복고기에 큰 타격을 주었다."

반면 미국에겐 '명백한 운명'을 재확인시켜준 사건이었다. 1898년 인디애나주 출신 상원의원 앨버트 J. 비버리지(Albert J. Beveridge, 1862~1927)의 주장에 따르면, "우리는 세계를 지배할 인종이다.……우리는 세계의 문명화를 담당하라는 사명을 신으로부터 위탁받은 특별한 인종이다. 그러므로 우리는 그 역할을 방기하지 않을 것이다.……신은 우리를 선택하셨다.……야만스럽고 망령 든 사람들을 통치하기 위해, (신은 우리를) 통치의 달인으로 만드셨다."

그런 '달인' 중의 한 명인 루스벨트는 미국 최고의 무공훈장인 명예훈장(Medal of Honor)을 기대했지만, 그의 공개적인 정부비판에 비위가 상한 매킨리 대통령은 외면했다. 루스벨트의 소망은 100여 년 뒤에서야 실현되었다. 2001년 1월 16일 빌 클린턴(Bill Clinton) 대통령은 그에게 명예훈장을 추서하고 그의 증손자에게 주었다. 클린턴은 "시어도어 루스벨트는 우리 국민에게 영웅적 비전을 준 영웅적 인물이었다"고 말했다. 이로써 그는 미국 대통령 가운데 명예훈장을 받은 유일한 대통령이 되었다.

1901년 6월 미국과 쿠바 사이에 조약이 체결되어 쿠바의 법적 지위가 결정되었다. 쿠바의 주권은 인정하되 미국은 쿠바의 독립과 질서 유지를 위하여 개입할 권리가 있다는 내용이었다. 쿠바 내 관타나모(Guantanamo)를 미군 기지로 만드는 것도 포함되었다.

7,000여 개의 섬으로 이루어진 나라(30만 제곱킬로미터)인 필리핀은 세계역사상 가장 광대한 제국을 건설했던 펠리페 2세(Philip II)의 재임 시절(1556~1598)에 스페인 식민지가 된 지 330년 만에 독립했지만 다시 미국 식민지가 되는 운명에 처하게 된다. 필리핀이라는 국명은 펠리페 2세의 이름에서 따온 것이다. 필리핀은 이제 곧 미국을 상대로 피비린내 나는 독립전쟁을 벌이게 된다.

미국의 하와이 병합

스페인전쟁이 끝나기 직전 미국은 하와이도 병합시켰는데, 그 과정은 좀 복잡하다. 1886년 대농장주들로 구성된 하와이 내 소수 미국인들은 선거를 통해 정권을 장악하는 데 실패하자 쿠데타를 검토하기 시작했다. 1887년의 새로운 조약은 미국이 진주만을 해군기지로 단독사용할 수 있도록 해주었다. 1890년의 매킨리 관세법(MacKinley Tariff)은 하와이가 미국 내 설탕시장에서 누리던 특권적 지위를 박탈함으로써 하와이 거주 미국인들 사이에 그곳을 미국 영토로 만들어야 한다는 분위기를 강하게 만들었다

1891년 소극적 성격의 원주민 국왕 칼라카우아(Kalakaua, 1836~1891)가 사망하고 미국의 영향력을 제거하려는 민족주의자 릴리우오칼라니(Liliuoka-lani, 1838~1917) 여왕이 그 자리를 계승하자, 미국인들은 쿠데타를 준비했다. 이들은 1893년 1월 16일 쿠데타를 일으킨 뒤 미국에 보호를 요청했다. 미국공사 존 L. 스티븐스(John L. Stevens)가 호놀룰루 항구에 있던 전함에서 해병을 상륙시켜 반란군을 돕도록 명령하자 여왕은 자신의 권한을 이양하고 말았다. 무슨 수로 미국을 당해낼 수 있으랴. 스티븐스는 워싱턴에 "하와이 배는 지금 완전히 익었다. 그리고 지금은 미국이 그것을 따기에 가장 적합한 황금시간"이라고 강조했다.

미국인들이 지배하던 임시정부는 즉각 합병조약을 협상하기 위한 대표단을 워싱턴에 파견했다. 해리슨 대통령은 퇴임 직전인 1893년 2월 합병조약에 서명했지만, 상원은 조약의 인준을 거부했다. 팽창주의자인 상원의원 헨리 캐벗 로지는 제22대에 이어 다시 제24대 대통령이 된 클리블랜드가 하와이 병합을 거부하자 격분해 다음과 같이

주장했다.

"경제적 이익과 최대한의 나라 발전을 위해 우리는 니카라과 운하를 건설해야 하고, 그 운하의 보호와 태평양에서의 통상 우위를 지키기 위해 하와이 제도를 지배해야 한다. 사모아에서의 미국의 영향력도 계속 유지해야 한다.……통상에는 보통 국기(國旗)가 따르게 마련이므로 강력한 해군을 조직하여 전 세계 모든 곳에 있는 미국인을 한 사람도 빠짐없이 보호해야 한다."

1894년 7월 4일 하와이 공화국이 선포되면서 미국 농장주인 샌포드 B. 돌(Sanford B. Dole, 1844~1926)이 초대 하와이 대통령으로 취임했다. 이에 대해 촘스키(Chomsky 2000)는 "돌(Dole) 상표가 붙은 파인애플 주스를 한 모금 마실 때마다 우리는 서구문명의 또다른 승리를 축하하는 것과 마찬가지이다"라고 꼬집었다. 하와이 병합을 둘러싼 논란은 1898년 공화당이 정권을 다시 잡고 조약을 승인하면서 종지부를 찍었다. 그해 7월 7일 매킨리 대통령은 하와이 합병결의에 서명했다.

하와이에서 남쪽으로 4,800킬로미터 떨어진 곳에 있는 사모아 제도도 미국 선박이 태평양 무역을 위한 중간거점으로 오랫동안 이용했는데, 미 해군은 사모아의 파고파고(Pago Pago) 항구에 주목했다. 1878년 헤이즈 정부는 사모아 지도자들로부터 파고파고에 미국의 해군기지를 제공한다는 내용의 조약을 이끌어냈지만, 영국과 독일도 사모아 제도에 관심을 갖고 원주민 왕자들로부터 비슷한 조약을 얻어냈다. 이후 10년간 3국은 사모아 지배권을 둘러싼 각축을 벌였는데, 1899년 미국과 독일은 자기들끼리 그 섬들을 분할하면서 영국에 대해서는 태평양에 있는 다른 영토로 보상했다. 이로써 미국은 파고파고 항구를 계속 보유할 수 있게 되었다. 또 다른 신(新)프런티어를 향한 미국의 질주는 미국-스페인전쟁 이후 가속화된다.

참고문헌 Andreas 2003, Brian 2002, Brinkley 1998, Carpenter 1990, Chomsky 2000, Davis 2004, Dole 2007, Frey 2004, Lindaman & Ward 2009, Means 2002, Patterson 2002 · 2003, Strouk 2002, Wallerstein 1999, Zinn 2003, 권오신 2000, 김동춘 2004, 김용구 2006, 문정식 1999, 박보균 2005, 송기도 2003, 정운현 1997, 차상철 외 1999

제4장

실용주의와 제국주의

"실용주의는 상업주의의 철학적 표현" 인가?
실용주의의 탄생

퍼스-제임스-듀이

이미 1830년대에 토크빌(Tocqueville 1997)은 "아메리카인들은 책에서 철학적 방법을 끌어낼 필요를 느껴본 일이 별로 없다. 그들은 그것을 자기 자신 속에서 찾아내왔다"며 "문명세계에서 아메리카합중국만큼 철학에 관심을 기울이지 않는 나라는 아마 없을 것이다"고 했다. 그는 그 이유를 미국이 종교 때문에 출현한 사회이므로 분석과 검토를 외면하는 것과 더불어 민주화를 위한 혁명을 경험하진 않았으므로 혁명의 철학적 효과라는 혜택을 누리지 못했기 때문인 것으로 보았다.

너새니얼 호손(Nathaniel Hawthorne, 1804~1864)은 『천국행 기차(Celestial Rail-Road)』(1843)에서 랠프 월도 에머슨의 초월주의 사상을 편리한 기술주의 발상으로 비꼬았으며, 허먼 멜빌(Herman Melville, 1819~1891)은 『피에르(Pierre)』(1852)와 『사기꾼(The Confidence-Man)』(1857)에서 초월주의자들을 세속적인 이해에 밝은 무자비한 사기꾼으로 묘사했다. 이런 비판이 에머슨이 미국 실용주의(pragmatism)의 원조로 평가 받기도 하는 것과 무관치는 않으리라.

이처럼 실용주의 정신은 오래전부터 미국인들의 의식을 지배해왔지만, 이것이 철학적 원리로 제시된 것은 1870년대, 널리 알려지게 된 것은 1890년대였다. 실용주의라는 용어는 하버드대학 철학교수였던 찰스 샌더스 퍼스(Charles Sanders Pierce, 1839~1914)가 1878년 『월간 대중과학(Popular Science Monthly)』에 발표한 논문에서 처음으로 사용했다. 그는 "어떻게 우리의 이념들을 분명하게 만들 것인가(How to Make Our Ideas Clear)"라고 물음으로써 실용주의 철학의 방향을 제시했다. 퍼스는 스승으로 여긴 칸트의 사상을 성찰함으로써 실용주의에 대한 시각을 갖게 되었다.

퍼스가 아이디어를 냈다면, 이를 발전시켜 널리 알린 인물은 『심리학의 원리(Principles of Psychology)』(1890)를 쓴 하버드대 철학교수인 윌리엄 제임스다. 제임스가 1898년 캘리포니아 버클리대학을 방문해 행한 '철학적 개념과 실천적 결과'라는 강연이 실용주의가 널리 알려지게 된 결정적 계기가 되었다. 여기에 『학교와 사회(The School and Society)』(1900) 등의 저서를 통해 교육 문제에 집중한 존 듀이(John Dewey, 1859~1952)가 가세함으로써, 이 세 사람은 미국 실용주의의 거두 3인방이 되었다.

제임스는 사회주의에도 공감했지만 사회주의가 개인과 천재에 반대하는 것을 싫어했다. 그에게 가치 있는 것은 오직 개인뿐이었다. 그는 모든 도그마를 거부하면서 철학적 원칙에 대한 회의를 찬양했다. 그는 학생들에게 논리를 포기하고 그 대신 '현실, 삶, 경험, 구체성, 즉

찰스 샌더스 퍼스(왼쪽), 윌리엄 제임스(가운데), 존 듀이(오른쪽).

각성' 을 가지라고 가르치면서, 완벽에 도달할 순 없지만 개선은 가능하다는 사회개선론(meliorism)의 전망을 제시했다.

제임스는 나중에 자신의 저서 『실용주의(Pragmatism: A New Name for Some Old Ways of Thinking)』(1907)를 공리주의자였던 존 스튜어트 밀(John Stuart Mill, 1806~1873)에게 헌정함으로써 실용주의를 공리주의(功利主義, utilitarianism), 더 나아가 물질주의와 황금만능주의로 오해하게끔 만드는 데에 일조했다. 유용성이라는 관점을 통해 개개인의 행동을 분석하는 것으로 충분했던 영국의 공리주의와는 달리 미국의 실용주의는 유용성의 원칙을 훨씬 광범위한 의미에서 찾았지만, 그렇다고 해서 공리주의와의 관계를 전면 부정할 수는 없다.

실용주의와 공리주의

공리주의란 무엇인가? 최대 다수의 사람들에게 최대의 행복을 가져오는 일을 도덕의 기초로 삼아 이에 적합한 행위일수록 바른 것이라고 보는 사고방식으로, 영국의 철학자 제러미 벤담(Jeremy Bentham, 1748~1832)이 1789년 출간한 『도덕과 입법의 원리 입문(Introduction to Principles of Morals and Legislation)』 등을 통해 제창한 것이다.

벤담은 사회와 개인의 모든 행위의 원리를 '고통의 최소화'와 '쾌락의 극대화'로 보았다. 행복의 증진이란 고통이 줄고 쾌락이 느는 것을 말하지만, 이때의 행복은 행위자 개인만의 행복이 아니라 행위에 영향을 받는 모든 사람의 행복이다. 따라서 어떤 개인에게 행복을 주는 것이 다른 많은 사람들의 행복을 줄인다면, 그 행위는 유용한 행위가 아니다. 공리주의의 일반적 정의는 "행위의 정당성 여부는 행위의 결과가 좋고 나쁨에 의거하여 평가되어야 한다는 윤리론"이다. 공리주의는 공동체 전체의 행복을 목표로 하므로 그 전제에서 개인주의적 요소는 약하다. 인간이 인간이라는 사실만으로 존엄성을 가진다는 명제는 자유주의에서는 본질적이라고 주장될 수 있지만 공리주의에서는 부정될 수 있는 것이다.

"정부라는 것은 그 자체가 하나의 해독이다"고 규정짓고 정부의 간섭에 반대한 벤담이 생각한 이상적 사회 모델은 "공공의 부담을 최소화하면서 최대 다수의 죄수를 감시할 수 있다"는 원형감옥(panopticon)이다. 그는 원형감옥이라는 이상을 공장에서 실현하고자 했으며, 그가 꿈꾼 이상적인 국가는 '감시가능성'이라는 원칙에 입각해 정점에 선 수상이 모든 지방행정을 효율적으로 관리할 수 있는 공리주의적 국가였다. 타인의 더 큰 행복을 위해 소수의 자유를 박탈하고, 다수가 향유하는 더 큰 이익을 위해 소수에게 희생을 강요할 수 있다는 공리주의의 '최대 다수의 최대 행복' 원리는 정의를 파괴한다는 비판의 목소리가 높다.

공리주의에 대한 비판자는 무수히 많다. 새뮤얼 테일러 콜리지(Samuel Taylor Coleridge, 1772~1834)와 토머스 칼라일(Thomas Carlyle, 1795~1881) 등 많은 이들이 벤담 이론의 급진적인 세속적 성격에 반대하고 나섰다. 벤담이 인간본성에 대해 기계론적이고 품위 없고 불경한 개념을 제시했다는 것이 주요이유였다. 랠프 월도 에머슨은 벤담의 공리주의를 '역겨운 철학' 이라고 비난했으며, 괴테(Johann Wolfgong von Goethe, 1749~1832)는 벤담을 '지독히 급진적인 놈' 이라고 비난했다. 벤담을 열심히 읽었던 마르크스도 그를 "교활한 속물……진부한 부르주아 지식의 입담 센 예언자……부르주아의 어리석음에 있어서는 천재"라고 불렀다.

존 스튜어트 밀의 아버지 제임스 밀(James Mill, 1773~1836)은 벤담의 제자이자 오른팔 역할을 한 사람인데, 그는 아들의 초기교육을 직접 감독했다. 그러니 존 스튜어트 밀이 어려서부터 철저하게 공리주의에 고취되었으리라는 건 미루어 짐작할 수 있는 일이다. 『자유론(On Liberty)』(1859)에 이어 『공리주의(Utilitarianism)』(1861)를 출간한 존 스튜어트 밀은 나중에는 벤담의 윤리학을 "차갑고 기계적이며 냉정"하다고 비난했지만, 그럼에도 그는 여전히 공리주의자로서 공리주의의 큰 줄기는 옹호했다. 여기서 중요한 건 벤담의 사상이 세계 각국에 큰 영향을 미쳤다는 것일 텐데, 오히려 그렇기 때문에 공리주의에 대한 비난이 쇄도했다고 보는 게 옳으리라.

실천적 효과를 중시한 결과주의

공리주의에 대한 비난이 빗발치는 가운데 윌리엄 제임스가 대표적인 공리주의자에게 저서를 헌정했으니 반발이 없을 리 없었다. 퍼스는 제임스의 이런 학문적 부주의에 반발해 자신의 실용주의 철학을 '프래그머티즘'이 아닌 '프래그머티시즘(pragmaticism)'으로 고쳐 부르기도 했다. 그리스어 pragma가 사실, 행위, 사태, 행동 등을 뜻하고 실천이라는 뜻을 가진 practice의 어원이기도 하다는 점이 말해주듯이, 프래그머티즘의 핵심은 실천이다. 김동식(2002)은 "프래그머티즘은 변화와 생성과 우연과 창조 등을 주요한 모티브로 하고, 그것을 특히 행위나 실천과 연관시켜 현실에 대한 적용을 중시하는 사상운동"이라고 정의하면서 다음과 같이 말한다.

"프래그머티즘은 세계에 대한 개선 혹은 더 좁게는 인류의 번영과 복리를 위한 행위나 활동을 소중한 가치로 설정한다. 그 점에서 그것은 휴머니즘이며, 다분히 현세 중심적인 사상이다.……진리인 관념이나 앎을 얻는 데 있어서 프래그머티즘은 실천성을 매우 강조한다. 그것은 진리란 실험과 실증 그리고 실천을 통해 증명되고 검증되어야 한다고 천명한다. 사변적 이론에만 매달리는 것은 의미가 없다. 경험을 통해 확인되고 실생활에 유용한 결과를 주는 것이 더 유의미하고 유용한 것이다."

프래그머티즘은 절대적 진리나 궁극적 진리를 주장하지 않는다. 프래그머티즘은 절차나 과정을 완전히 무시하진 않지만 실천적 효과를 중시하기 때문에 다분히 결과주의다. 또 개념, 지식, 사고, 이론, 학문을 유기체가 환경에 적응하기 위한 하나의 수단이나 도구로 간주한다는 점에서 다분히 도구주의(Instrumentalism)다. 듀이는 자신의 프래그머티즘을 아예 도구주의라고 불렀다. 듀이의 주장에 따르면 우리의 지식은 도구다. 도구가 그렇듯이 지식의 가치는 그 자체에 있는 것이 아니라 그것의 작용능력, 즉 사용된 결과에서 나타나는 유효성에 있다는 것이다. 이는 전통철학에서 지식을 관조적으로 보는 관점에 대한 정면도전이다. 이와 관련, 김동식은 다음과 같이 말한다.

"진정한 지식은 시간이나 장소, 문맥, 상황의 변화에 따라 변화하는 실천적 요소들을 배제한 영구불변한 이론적인 것(episteme)이라는 플라톤의 주장 이래로 앎은 늘 '보는 것'과 연관해 파악되었다. 이른바 '관람자 지식론'을 듀이는 비판하고자 한 것이다. 관람자 이론과는 아주 대조적으로 앎을 '보는 것'이 아니라 '먹는 것'으로 비유하는 듀이의 관점은 실천, 즉 실제행위의 결과를 통한 검증을 강조한다. '실천주의'라고 이름 붙여도 좋을 이러한 특징은 이미 퍼스나 제임스에게도 중요시된 프래그머티즘 전반의 특징이기도 하다."

프래그머티즘은 사회과학, 법이론, 경제학, 역사학의 발전에도 큰 영향을 미쳤다. 역사학의 경우, 프레더릭 잭슨 터너의 제자이며 프래그머티즘 역사가인 칼 L. 베커(Carl L. Becker, 1873~1945)는 역사가의 상상력을 중시했다. 김동식은 투키디데스(Thucydides)에서 랑케(Leopold von Ranke, 1795~1886)에 이르기까지 역사학은 사실의 충실한 서술, 즉 완전한 객관성의 확보를 목표로 하였지만 프래그머티즘의 영향을 받은 신역사학은 이러한 가정 자체를 부정한다고 말한다.

"역사란 과거에서 현재로 이어지는 인과관계의 추적이나 서술이 아니라, 미래에의 비전과 현재의 관심에 의해 과거를 읽고 서술하는 작업이다. 따라서 역사 서술은 역사상의 사실과 역사가의 상대적인 지적 교류의 산물이다. 이런 견해에서는 역사적 사실의 절대성이라는 것의 의미가 퇴색하며, 객관성의 확보를 지고의 목표로 삼는 역사기술의 방식도 의의를 잃게 된다."

"'사회학자 정부'를 수립하자"

미국의 실용주의자들은 공리주의와 거리를 두려고 했지만, 비슷한 점이 많은데 어찌 비판을 피해 갈 수 있었으랴. 전체 사회를 위해 장기적으로 유용한 행동이 어떤 것인지를 알아내기 위해 제임스는 주저하지 않고 철학이라는 영역에 현금가격이나 이득이라는 개념을 도입했다. 이는 비판의 좋은 표적이 되었다. 듀이의 도구주의도 제임스의 실용주의만큼이나 광범위한 도전을 받았다. 이들은 모두 행동을 선호해 사고를 포기한 반지성주의라는 비난을 받았다.

버트런드 러셀(Bertrand Russell, 1872~1970)은 개인적으로는 듀이의 친구였고 듀이의 목표를 열렬히 찬양했음에도 실용주의에 비판적이었다. 그는 실용주의(pragmatism)라는 말이 '상업' 또는 '행동'을 뜻하는 그리스어 프락시스(praxis)에서 나왔음을 지적하면서 "실용주의는 상업주의의 철학적 표현"이라고 주장했다. 조지 산타야나(George Santayana, 1863~1952)는 듀이의 실용주의가 무사고(無事故)의 도그마를 만들어 하나님과 무한한 도덕적 가치를 배제한 '세속종교'를 도입함으로써 '에덴 동산의 뱀'이라고 보았다.

그러나 유럽 지식인들이 어떻게 보건, 실용주의는 미국의 프런티어 정신이었고 정체성인 걸 어이하랴. 미국은 실용적인 사회과학 분야에서 달려나가기 시작했다. 이미 1880년대에 사회학자 레스터 F. 워드(Lester F. Ward, 11841~1913)는 『동태적 사회학(Dynamic Sociology)』(1883)에서 조직적인 연구가 사회개선에서 주도적 역할을 해야 한다고 역설했다. 그는 여러 가지 사회문제를 연구하고 관료들을 과학적으로 양성할 국립기관을 세우고, 신흥 학문인 사회학의 원리에 따라 적극적인 정치를 펴나갈 '사회학자 정부(sociocracy)'를 수립하자고 주장했다.

또 1880년대에 연방정부는 1869년에 노동 관련 통계국을 개설한 매사추세츠처럼 진보적인 주들을 모델로 연방통계국을 만들었고, 이는 신흥 사회과학이 번성할 수 있는 토대가 되었다. 사회과학이 사회갈등의 해결사로 부상하면서 1903년 정치학회, 1905년 사회학회가 결성되었다. 1930년대의 사회과학자와 정치인들은 말끝마다 '실험'이라는 개념을 쓰며, 적응(adjustment)과 기획(planning)이라는 개념도 유행하게 된다.

훗날 미국을 방문한 프랑스 지식인 시몬 드 보부아르(Simone de Beauvoir 2000)는 1947년 4월 26일자 일기에 "이곳에서는 독일이나 프랑스에서와는 달리 철학이 학문들 가운데 가장 일반적인 학문이 결코 아니다. 그것은 심리학, 사회학, 논리학이라는 완전히 이질적인 분과들로 나뉘어 있고, 이 분과들은 엄밀한 과학과 같은 방식으로 다루어지며, 물리학이나 화학 못지않게 자기만의 영역에 굳게 닫혀 있다"며 다음과 같이 말한다.

"유럽 출신의 이스라엘인으로 철학자이자 물리학자인 T 교수는 학생들을 현상학적 방법에 입문시키려다가 완전한 실패를 맛보았다고 말한다. 데카르트의 사유방식을 설명하려 들다가도 실패하고 말았다고 한다. 그들에게는 사변(思辨)이 무용하고 한심스러워 보이며 관념들의 역사만큼 재미없어 보이는 게 없는 모양이다. 실증적 결과만이 중시될 뿐이다. 과학에 있어서도 그들은 예증에는 거의 신경을 쓰지 않는다. 최종 공리만으로 족한 모양이다. 또 T 교수는 어느 날 설명하기 힘든 물리이론 하나에 대해 먼저 그 법칙을 말해주고 그것을 증명해 보이려 들자, 어느 학생이 점잖게 그의 말을 중단시키고는 '애쓰지 마세요. 선생님 말씀을 믿으니까요' 라고 말하더라고 했다."

그것 참 재미있는 말이다. "애쓰지 마세요. 선생님 말씀을 믿으니까요"라는 말에 담겨 있는 정신은 실물주의와 현세주의다. 그건 미국이 이룬 번영과 풍요의 산물이다. 실용주의가 오늘의 미국을 만들었다기보다는, 미국의 독특한 건국·발전과정이 자연스럽게 실용주의를 낳게 했다고 보아야 하지 않을까?

참고문헌 Altschull 2003, Beauvoir 2000, Durant 1987, Gelfert 2003, Kuper 1987, Mill 1962·2005, Morrow 2000, Mosco 1998, Rorty 1996, Smith 1996, Steel 1980, Watkins 1990, 고명섭 2007, 고종석 2000, 김동식 2002, 박태호 1997, 이태숙 1998, 이형대 2003, 조지형 1994, 한기욱 1997, 한승동 2007, 홍사중 1997

'풍요가 낳은 속물근성'
베블런의 『유한계급의 이론』

'과시적 소비'

값이 비쌀수록 호사품의 가치는 커진다. 비싸지 않은 아름다운 물건은 아름답지 않다. 호사스러움을 위해 많은 돈을 지불했다는 사실을 자신만 알아서는 안 된다. 남들이 알아줘야 한다. 유한계급에게는 가격표가 본질적으로 지위를 상징하는 것이다. 이런 '과시적 소비(conspicuous consumption)'의 속성을 가리켜 '베블런 효과'라고 한다. '베블런 효과'는 경제학적 관점에서 보면 비합리적인 소비행위임에 틀림없지만, 세상은 결코 합리적이지만은 않다.

오늘날엔 진부한 상식이 되고 말았지만, '베블런 효과'가 나온 건 110년 전이다. 경제학자 소스타인 베블런(Thorstein Veblen, 1857~1929)이 1899년에 쓴 『유한계급의 이론(The Theory of the Leisure Class)』에서 제시한 것이다. 19세기 미국 경제학자가 쓴 책 가운데 지금까지 널리 읽히는 책은 딱 두 권뿐인데, 헨리 조지(Henry George, 1839~1897)의

THE JOURNAL OF POLITICAL ECONOMY
PUBLISHED QUARTERLY BY THE UNIVERSITY OF CHICAGO
EDITED BY THE DEPARTMENT OF POLITICAL ECONOMY

MANAGING EDITOR
T. B. VEBLEN

2

THE UNIVERSITY OF CHICAGO, 189

are not really as strong as you seem. I hope that yesterday's dissipation has had no bad consequences.

I want also to say a word about the Leisure Class, to which I had no chance to give articulate expression. As I said, the character of this monograph, as near as I can see, is not approximately up to grade. It disappoints me and puzzles me that I am unable to say what I want to in the way I want to say it. However, I shall go on with it, though it is very doubtful if it will ever be presentable for publication. It is now (the first draft) about half written, or perhaps rather more, and promises to be longer than was originally planned. I expect, D.V., to complete the rough draft in a month from this time, and shall then have to revise and verify and rewrite. After that, and this is what I am coming to, I want permission to send you at least portions of the ms. to get your criticism of it, if it should not be too much of a task. Can you do this for me? or can you undertake it provisionally? I have of course no other claim than that your kindness in the past has established a precedent. You have sown the wind, and are beginning to reap the whirlwind.

I wish you a happy journey and a propitious return, and I beg you to let me hear from you, if you are not disgusted with me, before leaving.

Truly yours, T. B. Veblen

베블런이 세라 맥린 하디(Sarah McLean Hardy)에게 1896년에 보낸 편지. 『유한계급의 이론』이 독자들이 받아들이기에 어려운 내용이라 출판이 가능할지 모르겠다고 말하고 있다.

『진보와 빈곤(Progress and Poverty)』과 더불어 바로 이 책이다.

노르웨이 이민자의 자손인 베블런은 사회진화론자인 예일대 교수 윌리엄 섬너의 제자로 사회진화론자이지만, 진보적 시각을 드러낸 '진보적 사회진화론자' 였다. 허버트 스펜서와 에드워드 벨라미의 영향을 동시에 받은 그는 탐욕스런 자본가들을 어떤 의미에서든 '적자(fittest)' 로 보는 개념을 조롱했다. 이기적이고 돈만 아는 인간은 궤변과 사치와 화려한 소비라는 사적인 특성을 공공선으로 전환시키기는커녕 약탈적이고 도덕적으로 비난받는 행동을 저지른다는 것이다.

베블런은 진보적이었지만 마르크스주의자는 아니었다. 한 문장에서는 마르크스를 칭찬하고 다음 문장에서는 비난하는 등 종잡을 수 없는 독립 지식인이었다. 베블런은 유대인들의 지적 업적은 그들이 소외된 세상에서 얻는 주변적 지위와 피억압자의 역할에 의한 것이며 따라서 이들이 조국을 가져 다른 민족과 마찬가지가 되는 날에는 독창성도 고갈되고 말 것이라고 주장했다. 마치 자신의 이야기를 하는 것 같다. 그는 괴짜로서 스스로 자신을 고립시키는 생활을 해왔기 때문이다. 이와 관련된, 재미있는 일화가 많다.

대학교수로서 뛰어난 지성을 보였음에도 워낙 괴팍한 데다 이단자였기 때문에 대학을 여기저기 옮겨다닌 베블런은 관행을 조롱하는 것을 좋아해서 학업성과에 관계없이 모든 학생에게 같은 학점을 주곤 했다. 어떤 학생이 장학금을 신청하기 위해 좀더 높은 학점이 필요하다고 요청하면 기꺼이 C 학점을 A 학점으로 고쳐주곤 했다나.

심리적 힘에 의한 지배

그런데 왜 이 시기에 이런 책이 나왔을까? 1890년대 들어 그간 급성장해온 미국 경제력이 꽃을 피우기 시작했다. 미국에서 1차산업의 생산물을 수입하고 공산품을 수출해왔던 유럽 국가들이 급성장하는 미국의 제조업에 긴장할 정도였다. 1890년대에 유럽에서 『미국이라는 침략자(The American Invaders)』, 『유럽으로 몰려드는 미국산(The American Commercial Invasion of Europe)』 등과 같은 반미주의 서적들이 출간된 것은 결코 우연이 아니다.

베블런은 미국이 가시적으로 누리기 시작한 풍요가 낳은 속물근성을 폭로한 셈이다. "그까짓 속물근성" 하고 가볍게 생각할 일이 아니다. 베블런은 신고전학파 경제학자들이 합리적 이기심을 경제행동의 기본동기로 본 것에 도전했다. 그는 "합리성을 바탕으로, 자신의 효용을 계산해 선택한다는 평균적 인간유형을 가정한 신고전학파의 이론은 잘못됐다" 며 인간은 그보다는 탐욕, 공포, 순응 등과 같이 훨씬 더 근본적인 심리적 힘에 의한 지배를 받는다고 주장했다. 스트레턴(Strathern 2002)은 "『유한계급의 이론』이 나오면서 소비자의 지출은 합리적 계산의 문제라는 신고전학파 경제학의 기본가정에 구멍에 뚫렸다" 며 다음과 같이 말한다.

"베블런은 제도학파를 낳았다. 과거 마르크스는 경제적 변화를 계급과 같은 사회적 제도, 기업과 노조, 정부와 국민 간의 투쟁의 산물로 보았다. 그러나 베블런은 경제의 원리를 결정하는 비가시적 제도, 즉 '일반사람들에게 공통적인 사고습관' 에 초점을 맞추었다. 그는 경제제도는 '관례, 관습, 행동규범' 으로 구성된다고 보았다. 마침내 베블런의 이단적 행동에 부담을 느낀 시카고대학 당국은 1906년 그에게 사직을 권고한다. 베블런의 저서는 그를 유명하게 만들었지만 교수사회에서 그를 두둔하는 동료는 거의 없었다. 경제학을 진지한 과학으로 만들어보려는 신고전학파의 시도를 방해하고 고소해한 그였으니 당연한 결과라고 할 수 있겠다. 그때부터 베블런은 대우가 나쁜 강사자리를 찾아 여러 대학들을 전전해야 했다."

베블런의 책이 큰 인기를 누리면서 특히 거드름 피우는 유한계급이 많은 동부에 평지풍파를 일으킨 게 문제였을까? 호평도 있었지만, 반발도 만만치 않았다. 반발은 오늘날까지도 계속되고 있다. "소비자들이 이웃들에게 뒤처지지 않으려 항상 지위경쟁에 빠져 있다" 는 베블런의 주장에 대해 브룩스(Brooks 2008)는 다음과 같은 반론을 편다.

"정말 그런 이유로 물건을 구입한다고 생각하는가? 만약 당신이 그렇지 않다면, 다른 사람들은 당신보다 더 천박하고 지위에 환장한 사람이라고 생각하는가? 더군다나 분화된 세상에서 도대체 어떤 이웃과 수준을 맞춘다는 건가?……소비행위의 핵심은 이익계산이나 경쟁심리가 아니다. 그것은 열망이다. 불필요한 물건을 사는 쇼핑은 공상과 비슷하다. 사람들은 가게를 돌아다니며 꿈을 불태운다. 자신들에게 환상을 불러일으킬 만한 물건들을 찾아다닌다."

브룩스가 말한 '환상'과 베블런의 '과시효과'가 분리될 수 있는 것일까? 그게 그 말인 것 같은데, 많은 미국인들이 베블런의 주장에 발끈하는 건 "속물근성은 좋지 않다"는 생각에 근거한 것으로 보인다. 미국인들만 그런 것도 아닌데, 뭐 그렇게까지 예민하게 반응하는지 모르겠다.

'존경할 만한 약탈충동'

이른바 '속물효과(snob effect)'라는 게 있다. 이는 "자기만이 소유하는 물건에 특별한 가치를 부여하는 소비행태"다. 남들이 사용하지 않는 물건, 즉 희소성이 있는 재화를 소비함으로써 더욱 만족하고 그 상품이 대중적으로 유행하기 시작하면 소비를 줄이거나 외면하는 행위다. 그러나 '베블런 효과'도 남들이 알아주는 맛에 생겨난 것이므로 '속물효과'는 베블런 효과의 일부로 보는 것이 타당할 것이다.

베블런은 사람들이 사회적 지위를 확립하기 위해 옷을 어떻게 활용했는가에 대한 분석도 제시하는데, 역시 가장 중요한 건 '구별짓기'

다. 부자들의 옷은 눈에 잘 띄는 여가의 증거를 제공해야 하는데, 유지하는 데 신경이 많이 쓰이는 소재의 옷을 입는 것도 한 방법이다. 노동을 불가능하게 만드는 패션도 그래서 나왔다. 굽 높은 구두도 그런 뜻에서 나온 것이며, 과거 중국 귀족들이 손톱을 길게 길렀던 것도 마찬가지다.

수백 년 전 여러 유럽 국가들에 존재했던 '사치단속법' 도 그런 관점에서 이해할 수 있겠다. 과도한 사치를 하는 사람들에겐 벌금을 물렸던 사치단속법은 패션의 속도를 가속화시켰을 뿐 별 효과를 거두지 못했다. 영국에서의 마지막 사치단속법은 1648년에 폐지되었다. 다른 유럽 국가와 일본은 18세기까지 사치단속법을 시행했지만, 19세기에 이르러 패션이 민주화되면서 결국엔 다 사라지고 말았다. 이에 대해 에트코프(Etcoff 2000)는 다음과 같이 말한다.

"왜 국가가 그다지도 사소하게 보이는 행동들을 규제하는 법률을 제정하려 노력했을까? 사회학자 어빙 고프만이 말한 바대로, 만약 사물의 구매목적이 한 특정 신분집단의 일원임을 드러낸다면 사물은 신분의 상징이다. 만약 다른 신분집단이 이러한 물건들을 산다면 그것들은 신분상징으로서의 가치를 잃어버린다. 현대에도 구매는 터무니없는 가격, 권력층, 구매의 친근한 장소, 사회적 표준을 통해서 규제된다."

같은 맥락에서 베블런이 '존경할 만한 약탈충동' 이라고 부른 개념도 흥미롭다. 이는 사회적 지배를 위한 기본적인 도구이기 때문이다. 과거에 부자들은 흔히 약탈적인 권력을 과시하기 위해 손님들을 실제 사냥에 초청하기도 하고 피로 동맹을 맺기도 했다. 특히 여우사냥은 부의 상징이었다. 부자들은 고대의 귀족의상을 입고 시골 들판을 시원스럽게 내달리며 죽은 왕들의 망령과 교분을 나누었다. 이게 오늘날엔 어떻게 달라졌을까? '과시적 소비'가 그런 기능을 일부 수행하고 있다고 볼 수 있다.

돈으로 상품을 구매함으로써 권력과 가치관을 과시하는 새로운 엘리트의 출현은 사회의 작동방식이 이전보다 더욱 복잡해졌다는 걸 말해주는 것이지만, 그 내막은 금권의 사회통제력 강화였다. 부자들의 '약탈충동'은 상원까지 지배했다. 이 시기에 각 주의 상원의원들은 유권자가 아닌 주의회에 의해 선출되었기 때문에, 이렇게 선출된 상원의원들은 스탠더드 석유 상원의원, 설탕 트러스트 상원의원, 철강 상원의원, 철도 상원의원 등으로 불릴 만큼 각 주를 대표한다기보다는 재벌과 부자들의 이익을 대변했다. 역사가 아서 슐레진저는 이 시대를 돌아보면서 "미국이 링컨의 게티즈버그 연설과는 정반대로 기업의, 기업에 의한, 기업을 위한 정부가 되었다"고 평가했다.

기업의 논리가 사람들의 의식과 행동양식까지 지배하는 기업사회는 부자들의 '존경할 만한 약탈충동'을 국제관계에도 적용하게 만든다. 즉 기업사회와 제국주의는 불가분의 관계인 것이다. 이게 제국주의 실행자와 비판자 사이의 소통을 어렵게 만드는 이유이기도 하다. 국제관계에서 기업의 원리에 따라 움직였을 뿐인데, 거기에 사악한 의미를 부여하는 것에 어찌 동의할 수 있으랴. 이래서 제국주의와 자본주의의 불가분의 관계에 관한 고찰이 나오는 것이다.

참고문헌 Brooks 2008, Conniff 2003, Coser 1978, Etcoff 2000, Florida 2002, Gordon 2002, Heilbroner 2005, Persons 1999, Phillips 2004, Strathern 2002, Twitchell 2003, Veblen 1995 · 2009, 김광현 2000

'백인의 의무'
제국주의의 '벨 에포크'

제국주의의 원인

1880년부터 1914년까지의 서구사회를 흔히 '벨 에포크(Belle Époque)', 즉 '좋았던 시절'이라 부른다. 제국주의의 전성기라는 뜻이다. 1875년 이후 공업국들이 신기술을 이용해 대포의 포신을 강철로 만들면서 날이 갈수록 힘의 불균형이 심화되었고, 1890년대엔 군의관들이 전염병 발생을 크게 낮추는 데 성공함으로써 열대지방도 자유롭게 접근하게 되었다.

1897년 6월 22일 런던에서 거행된 빅토리아 여왕(Queen Victoria, 1819~1901)의 즉위 60주년 기념식 현장을 보자. 영국이 전 세계의 5분의 1과 세계 인구의 4분의 1을 지배하는 가운데 병력 4만 6,000명과 11개 식민정부를 대표하는 총리 11명이 자신들의 군주에게 경의를 표하기 위해 지구 곳곳에서 모여들었다. 당시 8세였던 역사가 아널드 토인비(Arnold Toynbee)는 숙부의 목마를 타고 퍼레이드를 지켜본 뒤 나중에 이렇게 썼다. "당시의 분위기가 기억난다. 우리가 세계를 지배하며 계속 그 자리에 머무른다. 영원히! 물론 역사라고 불리는 게 있다. 하지만 그 역사는 다른 나라 국민에게나 일어나는 불쾌한 일일 뿐이다."

1878년 서구열강은 지구의 67퍼센트를 차지했는데, 1914년엔 지구의 85퍼센트를 식민지, 보호령, 신탁통치, 연방 등으로 소유한다. 아프리카의 경우 1914년 에티오피아와 라이베리아를 제외한 거의 전 지역이 유럽의 식민지가 되었다. 각 나라별로 집어삼킨 면적을 보자면, 프랑스 423만 8,000제곱마일, 영국 349만 5,000제곱마일, 독일과 이탈리아가 각각 약 100만 제곱마일, 벨기에 80만 제곱마일, 포르투칼 78만 제곱마일, 스페인 7만 5,000제곱마일 등이었다.

영어권에 '제국주의' 라는 용어가 도입된 것은 1870년대였다. 벤저민 디즈레일리(Benjamin Disraeli, 1804~1881)에 의해 정치적으로 사용되기 시작한 '제국주의' 는 1880년대에 본국과 식민지에 퍼져 있는 영국인들의 연방을 의미하는 긍정적인 뜻으로 쓰이기도 했지만, 1902년 홉슨(John A. Hobson, 1858~1940)의 『제국주의(Imperialism)』가 출간되면서 부정적 의미를 갖게 되었다. 이 책과 이후에 나온 제국주의 관련 책들은 미국-스페인전쟁과 남아프리카에서 벌어진 보어전쟁(1899~1902)을 계기로 나온 것이었다.

제국주의의 원인은 무엇일까? 홉슨은 금융계의 거두들이 자기들의 잉여자본을 보다 유리하게 활용하기를 바랐기 때문에 해외로의 팽창을 소망한 것을 제국주의의 기원으로 보았다. 반면 레닌(Lenin 1939)의 『제국주의(Imperialism: The Highest Stage of Capitalism)』는 홉슨의 분석을 차용했으되 홉슨이 "부르주아적인 사회개혁주의와 평화주의"를 옹호하고 있다고 비판하면서 제국주의를 예견할 수는 있으나 피할 수는 없는 재앙, 즉 자본주의 체제의 내적 모순에서 비롯되는 궁극적인 위기의 하나이며 자본주의를 궁극적인 파멸로 이르게 하는 모순으로 보았다. 슘페터(Joseph A. Schumpeter, 1883~1950)의 경우, 제국주의는 일종의 '격세유전' 다시 말해 문화적으로 계승된 정치적, 사회적 태도의 결과이며, 헤이즈(Carlton J. H. Hayes)는 폭넓은 대중적 지지를 토대로 한 민족주의에서 그 기원을 찾았다.

황화론과 '백인의 의무'

이런 식민지 쟁탈전에서 후발주자였던 미국을 격려할 필요가 있다고 생각한 걸까? 영국의 호전주의자이자 팽창주의자인 시인 러디어드 키플링(Rudyard Kipling, 1865~1936)은 미국의 필리핀 정복에 때맞춰 1899년 2월 4일 『타임스(Times)』에 「백인의 의무(The White Man's Burden)」를 역설하며 백인국가들의 제국주의에 심리적 정당성을 부여했다. 1895년 독일 황제 빌헬름 2세(Wilhelm II, 1859~1941)가 '아시아인 배척'을 주장한 이후 유럽에서는 황화(黃禍)론 폭풍이 일었는데, 그래서 더욱 황인종에 대한 '백인의 의무'가 강조되었던 건지도 모르겠다. 키플링은 '백인의 의무'를 이렇게 노래했다.

"백인의 짐을 지어라 / 너희가 낳은 가장 뛰어난 자식들을 보내라 / 너희의 자식에게 유랑의 설움을 맛보게 하라 / 너희가 정복한 사람들의 요구에 봉사하기 위해……."

그는 어떤 희생이 따르더라도 "반은 악마이고 반은 아이인 새로 만

『저지(Judge)』에 실린 '백인의 의무' 풍자만화.

난 이 무뚝뚝한 사람들"인 동양인에게 빛과 희망을 주기 위해 "여러분이 키워온 최선의 것을 보내는 것"이 미국인에게 달려 있다고 주장했다. '제국의 찬송가'를 쓴 셈이다. 인도에서 활동한 교육자의 아들로 봄베이에서 태어나 그곳에서 언론인으로 경력을 시작한 키플링은 1890년 영국으로 가서 문학적인 대성공을 거두어 당대의 영국인들, 특히 젊은이들에게 막강한 영향력을 행사한 인물이다. 그는 1907년 영국 최초의 노벨문학상 수상자가 되었다. 스스로 생각해도 구린 점이 있다고 생각했던지 노벨상수상위원회는 "키플링의 제국주의는 다른 이들의 감정에 전혀 관심을 가지지 않는 강경한 제국주의는 아니다"라고 변명했다.

'무시할 수 없는 우리의 의무'

1899년 1월 시어도어 루스벨트는 '백인의 의무' 사본 하나를 미리 받고, 그것을 매사추세츠 상원의원 헨리 캐벗 로지에게 보냈는데, 루스벨트는 편지에서 키플링의 시가 "시적으로는 다소 빈약하나 팽창주의적 관점에서 보면 훌륭하다"고 존평했다. 키플링의 시는 『매클루어스(McClure's)』 잡지 1899년 2월호에도 실려 미국에서 폭발적 인기를 누렸다.

1890년대 말 미국에선 미국 민주주의 자체가 팽창정책의 결과로 여겨졌기 때문에 이를 유지하기 위해서라도 어떤 형태로든 팽창정책을 택하지 않을 수 없다는 논리가 널리 유포돼 있었다. 이런 논리가 '백인의 의무'라면 어찌 그 의무를 소홀히 할 수 있으랴.

미국의 영토확장에 대해 매킨리 대통령은 '무시할 수 없는 우리의 의무'라는 표현을 썼다. 그는 1899년 2월 보스턴의 연회청중에게 미국이 필리핀과 쿠바, 푸에르토리코를 통치하는 까닭을 설명하면서 "미국은 신의 섭리에 따라 그리고 인류의 진보와 문명의 이름으로 미국에게 부여된 위대한 사명을 수행한다"며 "열대의 태양 아래에서도 미국의 소중한 원리는 변하지 않을 것이며, 오히려 깃발을 앞세우면서 함께 전진할 것이다"고 주장했다. 매킨리 대통령은 "미국인의 정신 속에는 어떠한 제국주의적 의도도 숨어 있지 않다"고 말했으며, 같은 자리에서 우정장관 찰스 에모리 스미스(Charles Emory Smith)는 "우리가 원하는 것은 잉여생산물의 판매시장이다"고 말했다.

윌리엄 제임스는 "최근의 보스턴 연회에서의 매킨리의 위선적인 말투에 담긴 냉담하고 탐욕스러운 음모"에 관해 『보스턴 이브닝 트랜

스크립트(The Boston Evening Transcript)』에 편지를 써보냈다. 편지에서 그는 필리핀 점령은 "대중의 비명이나 동요, 이웃의 조그마한 관심도 불러일으키지 않으면서 조용히 죽이는 수법에 완벽하리만치 능통한, 거대한 백화점의 수법과 같은 것이다"라고 비판했다.

샘 호스 사건

'백인의 의무'가 예찬되던 때에 조지아주에선 상상을 초월하는 엽기적인 사건이 발생했다. 이른바 '샘 호스(Sam Hose) 사건'이다. 샘 호스는 백인 앨프리드 크랜퍼드(Alfred Cranford)가 운영하는 농장에서 일하던 21세의 일용직 흑인 노동자였다. 두 사람은 1899년 4월 12일 임금 문제로 다퉜다. 크랜퍼드가 총으로 겨냥하자 호스는 도끼로 내리쳐 크랜퍼드를 살해했다.

여기까지는 사실인데, 이후부터는 소문이 만들어낸 새로운 사건이 되었다. 지역신문들이 주인의 아내를 성폭행했다고 보도한 것이다. 흑인이 감히 백인 여성을 성폭행하다니! 흥분한 백인들은 호송 중이던 호스를 기차에서 끌어내 성기를 비롯한 신체 일부를 절단하고 얼굴가죽을 벗겨냈으며 그의 몸에 기름을 끼얹고 산 채로 불에 태웠다. 불에 탄 호스의 시신을 먹은 사람도 있었다. 호스를 죽이는 현장엔 남녀노소를 가리지 않고 수천 명의 백인들이 몰려들어 구경을 했다. 어떤 이는 그 자리에 모인 백인들에게 숯덩이로 변한 호스와 사진을 찍어주고 돈을 받았으며, 그의 성기를 비롯한 신체 일부를 돈을 받고 팔기도 했다. 이와 관련, 박진빈(2006)은 "이 시대에 린치는 일정한 절차와 의식을 갖춘 공동체 행사였다"며 다음과 같이 말한다.

CONSTITUTION PAYS ITS REWARD OF $500 FOR CAPTURE OF HOLT

SAM HOLT, MURDERER AND ASSAILANT, BURNED AT THE STAKE AT NEWNAN

After He Confessed to the Crime He Was Executed in the Presence of 2,000 People.

CAPTURE OF SAM HOSE SEEMS TO BE MATTER OF ONLY A FEW HOURS

CAPTORS OF HOSE REWARDED.

CONSTITUTION PAYS ITS REWARD OF $500 FOR CAPTURE OF HOLT

SAM HOLT, MURDERER AND ASSAILANT, BURNED AT THE STAKE AT NEWNAN

After He Confessed to the Crime He Was Executed in the Presence of 2,000 People.

SAM HOSE STILL EAGERLY PURSUED

수천 명의 백인들이 샘 호스를 린치한 사건을 보도한 신문기사들.

"수많은 사진이 증명하듯, 이 '행사'의 참석자 중에는 백인 성인남성만 있지 않았다. 만 3~4세의 남녀 아이들, 예쁘게 차려입은 아가씨와 그 파트너, 일요일에나 입을 법한 단정한 성장 차림의 남녀노소들이 이 공동체 행사에 참석했을 뿐 아니라, 잔혹한 화형식을 배경으로 즐거운 표정으로 포즈를 취했다. 그중 많은 이들이 일부러 사진기에 얼굴을 들이밀고 이 일을 '기념'으로 남기려 했다. 심지어 그 사진이 박힌 기념엽서를 사서 다른 지역에 사는 일가친척에게 보내기까지 했다. 시각적 표현을 중시하는 당대의 새로운 상업문화 속에 린치도 나름의 자리를 잡았던 것이다."

호스의 심장 한 조각은 조지아 주지사에게 배달되었는데, 이 '기념품' 을 받은 주지사는 호스에 대한 엽기적인 린치는 당연하다는 듯, 호스가 한 일이 "기록으로 남아 있는 범죄 가운데 가장 사악하다" 고 평가했다. 호스의 처형 이후 재개된 사건 조사 과정에서 크랜퍼드 부인은 강간은커녕 호스가 남편을 우발적으로 죽인 뒤 곧 현장을 떠났고, 다시는 돌아오지 않았다고 증언했다. 그러나 그걸로 끝이었고, 호스가 화형을 당한 나무 주변에는 "우리 남부 여성을 보호해야 한다" 는 플래카드가 붙었다.

모두 다 미쳤던 걸까? 박진빈은 "그러나 흑인에 대한 사회적 통제를 목표로 엄청난 공적 · 사적 폭력이 동원된 이 시기의 남부를 시대역행적이라거나 전근대적인 공간이라고만 단정지을 수는 없다" 며 다음과 같이 말한다.

"같은 시기 북부 도시들을 중심으로 강조되던 근대화, 개혁, 혁신주의의 흐름과 남부의 인종차별이 완전히 상반되거나 모순되는 현상이 아니기 때문이다. 결정적으로, 남부에서는 흑백차별과 흑인탄압이 사회진보의 측면에서 주장되었다. 즉, 남부가 설정한 혁신주의적 사회개혁의 주요과제 속에 인종적 질서를 바로잡아 백인 지상주의를 강화시키는 것이 포함되었던 것이다. 그래서 백인 엘리트가 주도한 남부의 혁신주의는 인종주의의 모습을 띠었고, 흑인 린치를 자행한 지역 KKK 단원 명단에서 주요 혁신주의자들의 이름을 쉽게 발견할 수 있었다."

샘 호스 사건은 백인들의 흑인에 대한 뿌리 깊은 '성기공포증' 과도 관련이 있었다. 1902년 『애틀랜타 의학 저널(Atlanta Medical Journal)』은 '흑인 생식기의 특이한 점' 이라는 논설을 게재하여 독자들에게 흑인

생식기의 '악명 높은 비대'와 '흑인의 특징인 지나친 성적 리비도'에 대해서 경고했다. 1908년 평소 백인 여성을 밝힌 데다 성기가 엄청나게 큰 것으로 알려진 잭 존슨(Jack Johnson, 1878~1946)이 최초의 흑인 헤비급 권투 챔피언이 되자 전국적인 항의사태가 일어나기도 했다.

샘 호스 사건이 일어난 지 40년 뒤인 1939년 '블루스의 여왕' 빌리 홀리데이(Billy Holiday, 1915~1959)는 〈이상한 열매(Strange Fruit)〉라는 노래로 흑인들의 슬픈 과거를 위로했다. 100만 장 이상 팔려나간 〈이상한 열매〉는 그때까지 나온 모든 노래 중에서 가장 영향력 있는 저항가요가 되었다. 〈이상한 열매〉란 제목은 교수형 당한 흑인들의 몸이 바람에 흔들리는 모습을 상징한 것이다.

"남부의 나무에는 이상한 열매가 열리네. / 잎사귀와 뿌리에는 피가 흥건하고 / 남부의 산들바람에 검은 몸뚱이가 흔들린다. / 포플러 나무에 매달린 이상한 열매. / 멋진 남부의 전원 풍경 / 튀어나온 눈과 찌그러진 입술, / 매그놀리아의 달콤하고 상쾌한 향기 / 그리고 어디선가 살덩이를 태우는 냄새! / 이 열매를 까마귀가 뜯어먹고 / 비를 맞고 바람을 빨아들이며 / 태양이 썩히고 나무가 떨어뜨리네. / 이상하고 씁쓸한 작물."

"미국의 미래는 밝다"

샘 호스 사건은 세기말적 현상이었을까? 그렇다 하더라도 그 세기말적 현상은 대외적으론 긍정과 낙관의 표정을 짓고 있었다. 혁신주의·제국주의·인종주의가 삼위일체를 형성한 가운데 미국의 국력은 빠른 속도로 강해졌고, 이에 따라 미국의 팽창도 가속화되었다. 19세기

말 미국의 국제적 위상에 대해 김남균(1999)은 다음과 같이 말한다.

"영국인의 식탁에는 아이오와의 곡식이, 중국에는 미국 선교사가, 인도에는 미제 통조림이, 캘로라인섬에서조차 미제 '싱어' 재봉틀이 돌고 있었다. 미국 군함이 조선 항구, 브라질 항구에 나타나 세력을 과시하였고, 또 하와이 사탕수수 농장의 소유자 혹은 멕시코 광산업자로 세계 곳곳에 미국인들이 나타났다. 미국인의 '명백한 운명'이 지구를 무대로 확대되고 있었다. 해군력을 강화하면서 필요하면 전쟁도 불사할 준비를 갖춘 미국은 장차 쇠퇴하는 영국을 대신할 새로운 세력으로 급성장하고 있었다."

이런 자신감을 반영하듯, 새로운 세기를 맞이하는 『뉴욕타임스』 1900년 1월 1일자 사설은 미국의 미래를 다음과 같이 낙관했다. "1899년은 놀라운 한 해였다. 상업과 생산 부문에서 실로 경이로운 해였다.……최고기록 행진이 1900년에도 이어질 것이라고 확신하기 때문에, 막 지나간 열두 달이 최고의 해였다고 말하기 어렵다.……새해의 출발점에서 본 앞날은 매우 밝다."

미국의 미래가 밝은 이유 중의 하나는 '후발주자의 이점'이었다. 바꿔 말하면, 당시 영국은 베블런이 말한 '선두주자의 벌금(penalty for taking the lead)'을 치르고 있었다. 코저(Coser 1978)의 해설에 따르면, "영국이 여전히 다소 낡은 시설들을 사용하지 않을 수 없었던 시기에 독일과 미국은 현대적 기술을 최근에 설비하게 되었고 그로 말미암아 영국은 계속 뒤로 처지게 되었던 것이다. 영국의 곤란은 초기의 성공이 완벽하였다는 바로 그 사실 때문에 더욱 증대되었다. 1880년경에 이르기까지는 모든 중요한 기술혁신이나 발명이 영국에서 이루어져

왔으나 이 이후로는 거의 없었고 이제 영국은 외국인의 생각을 빌려 쓰지 않을 수 없게 되었다."

그렇다면 미국도 영국의 뒤를 따르게 될까? 미국은 영국이 아니다. 미국은 방대한 국토 덕분에 끊임없는 이민의 유입이 가능한 나라가 아닌가. 그러니 좋은 의미에서건 나쁜 의미에서건 사회가 정체할 수 없다. 미국이 영국과는 다른 길을 걷거나 아니면 적어도 '제국의 몰락'에 좀더 오랜 시간이 걸리는 차이를 갖는 이유다.

참고문헌 Allen 2008, Altschull 2003, Coser 1978, Foster 2008, Friedman 2003, Hunt 2007, Kern 2004, Lenin 1939, McNeill & McNeill 2007, Wright 1989, Zakaria 2006, Zinn 1986, 김남균 2003, 김용관 2009, 박지향 2000, 박진빈 2006, 오치 미치오 외 1993

"새로운 시장이 필요하다"
문호개방 정책

문호개방정책

1900년 파리에서 잇달아 열린 만국박람회와 제2회 올림픽은 새로운 세기의 출발을 축하하는 데에 부족함이 없어 보였다. 이해 7월 14일 파리 지하철이 개통된 가운데(런던 지하철은 1863년 개통) 만국박람회엔 25개국이 참여해 4,000만 명의 관람객이 구경을 했고, 파리 올림픽엔 21개국 1,000여 명 선수가 참여해 신체적 기량을 뽐냈다. 그러나 만국박람회와 올림픽은 여전히 백인들의 잔치였으며, 다른 한편에선 식민지 쟁탈전이 치열하게 전개되고 있었다.

중국을 놓고 영국, 프랑스, 독일, 러시아, 일본이 요리를 하려는 가운데 미국은 중국에서의 미국의 이해관계를 보호하고자 했다. 1898년 매킨리 대통령은 미국은 중국에 접근하기를 원하지만 그곳에서 아무런 특권을 바라지는 않는다는 성명을 발표했다. "우리는 단지 우리 자신을 위한 문호개방을 요구하면서 다른 나라들에 대해서도 문호개방에 동의할 준비가 되어 있다"는 것이다.

나중에 국무장관 존 헤이(John Hay, 1898~1905)가 '문호개방 각서(Open Door Notes)'로 알려지게 된 동일한 메시지를 영국, 독일, 러시아, 프랑스, 일본, 이탈리아에 전달할 때, 매킨리 선언을 정책으로 변화시켰다. 이에 대한 다른 강대국들의 반응은 차가웠으나 1900년 중국에서 일어난 '의화단의 난'을 계기로 미국은 발언권을 확보하게 되었다.

문호개방정책은 명목상으로 중국의 주권과 영토를 보호하는 선언이었지만 실질적으로는 한국전쟁이 터지는 1950년까지 반세기 동안 중국에 대한 미국의 이권을 보호해주는 역할을 하게 된다.

중국 의화단의 난

1900년 초 외세에 대한 중국인들의 해묵은 감정이 반기독교운동으로 전개되면서 화베이(華北)지방에서 '의화단의 난(북청사변, the Boxer Rebellion)'으로 폭발했다. 원인(遠因)은 1898년 황하강의 범람으로 인한 산둥(山東)지방의 기근이었다. 굶주린 농민들이 의화단운동에 참가해 청조(청의 왕실)를 겨냥했지만, 중국 관리들의 노련한 공작으로 의화단의 분노는 청조에서 외국인들을 향하게 되었다.

의화단의 기원은 아편전쟁 이후 자발적으로 반기독교운동을 벌이던 백련교(白蓮教)의 일파인 의화권(義和拳)으로 거슬러 올라간다. 이들은 권법(拳法)만 익히면 탄환이나 도검(刀劍)도 막을 수 있다고 믿었던 신흥종교집단이었다. 의화권은 청일전쟁 이후 열강의 침략이 격화되면서 일반민중들 사이에 급속히 확대돼, 1898년에는 그 명칭을 의화단(義和團)으로 바꾸고 투쟁이념도 종래의 '반청복명(反清復明)'에서 '부청멸양(扶清滅洋)'으로 바꾸어 본격적인 반제국주의 투쟁을 전개하기 시작했다.

1900년 의화단은 산둥성에서 봉기해 외국 선교사와 기독교 신자들을 공격했다. 의화단원의 수는 20만 명에 이르렀다. 청국 정부는 의화단에 대한 생각을 통일하지 못했다. 여러 가지 사정으로 열강에 대해 분노하고 있던 서태후(西太后)는 광서제(光緒帝)의 반대에도 불구하고 6월 21일 열강에 대해 선전포고를 하면서 각국 공사관을 포위공격하도록 했다. 바로 그날 베이징(北京) 외교단을 청군과 의화단이 포위해 버렸다. 이 포위기간에 베이징에서 66명, 수도 밖의 중국 북부지역에서 약 250명의 외국인이 살해되었다. 그러나 '55일 천하'에 불과했다. 일본, 영국, 미국, 프랑스, 독일, 러시아, 이탈리아, 오스트리아 등 8개국 연합군 1만 6,000여 명은 55일 만에 공사관 구역을 해방시켰다. 5,000명의 미군을 파견한 미국은 이제 중국의 분할을 저지할 수 있게 된 동시에 수지맞는 무역을 계속할 수 있게 되었다.

중국은 값비싼 대가를 치러야 했다. 사죄와 관련자들의 처벌, 4억 5,000만 량의 배상금 지불 등을 주요내용으로 하는 '의화단 의정서'가 이홍장과 연합군 정권대표들 사이에 체결되었다. 러시아는 의화단 사태의 와중에서 만주의 철도를 보호한다는 구실하에 18만 명의 병력으로 만주 전역을 사실상 점령해버렸다. 또한 이 사건을 계기로 중국 내 보수파세력이 몰락하고 혁신세력이 등장하였으며, 이런 사회적 분위기는 1911년 신해혁명으로 연결된다.

의화단사건은 조선에도 영향을 미쳐 국내 친중국·반기독교 세력은 도처에서 선교사와 기독교인을 해치려는 계획을 세웠다. 이를 염려한 고종은 자신이 의화단의 반(反)기독교 주장에 동조하지 않는다는 사실을 보여줄 수 있는 여러 가지 조치를 취했다. 고종은 그런 조치의 하나로 의화단과 싸우고 있는 서양연합군에게 보급품을 보내주었다. 알렌은 이를 두고 외국인들에 대한 "우호적인 감정을 증명하려는 거의 설명할 수 없는 욕망"을 보여주는 사례라고 말했다.

1900년 대선-윌리엄 매킨리 재선

앞서 살펴본 바와 같이, 1898년 12월 10일 파리평화조약에서 필리핀, 푸에르토리코의 할양 그리고 쿠바의 독립이 결정되었지만, 필리핀의 경우엔 좀 복잡했다. 미국은 필리핀에 대한 대가로 스페인에 2,000만 달러를 제공하기로 했는데, 미국 상원의 반대가 격렬했다.

조약의 비준에 대한 논의가 진행되는 동안 필리핀 획득에 반대하는 강력한 제국주의 반대운동이 전국적으로 일어났다. 제국주의 반대자들 가운데는 당시 미국에서 가장 부자인 앤드루 카네기, 작가 마크 트웨인, 노동운동 지도자 새뮤얼 곰퍼스, 상원의원 존 서먼 등이 있었다.

이들의 반대동기는 ① 제국주의는 부도덕하며 인간을 해방시키는 미국의 정신을 부인하는 것이다, ② 열등한 아시아인들을 미국에 포함시킴으로써 미국인을 오염시킬 것이다, ③ 싼 노동력의 유입으로 노동자들의 임금이 삭감될 것이다, ④ 제국주의가 필요로 하게 될 거대한 상비군과 해외 동맹체제에 미국이 얽매이게 될 것이다 등 다양했다. 설탕 재배업자들의 경우처럼 새로운 영토에서 나타날 바람직하지 않은 경쟁을 우려하는 목소리도 있었다.

1900년 대통령 후보 매킨리와 부통령 후보 루스벨트의 선거 포스터.

찬반양론이 대치한 가운데 윌리엄 제닝스 브라이언에 의해 결정이 나버리고 말았다. 브라이언은 그 문제를 상원에서 다루지 않고 그가 민주당 대통령 후보로 다시 지명되리라 기대했던 1900년에 국민투표로 합병문제를 결정짓기를 희망했다. 그는 열렬한 제국주의 반대자로서의 권위를 앞세워 1900년의 논쟁을 마련하기 위해 많은 민주당 제국주의 반대자들이 그 조약을 지지하도록 설득했다. 그리하여 1899년 2월 6일 상원은 마침내 그 조약을 비준했다.

그러나 이는 브라이언의 명백한 오판이었다. 1900년 선거는 필리핀 문제에 관한 국민투표는 아니었다. 공화당은 무엇보다도 증대되고 있는 미국의 번영 덕을 보고 있었다. 매킨리는 1896년보다 더 결정적인 승리를 거두었다.

마닐라전투에서 스페인 함대를 물리친 해군사령관 조지 듀이는 높은 인기를 누리면서 강력한 대선후보로 떠올랐다. 이와 관련, 베유(Weil 2003)는 "세기의 전환기에서 맹렬한 민족주의는 미국이 쿠바와 필리핀을 점령하도록 이끌면서 미국인들의 위대함에 대한 열망을 고조시켰다"며 다음과 같이 말한다.

"당시의 격화된 감정을 1899년 9월 29일과 30일에 몇백만 명의 뉴욕인들이 운집해 미 해군사령관 조지 듀이를 맞이하던 열광적인 모습보다 더 상징적으로 보여주는 것은 없을 것이다. 미국-스페인전쟁의 '마닐라의 영웅'인 조지 듀이는 유례없는 화려한 해군사열식을 마치고 시민들의 환호성 속에 덮개가 없는 자동차를 타고 브로드웨이를 거슬러 올라갔다. 그리고 나서는 시청으로 가서 108번가 언덕에 있는 그랜트 대통령의 무덤에서부터 매디슨스퀘어에 티투스 개선문을 본떠 만든 일명 '듀이의 아치'라 불리는 개선문을 지나 워싱턴스퀘어까지 늘어선 3만5000명의 군인들과 인파에게 사열을 받았다. 20세기를 맞는 그 시점에서 뉴욕은 새로운 미국 제국의 로마가 되기를 꿈꾸었다."

그러나 조지 듀이는 대통령 출마선언을 하면서 큰 실수를 저지르는 바람에 일을 망치고 말았다. 그는 기자들에게 "나는 자신의 능력이 충분치 않다고 우려했었습니다. 하지만 대통령 업무를 한번 살펴보니 나 자신의 평범한 능력으로도 그 일을 제대로 할 수 있다는 것을 알게 되었습니다. 대통령 일은 수행하기가 그다지 어렵지 않습니다"라고 말했는데, 이 실언으로 그의 대통령 꿈은 날아가고 말았다.

1900년 사회노동당(Social Labor Party)의 일부 세력과 연합해 사회당(Socialist Party of America)을 창당한 유진 데브스도 이해 대통령 선거에 출마해 10만 표 가까이 득표했다. 투표일 하루 전날 전국 신문들은 데브스가 민주당을 지지하고 후보를 사퇴했다는 허위기사를 유포시키기도 했다. 데브스는 이후 이 선거를 포함해 1916년을 제외하고 5번이나 대통령에 출마한다. 사회당의 전성기엔 10만 명에 달하는 당원들이 모이며, 사회당 조직이 가장 강력했던 오클라호마에서는 100명도 넘는 사회당원들이 관직에 선출된다.

'세계의 미국화'

매킨리는 뉴욕의 유능한 기업 변호사인 엘리후 루트(Elihu Root, 1845~1937)를 국방장관으로 임명해 군사력을 강화했다. 1900년과 1903년 사이에 루트는 새로운 군체제를 창안하고 정규군을 2만 5,000명에서 10만 명으로 증원함으로써 현대적 군사체제의 초석을 놓았다.

때는 바야흐로 해외팽창의 시대였다. 매킨리는 대통령에 당선되기 전 "우리는 국내시장에서 팔고 남은 잉여생산물을 판매할 해외시장이 필요하다"고 했다. 1899년 인디애나주 출신 상원의원 앨버트 비버리지는 "오늘날 우리는 우리가 소비하는 것보다 더 많은 것을 기르고 있다. 오늘날 우리는 우리가 사용할 수 있는 것보다 더 많은 것을 만들고 있다. 따라서 우리는 반드시 우리 생산품을 위한 새로운 시장, 우리 자본을 위한 새로운 사업, 그리고 우리 노동을 위한 새로운 일거리를 찾아야 한다"고 외쳤다. 미국 경제에서 해외무역 의존도는 급증했다. 미국의 수출은 1870년에 약 3억 9,200만 달러에 달했으나 1900년경에는 140억 달러에 이르렀다.

제국주의의 가장 유능하고 효과적인 전도사는 앨프리드 테이어 마한(Alfred Thayer Mahan, 1840~1914)이었다. 당시 해군대령이었으나 나중에 해군제독이 된 인물이다. 그는 1890년 『제해권이 역사에 끼친 영향(The Influence of Sea Power upon History)』에서 제해권을 가진 국가가 역사에서 가장 강력한 국가였다는 것을 역설했다. 그는 미국이 자신이 꿈꾸는 큰 역할을 할 만큼 거대한 해군을 보유하지 못한 것을 걱정하면서 해군력 증강을 외쳤다. 1898년경 미국은 해군력에서 세계 5위였고, 1900년경에는 3위가 되었다. 1900년 세계산업 생산에서 미국은 30퍼센트, 영국은 20퍼센트, 독일은 17퍼센트를 차지했으며, 이해에 미국 철도는 32만 킬로미터로 전 유럽의 철도망을 합한 것보다 더 길었다.

영국의 언론인 스테드(W. T. Stead, 1849~1912)는 1901년에 출간한 『세계의 미국화(The Americanization of the World)』에서 미국의 경제발전이 이미 다른 어느 나라보다도 높은 수준에 도달해 영국을 비롯한 모든 나라들이 미국의 상품과 문화를 받아들일 수밖에 없을 것이라고 주장했다. 그는 유럽의 지도자들이 미국이라는 무역내국의 '부당한' 처사에 맞서 결속해야 할 필요성을 우회적으로 역설했다.

미국에 맞선 결속이 가능한 일이었을까? 결속도 어렵지만 설사 결속한다 해도 미국을 당해내기 어렵다는 걸 절감하면서, 이로 인한 좌절감은 점차 노골적인 반미주의로 발전하게 된다. 즉, 유럽 국가들의 반미주의는 약소국가들의 반미주의와는 그 성격이 다르다는 것이다.

참고문헌 Brinkley 1998, Beatty 2002, Kennedy 1996, Mahan 1962, Nye 2002, Schlesinger 1973, Shenkman 2003, Weil 2003, Zinn & Stefoff 2008, 강성학 1999, 강준만 외 1999-2000, 김남균 2003, 김덕호 · 원용진 2008, 김봉중 2006, 김용구 2006, 류대영 2004, 유종선 1995, 이광린 1997, 이상익 1997, 정일성 2001, 최문형 2004

시어도어 루스벨트와 마크 트웨인
필리핀전쟁

필리핀의 비극

"1899년 2월 4일 토요일 저녁, 로버트 W. 그레이슨(Robert W. Grayson)이라는 미국 병사가 산후안 다리를 건너고 있던 어느 필리핀 군인을 쏴 숨지게 했다. 이 정당한 이유가 없는 발포로 필리핀 독립전쟁에 불이 붙었다. 그런데도 미국인들은 이 전쟁을 필리핀 '반란' 이라고 불렀다."

필리핀 교과서는 이와 같이 기록하고 있다. 스페인의 식민통치에 대항해 싸웠던 필리핀인들은 이제 미국을 상대로 에밀리오 아기날도(Emilio Aguinaldo, 1869~1964)의 지도하에 독립을 위한 게릴라전을 전개했다. 미국을 도와 스페인과 함께 싸울 땐 미국인들로부터 '필리핀의 조지 워싱턴' 이라는 찬사를 받았던 아기날도가 이제 미국의 원수가 된 것이다. 필리핀 주둔 미군 사령관인 아서 맥아더(Arthur MacArthur, 더글러스 맥아더의 아버지)는 1900년 초에 "나는 내키지는 않지만 필리

산후안 다리 전투에서 죽은 필리핀 병사들의 시체들이 참호에 널브러져 있다.

핀 민중이 아기날도와 그가 이끄는 정부에 대해 충성하고 있다고 믿지 않으면 안되었다" 고 썼다.

그래서 더 가혹한 대응이 필요했던 걸까. 포로로 잡힌 게릴라들은 전쟁포로가 아니라 살인자로 취급되어 즉결처형을 당했다. 어떤 섬들은 완전히 파괴되었고 주민들은 강제수용소에 수용되었다. 미군의 잔인성은 미군 장성들의 발언을 통해 입증되었다.

프레더릭 펀스턴(Frederick Funston) 장군은 필리핀 혁명군을 도와주었다고 의심받던 필리핀 민간인을 직접 교수형에 처했다는 사실을 서슴없이 밝혔다. 제이콥 스미스(Jacob Smith) 장군은 자신의 부대원들에게 "열 살 이상은 모두 죽이고 불태우며" 사마르섬을 "무시무시한 야만의 상태로 만들라"고 명령했다. 윌리엄 쉐프터(William Shafter) 장군은 필리핀 인구의 절반을 죽여야 나머지 절반에게 '완벽한 정의'를 구현할 수 있을지 모른다고 주장했다.

1901년 3월 아기날도가 생포되었고, 1901년 여름 미군은 윌리엄 하워드 태프트(William Howard Taft, 1857~1930)에게 필리핀 제도에 대한 지배권을 넘겨주었으며, 태프트는 최초의 민간인 총독이 되었다. 군정체제를 민정체제로 전환한 것은 미국 내의 반제국주의 여론을 무마하기 위한 목적도 있었다.

체포된 아기날도는 그의 동지들에게 전투를 중지하라는 문서에 서명하고 그 자신이 미국에 충성하겠다고 선언했지만, 그의 체포 후에도 전투는 1년 동안 계속되었고 1906년 말까지 간헐적으로 재개되곤 했다. 모든 전쟁이 다 부도덕하지만 필리핀전쟁은 가장 부도덕한 전쟁 중의 하나였다. 20만 명의 미군이 참전해 4만 3,000명이 사망했고, 필리핀 사망자는 5만 명 이상이었다. 미국 역사서들은 그렇게 기록하고 있지만, 필리핀 교과서의 기록은 좀 다르다.

"필리핀 인민들을 강제로 통치하기 위해, 미국은 7,000마일의 대양을 건너 12만 6,468명(이 중 4,234명이 목숨을 잃었다)을 동원했다. 또 6억 달러라는 큰돈을 썼으며, 기록된 것만 2,811번에 이르는 전투를 벌였다. 반면 필리핀 사람들은 독립을 지키기 위해 엄청난 피해를 감수해야 했다. 16만 명이 전사했고, 민간인 20만 명이 기근과 전염병으로 죽어갔으며, 수백만 페소에 이르는 재산이 파괴되었다. 비록 전쟁에는 패배했지만, 독립의 꿈을 포기하지는 않았다. 필리핀 사람들은 지혜와 열의를 다해 자유를 위한 선한 싸움을 계속했다."(Lindaman & Ward 2009).

필리핀의 미국인들은 필리핀을 새로운 프런티어로 여겼으며, 필리핀인들을 과거 북아메리카의 인디언처럼 다루었다. 필리핀은 군정통치(1898~1901), 민정 총독정치(1901~1934), 공화국체제(1934~1946)로 단계적 변신을 거듭한 끝에 1946년 7월 4일에서야 독립하게 된다.

매킨리 암살, 시어도어 루스벨트의 등장

1901년 9월 6일 버펄로에서 매킨리 대통령이 아나키스트를 자처한 레옹 촐고츠(Leon Czolgosz, 1873~1901)의 저격을 받고 8일 후인 9월 14일에 사망하는 사건이 벌어졌다. 미국을 방문한 크로폿킨이 미국을 떠난 지 4개월 뒤에 벌어진 일이었는데, 이내 촐고츠를 내세워 크로폿킨과 골드먼이 꾸민 아나키스트의 음모라는 소문이 떠돌았다. 1903년 미국 의회는 아나키스트의 입국을 금지하는 법을 통과시킨다.

일부 사람들은 매킨리의 죽음을 허스트의 탓으로 돌리면서 그가 쓴 악의적인 사설내용을 인용했다. 그 사설에서 허스트는 매킨리를 가리켜 '미국에서 가장 증오받고 있는 생물'이라고 주장했다. 또 다른 사설에서는 심지어 암살을 부추기기까지 했다. 그 사설에는 "형편없는 제도와 형편없는 사람을 죽여버림으로써 제거할 수 있다면, 반드시 그들을 죽여야 한다"는 구절이 포함돼 있었다.

광고주들 일부가 허스트의 신문을 떠났고, 전 뉴욕 시장 아브람 휴위트는 허스트의 신문에 대한 불매운동을 촉구했다. 뉴욕 시민들은 신문팔이 소년들에게서『뉴욕저널』신문뭉치를 빼앗아 불을 질렀다.

매킨리를 암살한 레옹 촐고츠의 수감 자료.

뉴욕과 다른 도시의 시위대들이 허스트의 인형을 교수대에 매달거나 불에 태우자, 허스트는 권총으로 무장을 했으며 한동안 자신에게 배달된 소포를 열어보지 않았다.

매킨리의 암살로 부통령이었던 시어도어 루스벨트가 42세의 나이에 미국 역사상 최연소 대통령이 되었다. 제26대 대통령이다. 1858년 뉴욕의 명문가에서 태어나 하버드에서 수학한 루스벨트는 24세 때 뉴욕주 하원의원으로 정계에 진출, 뉴욕 경찰국장, 해군부 차관보를 역임했다. 1898년 미국·스페인전쟁 발발 시에는 의용기병대 대장으로 참전, 산후안전투에서 혁혁한 공을 세워 전쟁영웅의 칭호를 받기도 했다. 그 여세를 몰아 수개월 후 뉴욕 주지사에 당선됐으며 1900년 선거에서 매킨리 공화당 후보의 러닝메이트로 출마해 부통령이 된 것이다. 루스벨트는 이미 공화당 내에서 다루기 힘든 인물로 정평이 나 있었다. 매킨리가 루스벨트를 러닝메이트로 선택한 걸 강력반대했던 마커스 해나는 "보라! 저 망할 카우보이가 미국의 대통령이라니!" 라고 외쳤다고 한다.

대통령이 된 루스벨트가 처음으로 한 일은 온건파 흑인지도자 부커 워싱턴을 백악관으로 초청한 것이었다. 그것은 남부가 결코 용서할 수도 잊을 수도 없는 행동이었다. 한바탕 소동이 벌어졌다. 특히 남부 신문들이 분통을 터뜨렸다. 한 신문은 이번 일이 "미국 시민이 저지른 일 중에서 가장 가증스럽고 무도한 행위" 라고 주장했다. 루스벨트는 자기를 비난하는 사람들은 모두 미친 사람들이라고 일축했지만, 이때 혼난 경험 때문인지 1906년 4월 러시아의 사회주의 작가 막심 고리키(Maxim Gorki)가 미국을 방문했을 땐 그의 면담을 거부했다.

"말은 부드럽게 하되 방망이를 갖고 다녀라.(speak softly and carry a big stick.) 그러면 성공할 것이다." 루스벨트는 옛 아프리카 속담이라는 이 말을 즐겨 썼으며, 그대로 실천에 옮겼다. 그는 놀라운 기억력을 지닌 왕성한 독서가로 언어구사에 탁월한 재능을 보였으며, 높은 목소리로 쉴 새 없이 떠들어대는 사람이었다. 그는 21세 때 첫 저서인 『1812년 해전(The naval War of 1812)』을 발간한 이래 역사, 자연, 여행, 정책 관련 책 등 38권을 펴내 미 대통령 중 가장 많은 저서를 남겼다.

루스벨트는 이른바 '혁신주의 시대(Progressive Era)' 를 이끈 혁신주의자였다. 혁신주의 시대는 루스벨트가 대통령으로 취임한 1901년 말부터 미국이 제1차 세계대전에 참전한 1917년 4월까지의 시기를 가리키는 것으로, 이 시기에 기업의 독점화와 도시화로 인한 제반문제에 대한 개혁운동이 왕성하게 일어났다. 루스벨트는 "연방정부는 어떤 특별한 세력의 대변자가 아니다. 바로 공익의 조정자가 돼야만 한다. 또한 대통령은 바로 이같은 조정자의 중심인물이 되어야 마땅하다"며 대기업 병폐의 치유에 대통령이 직접 개입할 것을 천명했다. 그의 정책핵심은 대기업들의 부당행위를 광범위하게 조사하고 그 결과를 국민들에게 공개할 수 있는 힘을 정부가 갖도록 하는 것으로, 우선 악명 높은 몇몇 기업의 통합을 해체시키는 데 주력했다.

루스벨트가 처음으로 방망이를 휘두른 사건은 1902년 5월 14만 명의 갱부들이 파업을 일으켰을 때였다. 그는 군대를 투입하겠다고 으름장을 놓았지만, 그의 방망이는 광산회사들을 향했다. 결국 광부들에게 유리한 결과가 나왔다. 또 그는 강화된 셔먼법을 이용해 '불량 트러스트들' 에게 방망이를 과시하는 등 여러 개혁조치를 취했다.

그 첫 대상은 철도에 대한 독점권을 행사하고 있던 북부 증권회사였다. 당시 미 최대의 금융가 J. P. 모건과 철도업자 제임스 제롬 힐(James Jerome Hill)이 공동으로 만든 막강한 파워를 가진 이 회사에 대해 손을 댄다는 것은 아무도 생각할 수 없었다. 그러나 루스벨트는 과감하게 법무부에 이 회사에 대한 셔먼 반(反)트러스트법 위반 여부 조사를 명령했다. 모건과 힐이 이에 강력히 반발했으나, 이미 '트러스트 파괴자(trust buster)' 라는 별명을 얻은 루스벨트는 한 발짝도 물러서지 않았으며 결국 2년 후 대법원의 판결로 해산명령이 내려지게 됐다. 그는 이를 계기로 본격적인 트러스트 해체에 나섰으며 반발하는 기업인들에게

"만일 대기업들이 정부가 불법이라고 간주한 무엇인가를 행해왔다면 나는 그것을 끝까지 척결해버릴 것이다", "부패정치인들과 마찬가지로 부패기업들에도 칼이 필요하다"는 등 강경입장을 고수했다.

시어도어 루스벨트의 두 얼굴

혁신주의는 더욱 강력하고 위대한 미국을 만들려는 계획이었다는 점에서 제국주의와 동전의 양면관계를 맺고 있다. 이 두 가지를 몸소 실천한 루스벨트는 외교문제에선 방망이를 더욱 세차게 휘둘렀다. 그 나름의 이데올로기가 있었다. 그는 1893년 미국 정부가 하와이를 합병하는 것을 주저하는 것을 "백인 문명화에 역행하는 범죄"라고 비난했으며, 해군사관학교 학생들에게 "모든 위대한 민족은 전투적 종족이었으며 …… 평화적 승리는 어떤 경우라도 전쟁을 통한 승리만큼 위대하지는 못하다"고 말했다. 이와 관련, 철학자 윌리엄 제임스는 루스벨트에 대해 다음과 같이 썼다.

"전쟁이 남자다운 격렬성을 수반한다는 이유로 전쟁을 인간사회의 이상적인 상태라고 과장하여 이야기하고 있으며, 평화는 황혼이 깃드는 곳에서 고매한 생활에는 무관심한 채 살아가는 약자들에게나 어울리는, 울음이 터질 듯 부어오른 비열한 상태로 보고 있다."

루스벨트의 그런 생각은 무엇에서 비롯된 것일까? 1888년부터 쓰기 시작해 1896년에 완성한 『서부의 정복(The Winning of the West)』에서 루스벨트는 서부로의 영토확장을 이데올로기적 체제대결의 관점에서 해석했다. 미국인의 서부진출은 총을 든 서부인의 진출과 자치주의 이식 → 연방정부의 외교적 개입과 연방군을 통한 질서회복 →

연방편입 등의 단계를 거쳐 이루어졌다는 것이다. 그가 연방제도의 탄생지를 서부로 본 것도 바로 이유 때문이다. 이런 원리를 전 세계에 적용하면 미국의 안전을 확실하게 담보할 수 있다는 논리, 즉 '세계연방'을 구성하기 위한 외연확장을 해야 한다는 게 루스벨트의 논지였다. 루스벨트는 1898년의 필리핀 취득에 대해선 다음과 같이 선언했다.

"필리핀인과 관련되어 성립되는 논거는 아파치족과 관련해서도 성립된다. 아기날도를 두고 할 수 있는 말은 모두 시팅 불에게도 적용될 수 있다. 인디언들의 땅으로 우리가 진출한 후 평화와 질서와 풍요로움이 따라온 것처럼 필리핀에서도 그것이 우리 뒤를 따라올 것이다."

대통령이 되기 전 친구에게 보낸 편지에서 "나는 그 어떤 전쟁도 환영할 생각이네. 이 나라에는 전쟁이 필요하기 때문이지"라고 말했던 루스벨트가 대통령이 되면서 미국은 거의 전쟁광의 경지에 이르렀다. 루스벨트는 "미국 정부가 야만적인 민족들과 전쟁을 한 것은 평화를 깨는 것이 아니라, 단지 인류 행복을 위하여 슬프지만 꼭 해야 할 국제의무를 이행하는 것이다"라고 주장했다.

미국은 그런 광기 어린 사명감을 갖고 다른 나라들이 자기 나름대로 살아가겠다는 걸 그냥 내버려두지 않았다. 미 국무성 자료인 「1798~1945년 사이의 미국의 군사력 사용 실태」에 따르면, 미국이 1798년과 1895년 사이에 다른 나라 문제에 간섭한 회수는 103회에 이르렀지만, 이제 간섭은 더욱 무력적인 성격을 띠게 된다. 미국은 1898년부터 1934년 사이에 쿠바를 4번, 니카라과를 5번, 온두라스를 7번, 도미니카공화국을 4번, 아이티를 2번, 과테말라를 1번, 파나마를 2번, 멕시코를 3번, 콜롬비아를 4번 침략한다.

비판적 역사가들은 이런 침략의 원조로 루스벨트를 꼽는 데에 주저하지 않는다. 진 · 마세도(Zinn & Macedo 2008)는 "1906년, 한 미군 부대가 필리핀 어느 마을에 라이플총으로 총격을 퍼부어 무장도 하지 않은 남자와 여자 그리고 어린아이 600여 명 모두를 몰살한 '모로 대학살' 이 벌어졌습니다" 라며 다음과 같이 말한다.

"시어도어 루스벨트 대통령은 그 학살에 참여한 군인들이 훌륭한 승리를 거두었다며 치하했습니다. 여러분은 제 마음속 영웅과 다른 사람의 영웅이 왜 다른지 의아해할지도 모르겠습니다. 시어도어 루스벨트는 사람들이 꼽은 '최고의 대통령' 명단 중에서 주로 상위를 차지하는 인물입니다. 그는 인종주의자이자 전쟁광에, 제국주의자였는데도 무슨 영문인지 늘 그 명단의 상위를 차지합니다. 필리핀 병합과 필리핀과의 전쟁에 반대했던 마크 트웨인은 당시 시어도어 루스벨트를 강력히 비판했습니다."

마크 트웨인의 활약

루스벨트의 반대편에 소설가 마크 트웨인이 있었다. 트웨인은 시어도어 루스벨트를 "남북전쟁 이후 미국에 내린 가장 강력한 재앙" 이라고 선언했다. "루스벨트는 정치세계의 톰 소여다. 항상 과시하고, 과시할 기회를 찾아다닌다. 그의 광적 상상력에서, 위대한 공화국은 거대한 바넘 서커스단이다. 그곳에서 자신은 광대 역할을 하고, 이 세상은 관객 역할을 한다."

앞서 지적했듯이, 트웨인은 1894년 파산 이후 비판적 지식인으로 전환했다. 그는 세계를 돌아다니는 강연여행을 하면서 4년 만인 1898년에 빚은 다 갚았지만, 이후 공세적 진보활동을 계속했다. 열렬한 민주당원이었던 그는 불성실한 정치가들을 공격하며 정치사회적 불평등을 고발했다. 트웨인은 독설적인 풍자의 대가였다. 예컨대, 다음 글을 보자. "자비로운 하나님은 우리가 이 나라에서 대단히 귀중한 세 가지 재산을 갖도록 허락했다. 언론의 자유와 양심의 자유, 그리고 이 자유들을 한 번도 활용하지 않는 총명함."

또한 트웨인이 20세기가 시작될 무렵 『뉴욕헤럴드』에 기고한 글에 따르면, "정숙한 부인과 같은 기독교 국가가 키아오쿠(Kiao-Chou), 만주, 남아프리카, 필리핀에서의 해적과 같은 약탈행위로 인하여 온몸을 더럽히고 인격을 손상시키고 명예를 훼손시키고 있다. 그 정신은 비열함으로, 그 주머니는 더러운 돈으로, 그 입은 위선으로 가득 차 있다."

트웨인은 『린치의 나라 미국(The United States of Lyncherdom)』(1923)이라는 소책자에선 벨기에의 국왕 레오폴트 2세(Leopold II, 1835~1909)가 콩고를 착취하는 데에 모건, 록펠러 등 미국 재벌들이 참여하는 것을 비난했다. 당시 콩고에선 한 지역의 주민들이 정해진 양의 고무나 지하자원을 공급하지 않을 경우 그들의 손을 자르거나 마을에 불을 지르고 주민들을 고문하고 살해하는 악행이 일상적으로 저질러지고 있었다. 이에 격분한 트웨인은 미국 경제제국주의자들의 음모를 폭로하고 미국 국기를 바꿀 것을 제안했다. "우리는 국기를 꺼내서 하얀 줄무늬를 검게 덧칠하고 별 대신에 해골과 십자형태의 뼈를 그려넣어야 할 것이다."

트웨인은 1905년 「전쟁을 위한 기도(The War Prayer)」라는 글을 썼지만 게재를 거부당했으며, 이 글은 1922년에서야 출간될 수 있었다. 트웨인이 쓴 반제국주의적인 내용의 에세이들은 1992년에서야 처음으로 책으로 묶여 출판됐다. 트웨인은 필리핀전쟁에서 느낀 역겨움을 다음과 같이 표현했다. "우리는 수천 명의 섬사람들(필리핀인들)을 진압한 후 땅에 파묻었다. 그들의 논밭을 망가뜨렸으며, 마을에 불을 질렀고, 과부와 고아들을 집 밖으로 내쫓았다.……그리하여 주의 뜻에 의해 우리는 세계적인 강대국이 된 것이다(정부가 한 말일 뿐 내가 한 말이 아니다)."

미국인들은 트웨인의 이런 반전활동을 어떻게 볼까? 그때야 팽창주의에 넋이 나가 트웨인을 욕했더라도 오늘날엔 긍정적으로 보지 않을까? 아무래도 아닌 것 같다. 유재현(2009)이 트웨인의 고향인 미주리주 한니발(Hannibal)에 있는 '마크 트웨인 박물관'을 방문한 이야기가 흥미롭다. "가장 기괴하게 느낀 것은 전시장의 벽 하나를 통째로 차지한 마크 트웨인의 연표가 19세기의 마지막에서 종지부를 찍고 있는 것이었다."

트웨인은 1910년에 죽었는데, 왜 그런 일이 벌어진 걸까? 아무래도 트웨인의 반전활동이 그 이유인 것 같다. 이는 미국의 무용사 책들이 이사도라 덩컨(Isadora Duncan, 1877~1927)을 다루면서도 그녀가 사회주의 러시아에 귀화한 1921년 이후의 활동은 빼놓는 것과 같다. 덩컨은 프랑스의 니스에서 목에 두른 스카프가 자동차 바퀴에 감기는 바람에 목이 졸리고 목뼈가 부러져 숨진 것으로도 유명하다.

트웨인의 공적 삶을 전기와 후기로 나눌 수 있다면, 전기는 전원주의에 충실했던 반면 후기는 반(反)제국주의에 충실했다. 이 후기의 삶을 놓고 보자면, 트웨인은 루스벨트의 반대편 극점에 서 있는 인물이다. 루스벨트는 미국의 국가주의 영광을 대변하고 구현한 인물인 반면, 트웨인은 미국의 양심을 바늘로 콕콕 찔러대는 역할을 자임했기 때문이다. 그래서 미국에서 20세기의 트웨인은 외면되고, 루스벨트의 어두운 면은 가려진다. 이를 '실용주의 역사'라고 해야 할까?

참고문헌 Andreas 2003, Avrich 2004, Brian 2002, Brinkley 1998, Carpenter 1990, Chomsky 2000, Davis 2004, Desbiens 2007, Dole 2007, Filler 1976a, Foster 2008, Johnson 2004, Korth 2009, Lindaman & Ward 2009, McCraw 1981, Phillips 2004, Rosenberg 2003, Sardar & Davies 2003, Zinn 1986, Zinn & Macedo 2008, Zinn & Stefoff 2008, 권오신 2000, 나윤도 1997-1998, 박진빈 2006, 손세호 2007, 양홍석 2008, 유재현 2009, 최정수 2004, 최진섭 2000, 한겨레신문 문화부 1995, 홍윤서 2003

『부의 복음』
앤드루 카네기의 두 얼굴

카네기와 모건의 협상

1900년 카네기 철강회사의 연간 생산량은 300만 톤으로 미국 전체 철강생산량의 3분의 1을 차지했다. 이는 영국의 전체 강철생산량보다 많은 것이었다. 1901년 2월 25일 뉴욕의 한 호텔에서 철강왕 앤드루 카네기와 금융왕 J. P. 모건이 마주 앉아 협상을 벌였다. 15분 만에 끝난 협상의 결과 모건이 카네기에게 4억 9,200만 달러를 지불하고(당시 일본의 1년 예산이 1억 3,000만 달러) 카네기의 철강회사를 사들였다. 이어 모건은 카네기로부터 사들인 철강회사에 몇몇 철강회사를 더 합병해 세계 최초의 10억 달러대 회사인 미국 강철회사(United States Steel Corporation)를 설립했다. 당시 미국 국내 총생산은 200억 달러를 갓 넘었는데, 미국 철강회사의 시장가치는 14억 달러였다.

당시 미국엔 거대한 부는 모든 사람에게 유용한 것이라는 생각이 풍미하고 있었다. 이런 생각의 대변인은 허레이쇼 앨저(Horatio Alger,

1832~1899)였다. 그는 본래 매사추세츠주 작은 마을의 목사였으나 성적 추문으로 인해 교단에서 추방당한 뒤 뉴욕으로 이주해 『가난한 딕(Ragged Dick)』, 『구두닦이 톰(Tom the Bootblack)』, 『빠져죽을 것이냐 수영할 것이냐(Sink or Swim)』 등 유명한 소설들을 써 성공했다. 그의 130권이나 되는 소설은 2,000만 부 이상 판매되었다. 소설들의 제목과 주인공은 달랐지만 이야기 전개와 메시지는 판에 박은 듯이 같았다. 작은 마을 가난한 소년이 행운을 잡기 위해 대도시로 가서 노력, 인내, 운으로 부자가 된다는 내용이었다.

현실과는 너무도 동떨어진 이야기였지만, 미국인들은 앨저의 소설에 열광했다. 이는 통나무집에서 자란 가난한 아이가 대통령이 된다는 전통(a log-cabin-to-White-House tradition)과 더불어 늘 미국인들을 매료시키는 신화였다.

당시 현실은 어떠했던가? 최소한 170만 명에 달하는 16세 이하의 어린이들이 공장과 농장에 고용돼 있었는데, 이는 30년 전에 비해 2배 이상 되는 숫자였다. 10~15세 여자아이들 중 10퍼센트, 남자아이들 중 20퍼센트가 일을 하고 있었다. '돌 깨는 소년들(breaker boys)'의 경우 석탄더미에서 돌조각을 골라내는 일을 했는데, 석탄 먼지가 자욱해 소년들을 서로 알아보기가 어려울 정도였다. 39개주에서 아동노동법을 통과시켰지만, 최소 고용연령을 12세로 정하고 일일 최대 노동시간을 10시간으로 정한 것뿐이었다. 이마저 지켜지지 않은 데다 아동노동자의 60퍼센트가 이 법의 효력이 미치지 않은 농업에 고용돼 있었다.

침례교 목사였던 러셀 콘웰(Russell Conwell, 1843~1925)은 '다이아몬

20세기 초의 돌 깨는 소년들. 석탄더미에서 돌을 골라내는 일을 했다.

드가 가득 묻힌 땅(Acres of Diamonds)' 이라는 똑같은 강연을 1880년에서 1900년 사이에 6,000번 이상 행함으로써 '부자 되기 운동' 의 또 다른 대변인 노릇을 했다. 그는 "누구나 부자가 되어야 하며, 사람은 가난할 권리가 없으며" "돈을 버는 데 시간을 쏟아야 할 것" 이라고 역설했다. 또 그는 미국의 대다수 백만장자들이 경제적 사다리의 제일 아랫단에서 시작해 성공의 길로 나아갔다고 주장했다.

그렇지만 콘웰의 주장은 사실과 달랐다. 20세기 초 상위 200명의 기업가들 중 95퍼센트가 중산층 또는 상류층 출신이었으며, 가난뱅이에서 부자가 된 사례로는 카네기 단 한 명뿐이었다. 그런 이유 때문이었을까. 노조를 모질게 탄압했던 카네기는 모건과의 협상 직후 사업에서 은퇴해 자신의 재산을 사회사업에 쓰기 시작했다. 그는 공공도서관 건립을 지원하는 재단으로 1902년 카네기협회를 설립했는데, 이는 이후 나타나는 록펠러재단(1913년), 포드재단(1936년)의 효시인 셈이다.

시대상황이 낳은 부자들

인류 역사상 가장 부유한 75인의 명단엔 19세기 중반에 태어난 미국인이 14명이나 포함돼 있다. 우리도 이름을 잘 아는 존 D. 록펠러(1839년생), 앤드루 카네기(1835년생), J. P. 모건(1837년생) 등 14명은 모두 1830년대에 출생했다. 왜 그럴까?

글래드웰(Gladwell 2009)에 따르면, 1860년대와 1870년대에 미국 경제가 역사상 가장 큰 변화를 겪었다는 사실에 주목할 필요가 있다. 그 시기에 철도가 건설되기 시작했고 월스트리트가 태어났으며, 전통적 경제를 지배하던 규칙이 무너지고 새로운 규칙이 만들어졌다. 만약 누군가가 1840년대 후반에 태어났다면 그는 이 시기의 이점을 누리기엔 너무 어리고, 반대로 1820년대에 태어났다면 너무 나이가 많다.

당시의 부패상황도 중요한 의미를 가진다. 찰스 라이트 밀스(Charles Wright Mills 1979)가 1956년에 출간한 『파워 엘리트(The Power Elite)』에 따르면, "카네기의 행운을 설명하는 데는 그의 어머니가 매우 현실적인 인물이었다는 사실보다도 그의 청년기에 있어서 사회의 전반적인 경제상황이 유리했다는 사실이 한층 더 중요하다. 코모도어 반더빌트(Commodore Vanderbilt, 1794~1877)가 아무리 '냉혹한' 인간이었다 하더라도 만약 그 당시의 정치가 전혀 부패하지 않았더라면 그처럼 전 미국의 철도를 지배하고 다스리는 일은 거의 불가능했을 것이다. 또

서면법이 거대한 회사의 법률적인 보복을 쳐부술 정도로 엄격하게 적용되었더라면 미국의 대부호들은 과연 그러한 존재로 남아날 수 있었을까?"

"부자인 채로 죽는 것은 정말 부끄러운 일이다"

카네기는 1901년 『부의 복음(The Gospel of Wealth)』에서 부유한 사람은 자신이 필요로 하는 것 이상의 모든 수입을 공동체의 선을 위해 쓰여야 할 '신탁자금'으로 간주해야 한다고 주장했다. 개인적 부는 공공의 축복이라는 생각이다. 그는 "부자인 채로 죽는 것은 정말 부끄러운 일이다"라느니 "통장에 많은 돈을 남기고 죽는 것처럼 치욕적인 인생은 없다"라느니 하는 명언을 남겼다.

카네기는 1919년 8월 11일 세상을 떠나기까지 18년간 자선사업에 몰두했다. 뉴욕에 900만 달러를 기부해 공공도서관을 세운 것을 시작으로 전 세계에 2,509개의 도서관을 지었다. 또 미국의 과학발전을 위해 카네기 멜론대학의 전신인 카네기 과학연구원과 기술원을 설립한다. 시카고대학 등 12개 종합대학과 12개 단과대학을 지어 사회에 기증했으며 각종 문화예술 분야에 거액을 쾌척했다. 자신이 평생 모은 재산 90퍼센트가량에 이르는 3억 500만 달러를 사회에 환원한 것이다. 그는 "많은 유산은 의타심과 나약함을 유발하고, 비창조적인 삶을 살게 한다"는 이유에서 부의 대물림을 혐오했다. 이와 관련, 서의동(2009)은 다음과 같이 말한다.

"카네기의 자선활동은 '천민자본주의'의 본산격이던 20세기 초 미국 사회를 성숙시키는 데 일조했다. 미국에서 5만 6,000여 개의 자선

재단이 활동하고, 빌 게이츠 등 기업가들이 재산의 대부분을 자선활동에 쓰는 등 '기부자본주의'가 미국에서 꽃피게 되는데 카네기의 영향은 지대했다. 카네기의 가르침이 가장 필요한 이들은 부의 대물림을 위해 불법도 서슴지 않는 한국의 재벌들일 것 같다."

한국의 경우 아직 기업과 부자의 역사가 짧아서일까? 아니면 지독한 혈연주의 때문일까? 그것도 아니면 제국주의 역사가 없어서일까? 그 무엇 때문이건 '기부자본주의'가 꼭 좋기만 한 것이냐고 의문을 제기해야 할 상황에서 그것조차 없는 한국의 자본주의를 흉봐야 한다는 건 가슴 아픈 일이 아닐 수 없겠다.

참고문헌 Allen 2008, Brinkley 1998, Carnegie 1962, Desbiens 2007, Gelfert 2003, Gladwell 2009, Kennedy 1996, MacDougall 1952, Means 2002, Mills 1979, Phillips 2004, Shenkman 2003, 서의동 2009, 조선일보 문화부 1999

제5장

조선의 비극

'지상낙원을 찾아서'
한국인의 하와이 노동이민

'솔나무' 밑에서 죽어간 사람들

조선의 1901년은 심한 가뭄으로 흉년이었다. 몇 년째 계속된 흉년의 타격이 1902년 절정에 이르렀으니, 민중의 삶이 순탄했을 리 만무하다. 굶어죽는 사람들이 속출했다. 고위공직자들이 이런 고통을 자신의 고통으로 알면서 사람들을 살리기 위해 최선을 다하는 모습을 보였더라면 좋았으련만 사정은 그렇지 못했던 것 같다.

윤치호는 자신의 1902년 5월 1일자 일기에서 "경기도와 충청도의 여러 곳에서는 사람들이 죽었거나 할 수 없이 떠나버렸기 때문에 촌락들이 통째로 비어버리기도 했다. 많은 사람들이 솔나무 밑에서 죽은 것을 흔히 볼 수 있다고 하는데, 이들은 솔나무를 깎아 연명하다가 죽어버린 것이다"며 다음과 같이 말했다.

"그런데 이런 상황에서 대황제폐하와 정부는 무엇을 하고 있는가. 그들은 관직을 사고팔고 정부부처를 새로 만들고, 이미 있던 부처들을 확장하고 거액의 돈을 들여 어리석은 예식(禮式)을 거행하고 잔치를 베풀곤 하고 있다. 정부가 발간하는 관보(官報)를 보면 매달 무슨 예식이 있었다고 하고, 새로 임명된 감찰사들과 주사(主事)들의 이름이 실려 있고, 왕릉 청지기들의 이름이 적혀 나온다. 지난 3~4년 동안 새로 임명된 왕릉 청지기들의 숫자를 합하면 모름지기 왕릉에 서 있는 나무들의 숫자보다 많을 것이다. 청지기 자리를 사고파는 값은 1,500냥에서 4,000냥이다. 선왕(先王)의 유골이 대황제폐하에게 이처럼 끊임없이 수입을 가져다주고 있으니 폐하께서는 선왕들에게 감지덕지(感之德之)하실 것이다."

과장된 주장일까? 그런 것 같지는 않다. 이승만이 옥중에서 쓴 것으로 보이는 『제국신문』 1902년 10월 24일자 논설은 "이 천지에는 이 나라를 위하여 애쓸 사람도 없고 일할 사람도 없는즉……홀로 쓸데없는 빈말이라도 주야에 애쓰는 놈이 도리어 어리석고 미련한 물건이로다"고 개탄했다. 나라 밖을 떠나면 죽는 걸로 알 정도로 고국산천에 대한 집착이 강한 한국인들이 1902년 12월 100여 명이나 하와이 이민을 간 건 바로 이런 상황에서였다.

102명 1902년 12월 22일 인천항 출발

앞서 보았듯이, 하와이가 미국 영토로 공식 편입된 건 1898년이었지만, 이미 수십 년 전부터 미국의 영향권하에 놓여 있었다. 하와이에서는 1850년대부터 사탕수수와 파인애플 플랜테이션이 본격화하면서 외국인 노동력이 필요하게 되었다. 1876년부터 중국인 이민자가 유입되었는데, 이들의 수가 5,000명(미국 전체로는 12만 5,000명)에 육박하면

초기의 하와이 사탕수수 파인애플 농장 노동자들은 폭염과 고된 환경 속에서 하루 10시간 중노동을 해야 했다.

서 이들 중 일부가 농장을 떠나 상거래 등에 종사하자 위협을 느낀 미 의회는 1882년 '중국인배척법' 을 만들어 중국으로부터의 노동이민을 금지했다.

농장주들은 1885년부터 일본인 노동자를 불러들였다. 1880년대와 1890년대에 많은 일본인들이 하와이와 캘리포니아에 도착했는데, 1900년 하와이에만 6만 명, 캘리포니아에 2만 5,000명의 일본인이 거주했다. 하와이 노동시장의 70퍼센트를 차지하게 된 일본인들이 노동조건을 걸고 파업을 일으키는 등 세력화하자 농장주들이 일본인을 견제하면서 임금을 낮추기 위한 대안으로 생각한 것이 한국인이었다.

하와이 사탕수수 농장주협회는 1902년에 찰스 비숍(Charles Bishop)을 대표로 서울에 파견했다. 비숍은 주한 미국 공사 호러스 알렌을 중간에 세웠다. 알렌은 고종황제에게 "백성들을 하와이로 보내서 척식사업과 신문화를 도입하도록 함이 현책"이라고 건의해 허락을 받았다.

비숍은 조선 정부와 이민조약을 체결했다. 조선 정부는 우리나라 최초의 이민 담당부서인 수민원(綏民院, 총재 민영환)을 만들어 도왔지만, 지원자가 없었다. 수민원은 '백성을 편안케 한다'는 뜻이었지만, 그 누구도 하와이로 가는 걸 편안한 길로는 보지 않았다. 이런 상황에서 미감리회 선교사 존스(George Heber Jones, 1867~1919)가 인천, 강화 연안, 해주지역 등을 순방하며 적극 홍보에 나섬으로써 교인들이 지원하기 시작했다.

존스는 "대한 사람이 인간의 천국인 미국에 이민하게 되는 것은 하나님의 뜻이요 하나님의 은혜"라고 주장했다. 이 주장 덕분이었는지 전체 지원자의 반 이상이 개신교인이었다. 이후에도 여러 선교사들이 각 개항장을 중심으로 사람들을 모집하러 다녔다.

이에 따라 최초의 한인 노동이민단 121명을 실은 일본 기선 현해환(玄海丸)이 1902년 12월 22일 인천항을 떠났다. 일본 고베(神戶)에서 신체검사에 합격한 102명(남자 54명, 그들의 부인 21명과 자식 25명 그리고 통역 2명)이 다시 갤릭(Gaelic)호를 타고 1903년 1월 12일 하와이 호놀룰루에 도착했다. 여기서 또다시 안질(眼疾)로 불합격한 8명과 그 가족 총 16명이 송환당하고 결국 남자 48명, 여자 16명, 어린이 22명 등 86명이 상륙허가를 받았다.

노예와 다를 바 없는 생활

하와이 사탕수수 농장주협회와 알렌의 의뢰를 받은 미국인 사업가 데이비드 W. 데슐러(David W. Deshler)는 1902년 12월 30일 오아후섬 와일루아 농장주인 스미스에게 다음과 같은 당부편지를 남겼다.

"한국인들은 항해가 불편하고 마음이 불안할 텐데도 잘 견디고 있습니다. 저는 그들이 사물을 받아들이는 방식에 놀랄 따름입니다. 한국 하층계급의 극단적 보수성을 아신다면 이번 여행이 그들에게 어떤 의미인지 짐작할 것입니다. 이제 그들이 새로운 환경에 잘 적응하도록 만드는 것은 당신들의 몫입니다. 살반 다룬다면 훌륭하고 잘 운용할 수 있는 노동력이 될 것입니다. 친절함과 인내가 필요합니다. 한국인들은 어린애 같으니까 그렇게 다뤄야 합니다."

한국인들이 어린애 같다고? 조선에서 이뤄진 이민 모집광고는 과장의 극치였는데 그건 무엇 같다고 말해야 할까? 광고는 하와이에는 추운 겨울이 없고 언제나 화창한 날씨이며 1년 내내 일할 수 있어서 돈도 많이 벌 수 있는 지상낙원(Paradise)이라고 선전했다. 1년 내내 일하다 못해 혹사당하는 건 사실이었지만 '지상낙원'과는 거리가 멀어도 한참 멀었다. 한윤정(2001)은 "하와이에 도착한 한인들은 고달픈 삶과 악역을 떠맡았다"며 다음과 같이 말한다.

"이들은 일요일을 제외한 매일 새벽 6시부터 오후 4시30분까지 점심시간 30분을 빼고 10시간씩 노동해야 했으며 하루 품삯은 50~80센트에 그쳤다. 이 돈은 근근이 생활을 유지할 정도였다. 고된 노동 뒤에는 사병막사처럼 생긴 판잣집에서 담요 한 장으로 잠을 청했다. 더욱 고약한 것은 소수민족으로서 당하는 불이익과 백인 관리자들의 인종적 편견, 일본인들과의 잦은 갈등이었다. 특히 일본인과는 모국의 식민지배로 민족감정이 심하게 대립한 데다 농장관리자들이 고의적으로 일본 노동자들의 파업현장에 한인을 투입, 진압하는 등 악용함에 따라 점점 사이가 나빠졌다."

원준상(1997)은 "우리 이민은 하와이 도착 후 오아후, 마우이 등 여러 섬에 있는 사탕농장에 배치되었으나 애초의 모집광고와는 달리 작업환경이 너무 가혹해서 실망과 불안을 금할 수 없었다"며 다음과 같이 말한다.

"화씨 100도나 되는 무더운 태양 아래서 허리를 구부리며 호미와 괭이로 온종일 작업했고 또 억센 수숫대를 칼로 잘라야 했다. 허리가 아파 잠시 서서 허리를 펴면, 루나(Luna)라고 하는 말 탄 기마감독이 뒤에서 가죽 채찍으로 내려치곤 했다. 수숫대는 사람 키의 2배인 3~4미터로 억세게 자라서 통풍도 잘 되지 않고 작업 중에는 작업자끼리 서로 얘기도 못하게 했다. 작업복 가슴에는 죄수와 같이 번호판을 달게 하고 이름 대신 번호만으로 불리는 천대를 받았으니 쇠사슬만 달지 않았지 노예와 다를 바가 없었다고 한다."

이런 현실이 국내에도 알려져 『제국신문』 1903년 5월 12일자 사설은 하와이 이민이 노예이민이라며 그 중지를 주장하기도 했지만, 그럼에도 하와이 이민은 계속되었다. 1902년부터 대한제국이 노동이민 금지령을 내린 1905년 7월초까지 2년 반 사이에 남자 성인 6,048명, 여자 성인 637명, 어린이 541명 등 총 7,226명이 65개의 선편으로 호놀룰루에 도착했다. 이들 이주자들은 상인이나 농민, 노동자들뿐만 아니라 선비, 정부관리, 군인, 경찰, 목사, 통역, 교사, 승려, 광부, 머슴 등

신분과 직업이 다양했다.

1905년 4월엔 일본인이 한국에 세운 대륙식민회사의 속임수에 말려들어 1,031명의 한인이 노동계약 이민으로 멕시코 유카탄반도에 도착했다. 한국과 멕시코 사이에 외교관계가 수립돼 있지 않았기 때문에 이들은 법적 보호를 받지 못한 채 반노예생활을 해야 했다. 매를 견디다 못해 자살하는 사람들마저 나타났다. 탈출자들의 반은 굶주림으로 죽었다. 멕시코 이주노동자 가운데 400명 정도는 이런 식으로 죽어갔다. 이들 중 200명이 쿠바로 이주해 정착했다.

대한제국이 노동이민 금지령을 내린 공식적인 사유는 1905년 영국인과 일본인이 불법시행한 한인들의 멕시코 이민이 현지에서 노예와 같은 생활을 강요하는 등 국민들의 보호가 필요하다는 것이었지만, 진짜 이유는 일본 정부가 자국민 보호를 위해 개입했기 때문이었다.

하와이 이주민들이 겪게 된 또 하나의 문제는 성비(性比)의 불균형이었다. 남녀가 거의 10대 1의 비율이었으니, 결혼문제가 심각했다. 그래서 나중에 나오게 된 것이 이른바 '사진결혼'이다. 당시 상황에서 직접 본국에 가서 선을 볼 처지는 못 되었으므로 사진만 보내 신부를 하와이로 불러들이는 방식이었다. 1910년 12월 2일 '사진신부(picture bride)' 1호인 최사라(당시 23세)가 호놀룰루에 도착해 하와이 국민회 총회장이던 노총각 이내수(당시 38세)와 결혼한 것을 시작으로 1,056명의 처녀가 남편을 찾아서 하와이로 가게 된다.

샌프란시스코로의 이주

하와이 한인들은 처음에 10명 이상의 동포가 사는 곳에 동회(洞會)를 조직하고 동장(洞長)과 감찰(監察)을 뽑아 질서와 친목을 도모해오다가 1903년 8월에는 정치적 활동을 목적으로 호놀룰루에서 신민회(新民會, New People' s Association)를 조직했다. 홍승하, 박윤섭, 안정수 등 감리교도들과 함께 신민회를 주동적으로 발기한 사람은 윤병구였다. 그러나 신민회는 지방지회 설립과정에서 내분이 일어나 1904년 4월에 해체되고 말았으며, 한인들은 '신민회' 를 시작으로 5년 사이에 23개의 단체를 만들어 활동했다. 1907년에는 이 단체들을 통합해 '협성협회' 를 만들었고 47개 지부를 두어 한인들의 권익향상을 도모했다.

하와이에 도착한 초기 이민자 중 약 1,000명은 얼마간의 돈을 벌어 한국으로 되돌아왔고 약 2,000명은 1910년까지 캘리포니아로 재이주했다. 하와이 이민자들 사이에 샌프란시스코로 건너가기만 하면 채찍 맞는 학대에서도 벗어나고 두세 배의 돈벌이를 할 수 있다는 이야기가 퍼지면서 샌프란시스코가 꿈의 대상이 되었다. 그러나 샌프란시스코로 가는 건 결코 쉬운 일이 아니었다. 독한 마음을 먹고 돈을 모은 사람들만이 누릴 수 있는 행운이었다.

유학을 목적으로 1903년에 샌프란시스코에 왔던 안창호는 인삼행상을 하는 동포 두 사람이 길에서 서로 상투를 잡고 싸우는 것을 미국 사람들이 재미있게 구경하는 것을 보고 학업을 포기하고 동포계몽에 나서기로 결심했다고 한다. 안창호는 1903년 9월 샌프란시스코에 한인 '친목회' 를 조직했다. 그는 1905년 4월 한국인 자치단체로서 세계 열국과 공립(共立)하자는 의미로 공립협회를 창립하였다.

남캘리포니아에서는 1905년에 '대동교육회' 가 조직되어 교육진흥 사업을 폈고, 대동교육회는 1907년 정치활동을 추가해 대동보국회로 확대개편되었다. 1910년 하와이의 협성협회와 샌프란시스코의 공립협회가 통합해서 대한인국민회를 결성했으며, 대동보국회도 이후에 국민회로 흡수되었다. 이민자들의 중심활동지는 교회였다. 1903년 호놀룰루, 1904년 로스앤젤레스, 1905년 샌프란시스코에 각각 한인교회가 세워졌다.

해외 교포신문 발간

1902년 12월부터 하와이 등 미주로의 노동이민이 시작되면서 국외에서도 신문이 발행되었는데, 최초로 발간된 신문은 1904년 3월 27일자로 하와이에서 창간된 『신죠신문』이었다. 이 신문은 격주간 등사판으로 1905년 4월까지 발행되었다. 이후 주로 호놀룰루에서 교포계몽 수준으로 『한인시사』, 『친목회보』, 『시사신보』 등이 격주간 혹은 월간으로 창간되었으나 모두 단명했다. 미주 본토에서는 1905년 11월 22일자로 공립협회의 기관지 『공립신보』가 창간되었으며, 이는 1909년 2월 『신한민보』로 개제되어 오늘날까지 발간되고 있다. 이어 상항(桑港, 샌프란시스코) 감리교회에서 『한인연합회보』와 『대도(大道)』를, 대동보국회에서 『대동공보』 등을 발간했다.

『신한민보』의 제호.

1906년 4월 18일 샌프란시스코를 강타한 대지진은 이주한인들에 대한 동포애를 발휘하게 만들었다. 나중에 확인된 바로는 지진으로 인해 죽은 한인은 한 명도 없었지만, 그걸 알기 전까지는 '최악의 시나리오' 를 가정한 걱정의 목소리가 빗발쳤다. 한 신문독자는 "우리 한국인이 하늘이 무슨 죄를 지었단 말인가?" 라고 개탄하기도 했다. 『대한매일신보』의 호소에 따라 동포를 돕기 위한 위로금이 쇄도하기도 했다.

해외교포의 수가 점점 늘면서 국내에선 이를 민족주의 · 국가주의적 관점에서 보는 시각이 나타나기 시작했다. 1906년 이후 해외동포에 대한 기사에는 국혼(國魂), 국수(國粹), 민족 등의 개념어가 많이 나타났다. 『공립신보』 기사를 재수록한 『대한매일신보』 1907년 5월 7일자는 해외이민은 한국이 세계적 질서로 통합되는 과정의 일부이며, 국가의 진정한 시작을 나타내는 지표라고 보았다.

2002년에 발견된 '이민자 모집광고지'

하와이 노동이민자 유치를 위해 1903년 한국에서 발행됐던 '하와이 이민자 모집광고지' 의 원본이 2002년 10월 미국 로스앤젤레스에서 발굴됐다. '고시' 라는 제목으로 17×11센티미터 크기의 전단 앞뒤에 한글과 영어로 각각 인쇄된 이 광고지는 "하와이는 기후가 온화해 극심한 더위와 추위가 없고 무료교육을 받을 수 있으며 일 년 어떤 절기든지 직업을 얻기가 용이하다" 고 소개했다. 광고지는 또 "농장노동자의 월급이 미화 15달러, 한국 돈으로 57원가량", "의식주와 의료 경비를 고용주가 지원" 이라고 밝히며 이민자를 유치하고 있다. 이 광고지는 데슐러가 이민알선업체 '동서개발회사' 를 통해 제작, 서울, 평양, 원산, 부산 등지에 배포한 것으로 밝혀졌다.

하와이 사탕수수 농장주협회가 세운 동서개발회사는 모집된 노동자들에게 지참금과 여비를 선불하고 이들이 하와이에 도착한 후 1년 내지 3년 사이에 갚도록 했다. 이 때문에 노동자들은 박한 임금을 받으면서 이 돈을 갚느라 고생했고 한국에 돌아가고 싶어도 여비를 마련치 못해 돌아갈 수 없었다.

하와이 공식이민은 1902년부터 시작되었지만, 비공식적으로 한인의 하와이 진출은 하와이가 미국 영토로 공식 편입된 1898년경부터 이루어졌다. 하와이 이민국은 1900년과 1902년 사이에 16명의 한인 남자(인삼장수)가 호놀룰루에 도착했다고 기록하고 있으며, 중국을 통해 중국인을 가장해 들어간 한인들도 있었다. 또 '미국 이민 100주년 기념사업회'는 1902년 하와이행 이민선 1호가 인천항을 떠나기 15년 전인 1887년 미국 덴버로 떠난 한국인 광부들의 흔적을 발견하기도 했다.

조국을 떠난 조선인들에겐 그 어디에도 '지상낙원'은 없었다. 국내에선 외세에 휘둘리고, 국외에선 피부 색깔 때문에 차별을 받아야 하는 슬픈 디아스포라였다.

참고문헌 Patterson 2002 · 2003, Schumid 2007, 강재언 1995, 김종하 2002, 박원식 2002, 방선주 2001, 손세일 2001-2003, 원준상 1997, 유의영 1991, 윤병석 1994, 이덕주 2006, 이정식 2002, 조정래 2001, 최기영 2001, 한국민족운동사학회 2004, 한윤정 2001

'하늘은 날고 땅은 뚫고'
비행기와 파나마운하

열기구와 비행선의 발명

1783년 6월 4일 프랑스의 발명가 몽골피에(Montgolfier) 형제가 인류 최초로 열기구를 만들어 고도 약 1,800미터까지 상승해 10여 분 동안 체공시킨 이래로 하늘을 날고자 하는 인류의 오랜 꿈은 이제 더이상 꿈만은 아니었다. 이때는 사람이 타고 있지 않았지만, 10월 15일 이 열기구에 사람이 타고 높이 약 25미터까지 올라가 4분여 정도 머물렀으며, 이어 11월 21일 역시 사람이 탄 몽골피에 열기구는 고도 약 1,000미터까지 올라가 파리 근교에서 25분간 12킬로미터 정도를 나는 데에 성공했다. 이때부터 유럽 각국은 열기구를 군사적으로 이용하고자 했는데, 1849년 7월 오스트리아군이 기구를 이용해 이탈리아의 베네치아 상공에서 폭탄을 투하한 것이 사상 최초의 공습으로 기록되고 있다.

1809년 영국 과학자 조지 케일리(George Cayley, 1773~1857)는 무인 글라이더를 제작해 활공에 성공했지만, 글라이더보다는 비행선이 더 빠른 발전을 보였다. 1852년 9월 프랑스의 앙리 지파르(Henri Giffard, 1825~1882)가 제작한 비행선이 엔진과 프로펠러를 달고 시속 10킬로미터로 날아올랐으며, 1883년 독일의 고틀리에프 다임러가 경량 가솔린 엔진을 발명하면서 비행선 개발이 크게 발전했다.

1891년 독일 기술자 오토 릴리엔탈(Otto Lilienthal, 1848~1896)이 글라이더를 만들어 사람이 탄 채로 언덕 위에서 활공에 성공했지만, 이건 동력비행은 아니었다. 세계 최초의 동력비행이 미국에서 이루어지기까진 12년을 더 기다려야 했다. 그 사이에 획기적인 발전을 보인 건 비행선이다. 1900년 7월 1일 독일의 페르디난트 체펠린(Ferdinand Zeppelin, 1838~1917) 백작의 비행선이 보덴 호수를 비행함으로써 비로소 비행선의 실용화가 시작되었다.

라이트 형제의 글라이더 시험비행

1903년 12월 17일 윌버 라이트(Wilbur Wright, 1867~1912)와 오빌 라이트(Orville Wright, 1871~1948)라는 두 명의 독학발명가 형제가 12마력 모터로 움직이는 340킬로그램의 비행기에 몸을 싣고 노스캐롤라이나주 키티호크(Kitty Hawk) 모래언덕 위의 선로를 활주로 삼아 최초의 중(重)비행기 조종에 성공했다(날개의 폭이 12.2미터인 이 비행기의 실물은 지금도 워싱턴 D.C.의 국립항공박물관에 진열돼 있다).

겨우 12초간 3미터 높이로 36미터를 날은 비행이었거니와 구경꾼은 겨우 5명이었지만, 이는 항공사의 역사적 전환점이 되었다. 라이트 형제는 이날 모두 4차례 시험비행을 했는데, 마지막엔 59초 동안 약 255미터를 날았다. 당시엔 언론인들을 포함한 많은 사람들이 이 사실

1903년 12월 17일 라이트 형제의 첫 비행. 오빌이 파일럿이고 윌버는 날개 끝에 서 있다.

을 믿지 못해 별다른 반향을 불러일으키지 못했다.

라이트 형제의 아버지로부터 전문을 받은 지방신문 편집장은 "그럴 가능성도 없고, 그런 묘기는 일상생활에 도움이 되지 않는다"며 종이를 구겨버렸다. 미 육군도 확신을 못해 그들과 3년 이상 계약을 맺기를 거부했다. 라이트 형제가 1905년 38분 동안 45킬로미터의 비행에 성공하자 『뉴욕헤럴드트리뷴(New York Herald Tribune)』이 특종으로 크게 보도하면서 세상에 널리 알려지게 되었다.

1907년 12월 미 육군통신단은 '비행기계'에 대한 입찰공고를 냈는데, 첫 군용기의 영광은 라이트 형제의 '플라이어 모델 A'에게 돌아갔다. 1908년 9월 오빌 라이트는 비행기에 최초의 승객을 탑승시켰다. 1909년 뉴욕 시민들의 갈채 속에 자유의 여신상을 선회한 다음 허드

슨강을 거슬러 올라갔다가 되돌아온 윌버의 비행은 라이트 형제가 거둔 성공의 절정이었다.

당시 비행기술에서 가장 앞섰던 프랑스에선 라이트 형제의 성공이 큰 충격으로 받아들여진 가운데 비행기 연구가 더욱 왕성하게 이루어졌다. 1906년 파리에 살고 있던 브라질인 산토스 두몽(Alberto Santos Dumont, 1873~1932)이 유럽 최초로 비행기의 첫 비행에 성공했다. 21초 동안 220미터를 날았다. 1909년 루이스 블레리오(Louis Blériot, 1872~1936)는 영국의 한 신문사가 내건 5,000달러의 현상금을 좇아 자신이 만든 단엽기로 영국과 프랑스 해협을 처음으로 횡단비행했으며, 바로 이해에 프랑스 상파뉴에선 38명의 비행사가 참가하고 수만 명의 관중이 지켜보는 가운데 첫 국제비행대회가 열렸다.

1909년 6월 글렌 커티스(Glenn Hammond Curtiss, 1878~1930)는 미국 최초의 항공기 제작사인 헤링커티스(Herring-Curtiss)사를 설립했고, 1911년에는 순양함 펜실베이니아호에서 비행기 이착륙을 시도해 성공했다. 같은 해, 리비아에서 벌어진 이탈리아와 터키 간의 전쟁에서 비행기는 처음으로 전쟁에 사용되었다.

1913년 록히드(Lockheed) 형제는 비행기를 상용화하는 데에 성공했다. 이해에 뒤집기, 급강하, 수직회전 등 곡예비행 시합은 군사전문가들에게 공중폭격 아이디어를 주었다. 제1차 세계대전에서 비행사들은 손으로 폭탄을 던지고, 기관총을 쏘는 등 '묘기'를 선보였으며, 비행기는 전쟁 덕분에 급발전하게 된다.

파나마운하

태평양의 샌프란시스코에서 출발해 남아메리카 남단을 돌아 대서양의 뉴욕까지 가는 거리는 2만 2,500킬로미터였기 때문에, 대서양과 태평양을 연결시키는 것은 미국인의 오랜 꿈이었다. 이 꿈은 스페인전쟁을 겪으면서 무르익었다. 루스벨트 대통령이 적극적이었다. 파나마운하냐 니카라과운하냐 논란을 벌이다가 결국 파나마운하 쪽으로 결론이 났다.

파나마운하를 팔 지역은 콜롬비아를 지배하는 스페인인들의 땅이었다. 루스벨트는 콜롬비아가 말을 안 들으면 말 잘 듣는 나라를 하나 세운다는 계획을 짰다. 미국은 운하건설을 위해 콜롬비아에 운하지역을 일정 기간 빌려줄 것을 요청했으나 거부당하자 드디어 음모를 실천에 옮겼다.

1903년 11월 파나마인들은 미군의 도움과 프랑스 운하건설회사의 지휘를 받으며 콜롬비아에 항거하는 폭동을 일으켰다. 미국 전함 내시빌(Nashiville)이 남쪽으로 전진해 콜롬비아를 향해 대포를 겨눈 가운데 파나마 정부가 탄생했다. 그 어느 신생국보다 재빨리 미국의 승인을 얻은 파나마 정부는 매년 25만 달러의 경비와 1,000만 달러의 보상금과 독립보장을 약속받았다. 그 대가로 미국은 파나마를 가로지르는 폭 10마일의 운하지대 권리를 영구히 부여받았다. 미국이 사실상 파나마를 통치하다시피 하는 셈이었다.

미국은 그간 운하를 구상했던 프랑스인들로부터 사업을 인계받아 1904년 처음으로 파나마 땅을 밟고 공사를 시작했다. 1905년 철도건설업자 존 스티븐스가 운하건설 책임자로 굴착작업을 위해 파나마로 건너왔으나 나중에 아무런 해명도 없이 떠나버리자 그 자리는 1907년 육군 토목장교 조지 워싱턴 고설스(George Washington Goethals, 1858~1928)에게 돌아갔다. 루스벨트가 군인을 임명한 것은 감당하기 어려운 시련이 닥쳤을 때 그만둘 수 없게 하려는 이유에서였다.

파나마운하는 매킨리가 계획하고 루스벨트가 적극 추진하고 태프트가 공사를 실행해 12년간의 공사 끝에 1914년 8월 15일 우드로 윌슨 대통령 때 마침내 완공된다. 유럽에 전운이 감돌면서 화려한 준공식을 하려던 당초 계획은 취소되었지만, 파나마운하는 당시로선 경이로운 기술의 승리였다. 샌프란시스코와 뉴욕 사이의 항해거리는 9,500킬로미터로 단축되었다. 총 길이 82킬로미터에 이르는 운하를 통과하는 데에 소요되는 시간은 8~10시간으로, 하루 평균 40척, 연평균 1만 3,000척의 배들이 통과했다. 운하통과세는 연평균 5억 달러 정도로 이는 당시 파나마 1년 수출의 15퍼센트에 해당하는 돈이었다.

미리 이야기를 하자면, 파나마운하는 1999년 12월 31일 정오를 기해 파나마로 소유권이 넘어갔다. 미국이 86년 동안 관리해온 파나마 운하와 인근지역을 파나마 정부에 공식반환한 것이다. 이는 1977년 미국 카터(Jimmy Carter) 대통령과 파나마의 토리호스(Omar Torrijos) 대통령 사이에 맺어진 운하협정에 따른 것이었다.

1904년 대선-시어도어 루스벨트 재선

1904년 대통령 선거에서 루스벨트는 일반 투표에서 57퍼센트인 762만 8,834표를 얻어 대선에서 승리했다. 민주당 대통령 후보인 알튼 B. 파커(Alton B. Parker)는 588만 4,401표를 얻었다. 선거사상 가장 많은 표

차이로 거둔 승리에 도취된 탓이었을까? 루스벨트는 승리가 확정된 날 밤에 언론에 다음과 같은 성명을 발표하는 치명적인 실수를 저질렀다. "대통령 재임을 2회로 제한하는 현명한 관행은 형식적인 것으로 끝날 것이 아니라 실제로 지켜져야 한다. 나는 어떠한 경우에도 향후 선거의 후보자가 되거나 후보지명을 받아들이지 않겠다." 그의 '영웅 콤플렉스'에서 비롯된 실수였을까? 스트룩(Strouk 2002)은 다음과 같이 말한다.

"그는 자신의 이런 태도가 권력에 연연하지 않는 듯한 태도를 보임으로써 이전의 위대한 영웅들인 워싱턴, 링컨과 마찬가지로 국민에 대한 자신의 봉사가 진정 사심이 없는 것임을 보여주려고 생각한 것일까?……어떤 이유에서였든 그는 곧 자신이 한 말을 후회했다. 루스벨트는 다시 취소할 수 있다면 자신의 오른손이라도 내줄 수 있을 것이라고 거듭 말했다. 그는 너무 일찍 임기 중 레임덕 현상을 자초함으로써 대통령으로서의 권한을 눈에 띄게 약화시켰다."

선거유세에서 루스벨트는 '공정거래(the Square Deal)'를 강조했다. 이는 루스벨트가 1902년 광산파업 타결 후 대기업과 노조의 평화공존이라는 이상을 묘사하면서 한 말이었다. 예컨대 기업과 노조의 대립시 그걸 조정할 때에 역설하는 개념이 바로 '공정거래'였다. 이는 그의 별명이 되다시피 했다.

루스벨트에게 따라붙은 또하나의 별명은 장난감 곰 테디 베어(Teddy Bear)였다. 루스벨트가 사냥 중 어린 곰을 구해냈다는 이야기에서 비롯된 별명이다. 1902년 11월 루스벨트는 미시시피와 루이지애나의 주 경계선 분쟁을 조정하기 위해 미시시피를 방문했다가 곰 사냥

베리먼이 그린 테디 베어 만화. 테디는 루스벨트의 애칭이었다. 이후 테디 베어는 루스벨트 풍자만화의 단골 소재가 되었다.

을 나갔지만 별 소득이 없었다. 그러자 부하들이 대신 곰을 잡아 루스벨트에게 주고 총을 쏘라고 권유했다. 그는 이를 거절한 뒤 곰을 놓아주었다. 이 장면을 포착한 『워싱턴스타(Washington Star)』의 시사만화가 클리포드 K. 베리먼(Clifford K. Berryman, 1869~1949)은 대통령이 불쌍한 곰 사냥을 거부하는 내용의 그림을 '선을 긋다'는 설명과 함께 신문에 실었다. 이 만평은 곰 사냥에도 일정한 선이 있음을 나타내면서 주 경계선을 갖고 다투는 당시 상황을 다루는 이중적인 의미를 담고 있었다.

그냥 그렇게 넘어갈 일이었는데, 브루클린에서 장난감가게를 운영하던 모리스 미첨(Morris Michtom)은 그 일화를 가볍게 넘기지 않았다.

그는 아내와 함께 팔다리가 움직이고 눈을 깜박거리는 인형을 만들어 베리먼의 만평과 함께 진열하면서 '테디 베어' 라는 이름을 붙였다. 이 인형이 만들기가 무섭게 팔려나가자 미첨은 테디라는 이름을 곰 인형에 정식으로 붙일 수 있게 해달라는 내용의 편지를 루스벨트 대통령에게 썼다. 루스벨트는 미첨의 제안을 승낙하면서 자기 이름이 장난감업체에 누가 되지나 않을지 모르겠다는 우려까지 담은 자필 답장을 보냈다. 이후 '테디 베어' 는 전 세계적인 장난감 곰이 되었을 뿐만 아니라, 테디의 이름을 딴 저금통, 문방구, 그물침대, 어린이 자전거 등 수많은 파생상품을 낳았다. 이런 광적인 '테디 유행' 은 수년간 지속되었다.

루스벨트의 자연보호 정책

재선 후 루스벨트는 열정적인 자연보호 운동을 벌였다. 여기에는 그럴 만한 사연이 있다. 뉴욕 맨해튼 출신인 루스벨트는 1884년 2월 14일 발렌타인데이에 23세의 젊은 부인 앨리스(Alice Hathaway Lee, 1861~1884)와 부친을 한날 병으로 잃은 슬픔을 이기기 위해 컬러드 캐니언으로 훌쩍 떠나왔다. 이곳 목장에서 카우보이 생활을 하며 가지게 된 자연사랑과 방치된 채 손상돼가는 자연에 대한 안타까움이 국립공원 시스템을 창안한 동력이 된 것이다.

루스벨트는 1905년 산림청의 권한을 강화하고 그 책임자로 기포드 핀쇼(Gifford Pinchot, 1865~1946)를 임명했다. 루스벨트의 자연보호정책에 따라 수많은 댐 건설이 취소되고 1억 9,000만 에이커의 광대한 숲이 국유림이 되었다. 그의 재임 중에 국립공원이 2배로 늘어났고 16개의 국립명소, 51개의 야생 서식처가 생겼다.

핀쇼는 자연을 보호하면서도 '현명한 사용(wise use)' 을 부르짖은 소극적 자연보호주의자(conservationist)인 반면, 루스벨트 행정부와 협력하면서도 갈등관계를 빚곤 했던 존 뮤어(John Muir, 1838~1914)는 자연을 있는 그대로 보존하기를 원한 적극적 자연보호주의자(preservationist)였다. 1892년 뮤어의 주도하에 미국 최초의 전국규모 환경단체인 시에라클럽(Sierra Club), 1905년 오더본협회(Audubon Society) 등이 창설되면서, 미국의 자연보호운동은 이 두 갈래 흐름 사이에서 치열한 논쟁을 벌이게 된다. 어떤 방향의 운동이나 정책이건 미국 정부의 자연보호는 인디언에겐 치명타였다. 그랜드캐니언의 경우처럼 보호지역에 살던 모든 인디언 부족들이 강제퇴거를 당해야 했다.

영웅주의와 카우보이기질이 충만한 루스벨트가 단지 자연의 아름다움에 빠져든 낭만적 발상으로만 자연보호를 외쳤을까? 무언가 다른 이유가 더 있을 것 같다. 오늘날 많은 이들이 루스벨트를 '자연보호의 영웅' 으로 기리지만, 박진빈(2006)은 "루스벨트는 단지 자연이 아름답기 때문에 보존하자고 한 것이 아니다" 며 다음과 같이 말한다.

"인류사를 인종 간의 투쟁의 역사로 인식했던 그는, 미국인이 지구상에서 가장 뛰어나고 우수한 인종이라고 믿었다. 로마 게르만 앵글로색슨으로 이어진 당대의 가장 우수한 인종이, 마침내 아메리카 대륙에 와서 거친 자연과 원주민을 상대로 투쟁하여 유럽에서는 찾아볼 수 없는 최고의 품종개량을 이루었다는 것이다. 그런데 19세기 말에 이르러 이 우수한 인종이 나약해지는 징후를 보였는데, 루스벨트는 그것이 지나친 도시화의 결과라고 판단했다. 미국인을 미국인으로 만든 거친 자연과의 투쟁기회가 줄어든 것, 그것이 바로 문제였다. 루스벨트는 공원이나 숲으로 캠핑을 가서 말을 타고 야생동물을 사냥하고 거친 자연을 경험하는 것이, 미국인의 야성을 깨우고 단련시켜 더 뛰어난 우성인자로 만드는 데에 중요한 역할을 한다고 믿었다."

미국인이 지구상에서 가장 뛰어나고 우수한 인종이라는 루스벨트의 믿음을 오늘날에도 다수의 미국인들이 싫어할 것 같지는 않다. 게다가 루스벨트는 '노블레스 오블리주'를 실천하지 않았던가. 훗날 루스벨트는 전투기 조종사이던 막내아들이 1918년 프랑스 공중전에서 전사하고, 큰 아들이 노르망디 상륙작전에서 전사함으로써 제1·2차 대전에 아들 하나씩을 잃은 아버지가 된다. 오늘날 루스벨트가 미국인들에게 존경받는 이유 중 하나이기도 하다.

그러나 루스벨트는 조선 문제에 관한 한, 당시 조선인들의 저주를 받기에 족한 음모를 획책하고 있었으니, 그건 바로 조선을 도마 위에 오른 생선처럼 취급한 '가쓰라·태프트 비밀협약'이었다.

참고문헌 Brinkley 1998, Davis 2004, Foster 2001, Hart 1993, Oravec 1984, Panati 1997, Strouk 2002, 김덕호 2001, 나윤도 1997-1998, 박보균 2005, 박영배 1999, 박진빈 2006, 손세호 2007, 송기도 2003, 요시다 도시히로 2008, 전성원 2009a, 조선일보 문화부 1999, 한겨레신문 문화부 1995, 허두영 1998

"미국은 필리핀, 일본은 한국을 먹다"
가쓰라 · 태프트 비밀협약

"일본이 한국을 손에 넣는 것을 보고 싶다"

시어도어 루스벨트는 힘이 모든 것을 결정한다고 믿는, 철저한 사회진화론자였다. 그는 1899년 일본 사상가 니토베 이나조(新渡戶稻造, 1862~1933)가 영문으로 발표한 『Bushido(무사도)』를 읽고 깊은 감명을 받아 30권이나 사서 지인들에게 나눠줄 정도로 사무라이 정신에 심취하는 동시에 친일(親日)성향을 갖게 되었다. 그는 1900년 8월에 뉴욕주지사로서 부통령 후보가 되었을 때에 "나는 일본이 한국을 손에 넣는 것을 보고 싶다"고 했을 만큼 일본에 편향적이었고, 이 편향성은 이후 내내 유지 · 강화되었다.

루스벨트는 인종적 차이에 대해 강한 신념을 가진 철저한 인종주의자였음에도 일본만큼은 황인종으로 보려고 하지 않았다. 그는 훗날(1904년) "중국인과 일본인을 같은 인종이라 말한다면 이것은 얼마나 당치도 않은 말이냐"고 말할 정도였다. 이는 '문명화'라는 또하나의 기준이 더해졌기 때문이다. 그래서 루스벨트는 "터키인들은 일본인들보다 인종적으로 우리(백인종)에게 더 가깝다. 그러나 터키인들은 우리의 국제사회(소위 '문명권')에서 구제불능의 회원인 반면 일본인들은 바람직한 신입회원이라 생각한다"고 말했다.

"일본이 한국을 손에 넣는 것을 보고 싶다"는 루스벨트의 희망은 미국의 아시아정책이 되었다. 게다가 루스벨트의 러시아에 대한 태도는 처음엔 적대적이지 않았으나, 1902~1903년 러시아가 만주에서 병력철수와 문호개방유지의 약속을 지키지 않은 걸 계기로 적대적으로 돌아섬으로써 한국에겐 재앙이 되는 결과를 초래하게 되었다.

이미 1894년 청일전쟁에서 승리한 일본은 1901년 1월 러시아의 한반도 중립화 제안을 거절함으로써 한국을 식민지화하려는 생각을 분명히 했다. 1902년 1월 30일 일본은 영국 런던에서 러시아에 대해 만주로부터 철병할 것과 한반도에서 일본의 지위를 인정해줄 것을 요구하는 것을 주요내용으로 하는 영일(英日)동맹을 체결했다. 그 대신 일본은 중국에 대한 영국의 특수권익을 인정했다.

영일동맹 직후 러시아는 조선에 대한 지배력을 강화하려는 차원에서 한반도로 군대를 파견해 일본과 충돌을 빚었다. 아직은 자신이 없던 일본은 충돌을 피하기 위해 38도선을 기준으로 한반도를 양분해 각각 영향력을 행사하자고 제안했다. 그러나 러시아가 39도선 분단안을 제시해 담판은 결렬되었다.

러일전쟁의 발발

1904년 1월 26일 러시아의 니콜라이 2세(Nicholas II, 1868~1918)는 알렉

세예프(Yevgeni Ivanovich Alekseyev, 1843~1909) 극동총독에게 친필서명이 든 전문을 보내 "러시아가 전쟁을 시작하는 것보다는 일본이 먼저 시작하도록 하는 것이 바람직하다. 일본이 먼저 개전하지 않으면 일본군이 대한제국의 남해안 혹은 동해안으로 상륙하는 것을 방해하지 말라. 만약 38선 이북 서해안으로 상륙병과 함대가 북진해오면 적군의 첫발포를 기다리지 말고 공격하라"고 긴급지시했다.

1904년 2월 8일 일본 해군사령관 도고 헤이하치로(東鄕平八郎, 1848~1934)가 이끄는 연합함대가 뤼순(旅順)항 안에 정박해 있던 러시아 함대를 향해 돌연 어뢰공격을 감행했다. 러시아 함대는 큰 손상을 입지는 않았지만, 전함 2척과 순양함 1척을 잃었다. 바로 그날 일본은 인천 제물포 해상에서 러시아 군함 2척을 기습공격해 격침시켰다. 일본은 이틀 뒤인 2월 10일 러시아에 선전포고를 했다.

이렇게 시작된 러일전쟁은 1905년까지 만주에 200만 이상의 병력이 집결된 대전쟁이 되었다. 당시 러시아와 일본의 군사력을 비교해 보면 러시아가 전반적으로 우월한 위치에 있었다. 러시아의 병력은 100만이 넘었으며 34만 5,000명의 예비병력이 있었고 동원체제에 들어가면 450만 명을 추가로 동원할 수 있었다. 해군력은 51만 톤으로 영국, 프랑스, 독일에 이은 세계 제4위였으며, 4개의 주요조선소를 보유하고 있었다. 반면 일본은 정규병력 18만에 예비병력 67만 명이었으며, 해군력은 26만 톤이었고 조선소는 없었다.

그러나 일본은 하나로 뭉친 반면, 러시아는 둘이었다. 러시아는 차르 체제가 망하기를 간절히 바라는, 레닌으로 대표되는 혁명세력의 내부도전에 직면해 안팎으로 두 개의 전쟁을 치러야 했다. 1905년 1월

러일전쟁 때 일본의 공격으로 뤼순항 황금산 석유고가 폭발하고 있다.

2일 일본은 뤼순을 점령함으로써 힘의 균형을 완전히 깨트리는 데에 성공했다. 일본군이 밀착포위 공격을 가한 지 240일 만이었다. 레닌은 1905년 1월에 쓴 「뤼순항의 함락(The Fall of Port Arthur)」이란 글에서 "프롤레타리아트는 기뻐할 모든 이유를 갖고 있다"며 다음과 같이 주장했다.

"일본의 군사적 목표는 대체로 달성되었다. 진보적이며 선진의 아시아는 후진적이며 반동적인 유럽에게 치유될 수 없는 일격을 가했다. 10년 전 러시아를 우두머리로 하는 이 반동적 유럽은 일본에 의한 중국의 분쇄에 의해 불안해졌다. 그래서 유럽은 연합하여 일본으로부터 그의 승리의 최고의 열매를 빼앗아버렸다. 그럼으로써 유럽은 여러 세기 동안 정당화된 아시아 인민의 착취에 대한 우선적이며 일차적인 권리를 지켰던 것이다. 일본에 의한 뤼순항의 재정복은 반동적 유럽 전체에 대한 일격이다.……러시아 인민이 아니라 러시아 절대주의가 창피스런 패배를 겪은 것이다. 러시아 인민은 절대주의의 패배에 의해 승리하고 있는 것이다."

러일전쟁은 국제 뉴스전쟁

러일전쟁은 국제 뉴스전쟁이기도 했다. 전쟁당사국 일본은 80여 명의 특파원을 파견, 전황을 시시각각 타전했다. 일본군의 압록강 도하작전을 참관한 외국인 기자는 총 13명이었는데, 국적별로는 영국 3명, 미국 3명, 프랑스 2명, 이탈리아 1명, 독일 2명, 오스트리아 2명, 스위스 1명이었다. 러일전쟁 종군기자단에는 캐나다인으로 영국 『런던데일리메일(The London Daily Mail)』에서 파견되었던 매켄지(Frederick A. McKenzie, 1869~1931), 『톰 소여의 모험』으로 유명한 미국 소설가 마크 트웨인, 『샌프란시스코이그재미너』에서 파견된 잭 런던(Jack London, 1876~1916)도 있었다. 런던(London 1995)은 20세기 초 미국 최고의 사회주의 작가로 명성을 떨친 인물인데, 그는 1904년 3월 5일자 일기에서 한국인을 다음과 같이 조롱했다.

"한국인들은 이미 그들을 점령하여 지금은 주인의 눈으로 그들을 바라보는 그들의 상전인 '왜놈' 들을 몸집으로 훨씬 능가하는 근육이 발달된 건장한 민족이다. 그러나 한국인들에게는 기개가 없다. 한국인에겐 일본인을 훌륭한 군인으로 만들어주는 그러한 맹렬함이 없다.……정말로 한국인은 지구상의 그 어떤 민족 중에서도 의지와 진

취성이 절대적으로 부족한 가장 비능률적인 민족이다."

비단 런던만 그렇게 생각한 것은 아니었다. 일본의 승리를 알린 러일전쟁 종군기자들의 조선에 대한 부정적인 묘사는 조선에 큰 타격이 되었다. 이와 관련, 송우혜(2004)는 "무력하고 무능한 지도자와 제집마저 버리고 도망치는 백성……. 이렇게 부정적으로 형성된 나쁜 이미지와 국제적 여론, 그리고 사방 어디를 둘러봐도 손잡을 곳 하나 없었던 고립된 나라 대한제국. 그 같은 보도 경쟁으로, 세계 각국의 시민층에까지 대한제국과 국민들에 대한 부정적인 인상이 국제적으로 광범위하게 형성되었다"고 말한다.

그리고 그것은 국운에 막대한 영향을 미쳤다. 1905년 1월 루스벨트 대통령은 국무장관 헤이에게 보내는 편지에 이렇게 썼다. "우리는 한국인들을 위해서 일본에 간섭할 수 없다. 한국인들은 자신들을 위해 주먹 한번 휘두르지 못했다. 한국인들이 자신을 위해서도 스스로 하지 못한 일을, 자기 나라에 아무런 이익이 되지 않음에도 불구하고 한국인들을 위해서 해주겠다고 나설 국가가 있으리라고 생각하는 것은 불가능하다."

가쓰라 · 태프트 밀약

러시아는 평화회담을 추진하라는 루스벨트의 권고를 거절했지만, 러시아의 비극은 뤼순 함락으로만 끝나지 않았다. 1905년 2~3월 펑톈(奉天, 선양의 옛이름)에서도 참패했고, 5월 쓰시마해전에서도 몰락했다. 러일전쟁은 외교전쟁이기도 했다. 미국과 영국이 일본을 지원하고, 독일과 프랑스가 러시아 지원에 소극적이었던 것이 러일전쟁의 승패를 좌우한 결정적 요인이었다. 루스벨트는 독일과 프랑스가 개입한다면 미국은 당장 일본 편에 가담하겠다고 두 나라를 위협하기까지 했다.

2007년 4월 서울대학교출판부가 발간한 미국의 여성 사학자 캐럴 캐머런 쇼(Carole Cameron Shaw)의 책 『외세에 의한 조선 독립의 파괴(The Foreign Destruction of Korean Independence)』는 루스벨트가 일본과 러시아가 전쟁을 벌일 당시 일본의 전쟁비용을 지원하기 위해 미국의 사업가들을 적극적으로 끌어들였다는 걸 처음으로 밝혔다. 지금까지 일본 학계는 이와 관련해 미국의 유대인 은행가 제이콥 시프(Jacob Schiff)가 전쟁비용을 조달했다는 내용만 거론했지만, 이 책은 앤드루 카네기(3000만 달러), J. P. 모건 등 미국의 대기업 6곳이 일본에 차관을 지원한 사실을 새롭게 밝혀냈다. 이렇게 해서 미국이 조달한 일본의 전쟁비용은 약 7억 엔(현재 14조 원 상당)에 이르렀다는 것이다. 한국에서 활동한 선교사의 2세인 쇼는 "100여 년 전 우리(미국)가 '공공의 선' 이란 미명하에 작은 나라(대한제국)의 국권에 어떤 짓을 저질렀는지 생각해보라" 며 "미국인 한 사람으로서 사죄의 뜻을 표하고 싶어 이 책을 쓰게 됐다" 고 말했다.

러일전쟁이 사실상 일본의 승리로 귀결되자 루스벨트는 자국 식민지인 필리핀 시찰 명목으로 육군장관 윌리엄 태프트를 일본으로 보내 7월 29일 일본 총리이자 임시로 외상도 겸하고 있던 가쓰라 다로(桂太郞, 1848~1913)와 이른바 '가쓰라 · 태프트 밀약' 을 맺게 했다. 이 밀약은 "러일전쟁의 원인이 된 한국을 일본이 지배함을 승인한다" 고 규정했다. 이로써 미국은 일본의 조선 지배를 인정해주고 대신 일본은 미국의 필리핀 지배를 인정했다. 이는 약 20년 후인 1924년 역사가 타일러 데넷(Tyler Dennett)의 루스벨트 문서 연구를 통해 밝혀진 사실이다.

가쓰라 · 태프트 밀약 시 두 사람은 어떤 이야기를 나눴던가? 한국인으로선 분노하지 않을 수 없는 망언들이 오갔다. 가쓰라는 대한제국 정부의 잘못된 행태가 러일전쟁의 직접적인 원인이라는 해괴한 주장을 폈고, 태프트는 한국이 일본의 보호국이 되는 것이 동아시아 안정에 직접 공헌하는 것이라며 맞장구쳤다. 영국도 8월 12일에 제2차 영일동맹을 맺어 일본의 조선 지배를 승인하고 대신 일본은 영국의 인도 · 버마 등의 지배를 두둔했다.

2005년 10월 열린우리당 의원 김원웅은 주미대사관 국정감사에서 "미국이 일본의 한반도 지배를 인정한 1905년 가쓰라 · 태프트 밀약에서 불행이 시작됐다" 면서 "국제법상의 중대한 범죄행위인 이 밀약에 대해 미국에 항의하고 사과를 요구해야 한다. 한미관계의 과거청산이 필요하다" 고 주장했다. 이에 대해 『조선일보』(2005년 10월 3일 사설)는 "미국이 일본의 한반도 식민지배를 눈감아주고 적극 개입하지 않는 것도 잘못이고, 미국이 북한의 남침을 눈감아주지 않고 개입한 것 역시 잘못이라면 이것이야말로 모든 게 미국 탓이라는 주장이다. 아무리 국내에서 반미(反美)가 '남는 장사' 고 그래서 '미국 때리기' 만 하면 박수 받는 세상이라지만, 이런 주장을 마구잡이로 할 때 국제사회가 한국이란 나라를 어떻게 볼 것인가도 한번쯤은 생각해봐야 한다" 고 주장했다.

일리 있는 주장이긴 하나, '마구잡이' 라는 표현이 눈에 거슬린다. 모든 국민이 오직 한목소리를 내야만 하는 걸까? 국회의원 한 명 정도는 그런 말을 할 수도 있는 건 아닐까? 국제사회가 한국이란 나라를 어떻게 볼 것인가를 염려해야 한다니, 걱정도 팔자라는 생각이 드는 건 어인 이유에서일까?

참고문헌 London 1995, Oberdorfer 2002, Schlesinger 1973, 강병한 2007, 강성학 1999, 김기정 2003, 김태수 2005, 김학준 1979, 노용택 · 박지훈 2007, 노주석 2002, 박지향 2003, 사루야 가나메 2007, 손세일 2001-2003, 손제민 2006, 송우혜 2004, 이광린 1986, 이민원 2004, 한기홍 2004, 한승동 2001 · 2007a

"각하의 '스퀘어 딜' 을 원합니다!"
이승만의 루스벨트 면담

이승만의 도미(渡美)

조선이 러일전쟁을 수수방관하고 있었던 것만은 아니었다. 당시 조선은 중립화에 큰 관심을 보이고 있었다. 고종의 중립화 노력은 1890년대 말부터 이루어졌다. 고종은 1899년 호러스 알렌 공사를 통해 열강에 의한 조선의 중립과 영토보전을 미국에 요청했다. 또 고종은 1900년 8월엔 조병식을 특명공사로 일본에 파견해 아오키 슈조(青木周藏, 1844~1914) 외상에게 중립화에 동의해줄 것을 요청하기도 했다. 그러나 아오키는 거절했다. 이유는 스위스와 벨기에는 중립화할 국력이 있으나 한국은 그렇지 못하다는 것이었다.

1903년 7월 주일공사 고영희가 러시아와 일본의 개전이 임박했음을 보고해 오자 다급해진 고종은 그해 8월 일본과 프랑스, 네덜란드, 러시아 등에 특사를 파견해 중립화 가능성을 타진했다. 러일전쟁 발발 직전인 1904년 1월 21일 마침내 대한제국은 '엄정중립' 을 선언했지만, 당시 상황에서 중립은 가능한 게 아니었다.

한편 민영환과 한규설 등 이승만을 신임하는 중신들은 고종에게 그를 미국에 밀파하도록 건의했다. 이승만은 훗날 민영환과 한규설이 처음에는 자기를 주미공사로 임명시키려 했으나 일본인들의 방해로 실현되지 못했다고 주장했다. 결국 이승만은 민영환과 한규설이 딘스모어(Hugh A. Dinsmore) 하원의원 앞으로 쓴 편지와 민영환이 주미공사에게 보내는 편지를 전달하는 '밀사' 임무를 맡아 미국으로 떠나게 되었다.

이승만은 동시에 유학 목적을 위해 게일(James S. Gale, 1863~1937), 언더우드, 벙커, 질레트(Phillip Gillett, 1872~1939), 스크랜턴, 프레스턴(John F. Preston), 존스 등 한국에 와 있던 외국 선교사들로부터 미국 교회지도자들이나 그 밖에 도움을 줄 만한 주요인사들에게 자신을 소개하는 추천서를 무려 19통이나 받아놓았다. 이승만의 요청을 받고 추천서를 써주지 않은 사람은 알렌 공사뿐이었다. 그는 이승만에게 일본의 지배라는 현실을 받아들이라고 충고하면서 이승만의 미국행 자체를 반대했다. 이승만의 가장 적극적인 후원자는 이승만에게 유학을 권유한 게일이었다. 게일은 추천서 이외에 훗날 이승만에게 큰 도움을 주는 워싱턴 커버넌트 교회의 목사인 루이스 T. 햄린(Lewis T. Hamlin) 박사 앞으로 따로 편지를 써주는 등 여덟 통의 소개장을 써주었다.

이승만은 1904년 11월 4일 오후 1시에 서울을 떠나 다음 날 오후 3시에 제물포에서 오하이오호(Ohio)를 타고 미국을 향해 출발했다. 11월 17일 일본 고베에서 미국으로 향하는 사이베리아호(Siberia)로 갈아탄 이승만은 11월 29일 중간 기항지인 하와이에서 동포들이 마련한 환영회에 참석했다. 당시 하와이엔 4,000명가량의 한국인 사회가 형성되어 있었다. 이승만은 200여 명의 동포가 모인 환영회에서 4시간 동안이나 연설을 했는데, 서정주(1995)의 이승만 전기는 "동포들은 그의 연설에 흥분하여 어떤 때는 소리를 같이하여 고함을 치고, 어떤 때는 나직하나 뼈에 사무치는 소리로 울었다"고 했다.

이승만, 루스벨트를 만나다

이승만은 제물포를 떠난 지 32일 만인 12월 6일 샌프란시스코에 첫발을 디딜 수 있었다. 12월 31일 워싱턴에 도착한 이승만은 하원의원 휴 딘스모어를 만나 민영환과 한규설의 편지를 전달했다. 딘스모어는 주한 미국공사 시절(1887~1890)에 두 사람과 친교가 있었다. 1905년 2월 20일 이승만은 딘스모어의 주선으로 국무장관 존 헤이를 반시간 남짓 만날 수 있었지만, 헤이는 주로 조선에서의 선교문제에 관심을 표명했다.

이승만은 목사 햄린의 추천으로 1905년 2월에 시작되는 봄학기부터 조지워싱턴대학에 입학했으며, 배재학당 수학경력을 인정받아 2학년에 편입할 수 있었다. 그는 이후 YMCA와 교회에서 한국에 대한 강연으로 생활비를 조달했다. 이승만은 1905년 4월 23일 부활절 주일에 세례를 받았으며, 6월 4일엔 그의 여덟 살 된 아들 태산이 워싱턴에 왔다. 박용만이 미국에 오는 길에 데리고 온 것이었다. 이승만은 태산을 키울 수 있는 처지가 아니었기에 태산은 곧 어느 미국인의 집에 맡겨졌다.

한편 하와이에서 전도활동을 펴고 있던 목사 윤병구가 하와이에 들른 육군장관 윌리엄 태프트에게 간청해 시어도어 루스벨트 대통령에게 보내는 소개장을 얻어냈다. 윤병구와 이승만은 1905년 8월 4일 여름 별장지인 뉴욕의 롱아일랜드에 있는 사가모어 힐(Sagamore Hill) 저택에서 루스벨트를 만났다. 루스벨트는 두 사람에게 손을 내밀며 "귀하와 귀국을 위해 무엇을 도와 드릴까요?"라고 말했다. 두 사람은 하와이 교민 8,000명을 대표해 한국의 주권과 독립보전에 대한 희망을 담은 청원서를 제출했다. 청원서를 읽은 루스벨트의 낯빛이 어두워지자 이승만은 "각하의 스퀘어 딜(square deal, 공정한 대우)을 구하러 먼 지방에서 왔습니다"라고 말했다. 루스벨트는 청원서는 한국 공사관을 통해 제출해달라고 말하면서도 두 사람을 격려했다.

루스벨트의 일본 사랑

이미 6일 전인 7월 29일 가쓰라·태프트 비밀협약을 맺게 한 루스벨트가 그렇게 말한 건 물론 '쇼'였다. 당시 루스벨트는 구제불능일 정도로 일본에 경도된 인물이었다. 이렇게 된 데엔 일본의 대(對)조선 정책을 지지하면서 미국의 친일노선을 부추겼던 『아웃룩(The Outlook)』의 편집장 조지 케넌(George Kennan)도 큰 영향을 미쳤다.

케넌은 개인적으로도 루스벨트의 친구로 이른바 '루스벨트 사단'에 속한 인물이었다. 루스벨트의 한국관 형성에 큰 영향을 미친 케넌은 「나태한 나라 한국(Korea: A Degenerate State)」(1905)라는 글에서 조선인을 게으르고 무기력하며, 몸도 옷도 불결하고 아둔하며, 매우 무식하고 선천적으로 게으른 민족이라고 악평을 늘어놓았다.

케넌의 잡지는 루스벨트가 정기적으로 구독하는 유일한 잡지였다. 케넌이 잡지기사를 통해 한국을 "자립능력이 없는 타락한 국가"라고 묘사하자, 루스벨트는 케넌에게 편지를 보내 "한국에 관하여 쓴 당신의 첫 번째 글은 정말 마음에 든다"고 동감을 표시했다. 케넌의 이런 글들에 대해 알렌은 "악의에 차 있고 가장 어리석은 난센스"라며 "한국에 있는 모든 미국인들을 구역질나게 만들었다"고 비판했지만, 알렌의 목소리는 루스벨트의 귀에 들리지 않았다. 이런 인식이 루스벨트에게도 영향을 미쳐 거침없는 친일노선으로 일로매진하게 만들었을 것이다. 1905년 8월 루스벨트는 "나는 이전에 친일적이었다. 그러나 지금은 과거보다 훨씬 더 친일적이다"고 실토했다.

미국이 아시아 이민을 배척하던 때인 1907년 일본이 미국과 소위 '신사협정(Gentlemen's Agreement)'을 맺은 것도 바로 루스벨트의 그런 친일성향 때문이었다. 이 신사협정의 내용을 보면, 일본 정부가 미국 취업희망자에게 여권을 발행해주지 않는 방법으로 새로운 이민을 차단하는 대신, 미국 정부는 캘리포니아에 거주하는 일본인들을 차별하지 않기로 약속했다.

'이승만은 애국열성의 청년지사'

당시로선 그런 사정을 알 리 없었던 이승만은 청원서 제출을 위해 워싱턴에 있는 한국 공사관을 찾았다. 그러나 한국 공사관의 대리공사 김윤정은 본국 정부의 훈령이 없이는 청원서를 미국 정부에 제출할 수 없다고 말했다. 이승만과 윤병구는 온갖 말로 김윤정을 설득했으나 소용이 없었다. 이승만은 분노해 공사관을 불사르겠다고 위협했지

이승만이 루스벨트 대통령을 접견한 뒤 8월 9일에 민영환 앞으로 보낸 편지. 자기와 윤병구가 미국 대통령을 면접한 경위와 그의 사행(使行)이 실패한 이유를 밝히고 있다.

만 아무 소용없었다. 이때 이승만은 "한국 사람들이 그처럼 저열한 상태에 빠져 있는 한 한국에는 구원이 있을 수 없다"는 결론을 내리고 "한국 사람들에게 기독교교육을 베풀기 위해 일생을 바치기로 작정했다"고 한다.

그러나 주진오(1996)는 "이때 김윤정이 이승만의 제의에 응했다 하더라도 강화회의에서 다루어지지 못했을 것은 분명한 일이다. 2년 후의 헤이그 밀사사건이 이를 증명하고 있다. 이때 이승만은 햄린 박사와 조지워싱턴대학의 니드햄 총장(그는 한국공사관 법률고문이었다고 한다)에게 도움을 요청했으나 미국 정부의 정책에 대하여 정확한 정보를 가지고 있었던 그들은 김윤정의 입장에 동의를 표시하였다"고 말한다.

루스벨트가 한국의 두 무명 청년을 만난 건 일본과 체결한 밀약을 덮어두기 위한 위장술에 불과한 것이었다. 그러나 이 만남은 『뉴욕 타임스』에 이틀간에 걸쳐 꽤 크게 보도되었고, 또 이것이 나중에(1906년 4월) 『황성신문』과 『대한매일신보』를 통해 알려짐으로써 이승만은 "한국 인민의 대표자요 독립주권의 보존자요 애국열성의 의기남자요 청년지사"라는 명성을 얻게 되었다.

이후 이승만은 강연으로 생계를 유지했다. 그의 1906년 1월치 일기에는 여덟 번 강연을 하고 다닌 내용이 적혀 있으며, 이해에 그는 무려 서른여섯 번이나 강연을 하고 다녔다. 이승만은 이처럼 바쁘게 강연을 하고 다니는 동안에 아들 태산을 잃는 아픔을 겪어야 했다. 태산은 박용만을 따라 미국에 온 지 여덟 달 만인 1906년 2월 25일 디프테리아에 걸려 필라델피아 시립병원에서 숨을 거두었다.

이승만은 1907년 6월 조지워싱턴대학을 졸업하고, 이어 하버드대학교의 석사과정을 1년 만에 마치고, 유니언신학교에 잠시 다니다가 프린스턴대학으로 가서 1910년 6월 국제정치학으로 2년 만에 박사학위를 취득했다. 6월 14일 거행된 졸업식에서 총장 우드로 윌슨은 이승만에게 박사학위를 수여했다. 이승만의 박사학위 논문제목은 「미국의 영향을 받은 중립론」이었다.

이승만은 왜 그런 논문을 썼을까? '중립' 만이 조선의 살 길이라는,

조선의 지정학적 운명에 대한 관심 때문이었을까? 오직 '힘의 논리' 만이 있을 뿐, 국제사회 그 어느 곳에도 '스퀘어 딜' 은 없었기에 더욱 '중립론' 에 관심을 가졌던 건지도 모르겠다.

참고문헌 Allen 1991 · 1999, Limerick 1998, Oliver 2002, Rhee 1912, 강병한 2007, 고정휴 1995, 김기정 2003, 박보균 2005, 박진빈 2006, 서정주 1995, 손세일 2001-2003, 이달순 2000, 이한우 1995, 정병준 2005, 정수일 2005, 주진오 1996, 한기홍 2004

"일본은 한국에 지배적인 권리가 있다" 포츠머스조약

루스벨트가 주도한 포츠머스조약

1905년 8월 8일, 러시아와 일본 양국의 협상대표단이 미국 뉴햄프셔주의 작은 해군기지인 포츠머스에 도착해 1년 넘게 끈 러일전쟁을 종결하기 위한 강화회담을 시작했다. 러시아군 사상자 27만 명 중 사망자 5만 명 이상, 일본군 사상자 27만 명 중 사망자 8만 6,000명이라는 참혹한 통계수치가 말해주듯, 양쪽 모두 지칠 대로 지친 상황이었다. 일본군 사상자는 68만 9,000명이며, 이중 전사자만 14만 5,000명이었다는 통계도 있다. 일본이 이 전쟁에서 지출한 직접군사비는 14억 엔으로 청일전쟁의 전비를 6배나 초과하는 비용이었고, 1903년도 군사비의 10배, 국가예산의 5배 가까운 액수였다. 그렇지만 유리한 위치는 전쟁에서 사실상 승리한 일본이었다.

정일성(2002)은 "일본은 스스로 먼저 강화조약을 맺자고 나서기 싫어 미국의 루스벨트 대통령을 끌어들였다. 이토가 그의 내각에서 농무상과 법무상을 지낸 가네코 겐타로에게 루스벨트 대통령을 움직이게 한 것이다"며 다음과 같이 주장한다.

"가네코는 하버드대 로스쿨(2년제) 출신으로 미국에 친구가 많았다. 그는 학부와 수업연한은 달랐지만 루스벨트와 같은 해(1876)에 입학했다. 재학하는 동안에는 만난 적이 없었으나 가네코가 1889년 의회조사를 위해 도미했을 때 미국 친구의 소개로 당시 행정개혁위원장이었던 루스벨트를 알게 되어 서로 사신(私信)과 크리스마스카드를 주고받는 친숙한 사이가 되었다. 일본의 의뢰를 받은 루스벨트는 곧 중재에 나서 1905년 8월부터 미국 동부 포츠머스에서 회담을 시작할 수 있게 했다."

8월 9일부터 시작된 회담은 29일 완전히 타결되었고 9월 5일에 조인되었다. 포츠머스 회담의 핵심은 한국을 일본에 넘긴다는 것이었다. 조약 제1조는 '러·일 양국의 통치자와 국민들 사이에 앞으로 평화와 우애가 있을 것'을 선언한 단순한 외교적 조항이었고, 제2조에서 명시적으로 "일본은 한국에 지배적인 권리가 있음을 인정한다"고 규정했다. 이 조약으로 뤼순·다롄(大連)의 조차권과 창춘(長春) 이남의 철도부설권, 북위 50도 이남의 사할린섬을 일본이 가져갔다. 동해와 오호츠크해·베링해의 러시아령 연안어업권도 가져갔다.

"포츠머스 회담은 역사상 가장 위대한 평화회담?"

루스벨트는 러시아로부터는 일본이 그 지역을 차지하는 데 대한 인정을 받아냈고, 일본으로부터는 전투를 중지하고 더이상 팽창하지 않겠다는 동의를 얻어냈다. 그와 동시에 미국이 그 지역에서 자유롭게 교

역할 수 있는 권리를 보장받는 비밀협정을 일본과 체결했다.

포츠머스조약은 전쟁 땐 일본을 지지했지만 전후에는 일본이 너무 많이 가져가는 걸 경계한 루스벨트의 노회한 외교술의 승리였다. 한국만 먹고 떨어지라는 식이었다. 협상타결 직후 『포츠머스헤럴드(The Portsmouth Herald)』는 1면 톱기사에서 "Peace"라는 제목으로 체결소식을 전했고, 회담이 열린 장소는 평화빌딩으로 불렸으며, 이 빌딩의 입구안내판에는 "포츠머스 회담은 역사상 가장 위대한 평화회담"이라고 새겨졌다. 그러나 그 '위대함'의 제단에 바쳐진 희생양은 한국이었다.

1905년 9월 9일 루스벨트는 "일본이 한국의 외교권을 인수하는 것에 대해 이의가 없다"고 발표했다. 루스벨트는 포츠머스 강화회담을 주선하고 중재해 세계평화를 이루었다고 1906년 노벨평화상까지 받았으며, 90여년 후인 1998년 미국 『타임』은 루스벨트를 '20세기 최초의 위대한 정치적 인물'로 선정했다. 1910년 일본의 한국 강점시 미국 대통령은 루스벨트의 뒤를 이어 미국 제27대 대통령이 된 태프트였다.

두말할 필요 없이 포츠머스조약은 한국엔 재앙이었다. 일본이 한국을 집어 삼키는 것에 대해 이의를 제기한 나라는 하나도 없었다. 송우혜(2004)는 "대한제국은 문자 그대로 고립무원의 처지로서, 그토록 치명적인 치욕과 피해를 입으면서도 주변국의 도움은커녕 국제적인 경멸의 대상에 불과한 처참한 상태였다"며 다음과 같이 말한다.

"대한제국은 국제적으로 왜 그토록 고립되었고, 왜 그처럼 참혹한 대우를 받았던가. 가장 중요한 요인은 당시의 국제사회가 '한국 국민은 나약하고 자치능력이 없다' 고 판단한 것이었다. 그래서 하나의 독립된 국가라기보다 전쟁 마당에 나와 있는 커다란 전리품으로 취급해버린 것이다. 포츠머스 조약을 통해서 이처럼 국제적으로 확산되고 정착된 왜곡된 한국민의 이미지는 대한제국 멸망의 직접적 도화선이 되었을 뿐만 아니라 두고두고 우리 민족의 운명에 가혹한 족쇄로 작용했다."

박노자는 "러일전쟁에서 러시아가 참패한 사건은 구한말 지배층에게 예상 밖의 청천벽력과 같은 충격"으로 "여태까지 '백인 침략강국 러시아' 에 더 경계심을 가졌던 일부 독립지향적인 인사들이 반러에서 반일로 돌아서는 계기"가 된 반면 "친일적 성향을 띤 상당수 사람들에게는 황인종으로서는 유일한 근대국가인 일본이 한반도를 지배하는 것은 불가피하다"는 생각이 고개를 든 중요한 계기로 작용하였다고 평가한다(박노자 · 허동현 2005).

앨리스 루스벨트의 한국 방문

러일전쟁의 결과로 대한제국의 장래에 어두운 그림자가 드리워지자 고종은 물에 빠진 이가 지푸라기라도 잡고 싶은 심정이었다. 1905년 9월 19일 태프트와 함께 일본과 필리핀을 방문했던 루스벨트 대통령의 딸 앨리스(Alice Roosevelt, 1884~1980)가 태프트 일행과 헤어져서 서울에 도착했을 때에, 고종의 눈엔 앨리스가 지푸라기 이상으로 보였으리라.

손세일(2001-2003)에 따르면, "이때에 고종이 보인 환대는 민망스러울 정도였다. 앨리스는 이전에 방문한 다른 나라 왕족 이상의 대접을

1905년 석마에 올라탄 앨리스 루스벨트(Willard Straight, Cornell University Library Collection).

받았다. 일행이 지나는 큰길가에는 사람들이 빽빽이 늘어서서 청홍(靑紅)의 장명등과 성조기를 흔들었다. 도착한 이튿날 고종은 앨리스 일행을 접견하고 오찬을 베풀었는데, 그는 앨리스와 같은 테이블에 앉았다. 오찬에 참석한 정부고관들 가운데에는 양복을 처음 입어 보는 사람들이 많았다."

허동현(2009)에 따르면, "대한제국 황제는 물에 빠진 이가 지푸라기를 잡는 심정으로 '미국 공주'를 극진히 환대했다. 일본의 만행을 알리려 명성황후를 모신 홍릉에서 환영만찬을 열었지만 그녀는 능을 지키는 돌짐승에 마음을 뺏겼을 뿐이다. 석마(石馬)에 올라탄 그녀의 모습은 도와줄 이 아무도 없던 대한제국의 아픈 현실을 상징하는 소극(笑劇)이다. 남의 힘에 기대 생존하려 했던 한 세기 전의 슬픈 역사는 다시 돌아온 제국의 시대를 사는 우리의 가슴에 비수로 꽂힌다."

고종만 몸이 달았던 건 아니다. 『대한매일신보』는 "연약한 미국 공주가 이런 장거리 항행을 해서 한국에 온 것은 참으로 보기 드문 일이다"라며 "그녀의 한국 방문으로 한국은 산천은 더욱 빛나고 초목이 영광을 품었다"고 주장했다. 이를 지켜본 미국 공사관 부영사 스트레이트(Willard Straight)는 앨리스의 한국 방문은 마치 "황달에 걸린 그들의 상상력에 구멍대" 같은 것이었다고 묘사했다.

앨리스 일행이 한국에 머무는 동안 고종은 같이 온 상원의원 뉴런즈(Francis G. Newlands)를 만났는데, 뉴런즈는 고종에게 국제변호사를 고용해 위엄 있는 이의신청을 하라고 권했다. 앨리스 일행은 29일에 기차로 부산까지 가서, 10월 2일에 배편으로 한국을 떠났다. 이에 대해 캐럴 쇼는 앨리스가 융숭한 대접만 받고 그냥 가버렸다며, 이 사건을 미 정부가 조선을 우롱한 단적인 사례로 보았다.

1905년 10월 어느 날 민영환을 비롯한 몇 사람의 대신들이 비공식 회의를 열고 당면문제를 논의하면서 한미수호조약의 '거중조정' 조항을 다시 논의했다. 한국 정부로서 유일한 대책은 미국의 협력을 얻는 것뿐이라는 결론을 내리고, 그러한 내용을 담은 황제의 친서를 미국 대통령에게 전달하기로 했다. 밀사로 선교사 헐버트(Homer Bezaleel Hulbert, 1863~1949)를 선임했는데, 헐버트는 고종의 친서가 도중에 일본인들에게 탈취당할 것을 두려워해 그것을 주한 미국공사관의 파우치 편으로 워싱턴까지 보냈다. 고종은 헐버트를 밀파한 뒤 11월 12일에 에드윈 V. 모건(Edwin V. Morgan, 1865~1934) 공사에게 루스벨트 앞으로 보내는 친서를 전달해주도록 부탁했으나, 모건은 그 일에 관여하기를 거절했다.

1905년 11월 18일 을사늑약

포츠머스조약에 대한 비준안을 교환한 날인 10월 16일로부터 불과 23일 만인 1905년 11월 9일 이토 히로부미(伊藤博文, 1841~1909)가 보호조약 체결을 위해 대한해협을 건너 대한제국에 입국했다. 이토는 하야시 곤스케(林權助, 1860~1939) 공사와 하세가와 요시미치(長谷川好道, 1850~1924) 주한 일본군사령관 등과 함께 9일부터 18일까지 을사늑약을 체결하기 위해 한국 대신들을 회유·협박하는 작업을 벌였다.

이토가 한국에 들어온 지 불과 여드레 만인 1905년 11월 18일(음력 10월 22일) 오전 1시경 덕수궁 중명전에서 을사늑약(乙巳勒約, 을사보호조약 또는 이른바 제2차 한일협약)이 체결되기에 이르렀다(밤 12시를 넘겨 체결되었지만 11월 17일에 시작된 회의였기에, 일반적으로 을사늑약 체결일은 11월 17일로 간주되고 있다). 이토는 일본군을 출동시킨 가운데 8명의 대신 중 내부대신 이지용, 군부대신 이근택, 외부대신 박제순, 학부대신 이완용, 농상공부대신 권중현 등 이른바 '을사5적'의 찬성을 근거로 과반수가 넘었기에 양국의 합의로 조약이 성립되었다면서, 양국 대표로서 외부대신 박제순과 주한 일본공사 하야시가 서명한 조인서를 만들게 했다.

조약의 내용은 ① 일본 정부는 일본 외무성을 통하여 한국의 외교관계 및 그 사무 일체를 감독 지휘하고, 외국재류 한국인과 그 이익도 일본의 외교 대표자나 영사로 하여금 보호하게 하고, ② 한국과 다른 나라 사이에 현존하는 조약을 실행할 임무는 일본 정부가 맡고, 한국 정부는 일본 정부의 중개를 거치지 않고는 국제적 성질을 띤 어떠한 조약이나 약속을 맺지 못하도록 하고, ③ 일본 정부의 대표자로 서울에 1명의 통감(統監)을 두어 자유로이 황제를 알현할 권리를 갖게 하고, 각 개항장과 필요한 지방에 통감 지휘하의 이사관을 두게 하고, ④ 일본과 한국 사이에 현존하는 조약 및 약속은 이 협약의 조항들에 저촉되지 않는 한 계속 효력을 가지고, ⑤ 일본 정부는 한국 황실의 안녕과 존엄을 유지할 것을 보증한다는 것이었다.

다섯째 조항은 한국 대신들의 요구로 추가된 것이었으나, 그것은 허울에 지나지 않는 것이었다. 하야시 공사는 이 조항은 한국 대신들이 예의체면론과 고종에게 생색을 내기 위해 요구해서 넣었을 뿐이라고 비꼬았다. 이 조약에 따라 대한제국의 외교권은 일본 외무성이 가지고, 내정은 통감이 관할하게 되었으니 이로써 대한제국은 국가적 주권을 상실한 것이었다. 물론 사실상의 국가적 주권은 이미 상실된 지 오래였지만 말이다.

"침몰하는 배에서 황급히 도망치는 쥐떼"

을사늑약 체결소식에 조선 백성이 분노에 떨 때 조선 주재 타국 외교관들은 무엇을 하고 있었던가? 당시 한국 정부와 외교관계를 맺었던 나라는 모두 11개국이었고 공사를 파견한 나라는 일본, 미국, 영국, 독일, 러시아, 프랑스, 청국 등 7개국이었다. 이미 공사관이 폐쇄되었거나 철수한 러시아와 일본 이외의 나라들은 미국이 앞장서는 가운데 공사관을 철수시켰다. 서양국가들 중 한국과 가장 먼저 외교관계를 수립한 미국은 가장 먼저 국교를 단절하는 기록을 세웠다. 1882년 5월 22일에서 1905년 11월 24일까지 23년 6개월 만이었다.

알렌의 후임으로 부임했던 당시 미국공사 모건은 한국 민중이 보호조약에 반대해 철시를 하고 아우성칠 때 일본공사 하야시와 축배를 들고, 한국 정부에 고별의 인사 한마디 없이 서울을 떠났다. 아무리 '떠날 때는 말없이' 라지만, 이건 해도 너무 하지 않은가?

이에 대해 헐버트(Hulbert 1999)는 "이제까지 조선은 미국의 우의에 의존하여 존립했다는 확신을 가졌던 그 감정이 그와 같은 조약이 종결된 것을 계기로 하여 급격하고도 날카로운 반감으로 바뀔 수도 있었지만 그렇지 못했다는 데에 대하여는 놀라움을 금할 수가 없다"며 다음과 같이 개탄했다.

"성조기는 공평과 정의의 표상이 되었으며 미국 국민은 자기에게만 도움이 되는 이익만을 오로지 추구하는 이기주의자가 아니라 정의-거기에는 힘이 수반되든지 그렇지 않든 간에-의 편에서 싸워 온 국민이라고 각계각층의 미국인들은 4반세기(1882년 한미수호조약 체결에서 1905년 을사늑약까지) 동안이나 장담해왔다. 그러나 자신의 입장이 난처하게 되자 우리가 언제 그런 적이 있었더냐는 듯이 고별의 인사 한마디 없이 가장 오만한 방법으로 한민족을 배신하는 데에 제일 앞장을 섰다."

미국 정부방침에 따라 황급히 한국을 떠나야 했던 미국 부영사 스트레이트조차 미국의 공사관 철수가 마치 "침몰하는 배에서 황급히 도망치는 쥐떼 같은" 모습이었다고 표현했다.

김재엽(2004)은 "당시 미국의 행위는 오늘날까지도 한국 내 일각에서 미국을 '배척해야 할 악(惡)'으로 주장하는 증거로 인용되고 있으며, 이것만으로도 미국에 두고두고 부담으로 남을 수밖에 없다"며 다음과 같이 주장한다.

"하지만 당시 미국의 잘못을 근거로 '미국은 불구대천의 원수'라고 단정짓는 것 역시 어리석은 짓이다. 1세기 전 미국이 저지른 일은 한국이 미국에 대해 지나친 기대나 의존을 해서는 곤란하다는 점을 보여주는 것이지, 미국이 항상 한국을 해치는 존재라는 뜻은 아니다. 어떤 국가든지 각자의 상황과 입장에 따라서 상대국과의 관계는 달라질 수 있는 것이다. '영원한 적도, 아군도 없다. 영원한 이익만이 존재할 뿐이다' 라는 격언은 바로 이 점에서 기억될 필요가 있다."

헐버트 · 민영찬의 활동

고종의 밀명을 받은 헐버트가 호놀룰루, 샌프란시스코, 시카고, 피츠버그를 거쳐 워싱턴에 도착한 것은 을사늑약이 강제로 체결된 다음 날인 11월 19일이었다. 손세일(2001-2003)은 "일본 정부는 헐버트가 루스벨트에게 고종의 친서를 전달하고 한국의 독립유지를 위한 미국 정부의 '거중조정' 을 당부하기 전에 모든 것을 해결해버릴 필요가 있다고 판단하고 이토 히로부미를 한국에 파견하여 폭압적인 수단으로 조약체결을 서둔 것이었다" 고 했다.

루스벨트는 헐버트에게 외교사항이므로 국무부로 가라면서 접견을 거절했고, 국무장관 루트는 바쁘다는 핑계로 하루하루 미루다가 모건 공사에게 주한 미국공사관의 철수를 훈령하고 난 다음 날인 11월 25일에야 헐버트를 만났지만 매우 냉랭하게 대했다. 상원의원들도 마찬가지였다. 헐버트가 조선의 사태를 설명했을 때 그들은 "당신은 우리가 어떻게 하기를 기대하는가? 미국이 조선 문제로 인해 일본과 전쟁을 일으키는 것이 옳다고 믿는가?" 라고 반문했다.

11월 26일 헐버트는 고종으로부터 다음과 같은 전문을 받았다. "짐은 총검의 위협과 강요 아래 최근에 한일 양국 사이에 체결된 이른바 보호조약이 무효임을 선언함. 짐은 이 조약에 동의하지 않았으며 앞으로도 결코 동의하지 아니할 것임. 이 뜻을 미국 정부에 전달하기 바람. 대한제국 황제."

이 전보는 이미 일본의 수중에 놓인 국내의 전신망을 이용하지 않기 위해 사람을 청국에까지 보내 타전한 것이었다. 헐버트는 이 전문을 국무부에 알렸으나 며칠 뒤에 그와 만난 루트 장관은 미국 정부가 이 문제로 할 수 있는 일은 없다고 말했다.

고종은 헐버트를 파견한 직후에 대미교섭을 강화하기 위해 또다시 민영환의 친동생인 주프랑스 공사 민영찬을 미국에 급파했다. 민영찬은 12월 11일에 루트와 만나 고종의 뜻을 전했다. 그러나 민영찬이 루트를 만난 닷새 뒤인 16일에 김윤정이 외부대신 임시서리 이완용으로부터 주미 한국공사관의 문서 및 그 밖의 재산을 일본공사관에 이양하라는 훈령을 받았다는 사실을 루트에게 통보함으로써 모든 대미 밀사교섭은 끝나고 말았다. 루트는 민영찬에 대한 회답을 미루다가 12월 19일에 보낸 편지에서 김윤정의 이 통보가 한국 정부의 공식통보라면서 민영찬의 요청을 거절했다. 김윤정은 공사관을 일본공사관에 넘겨주고 귀국했다. 포츠머스조약으로 누구는 노벨상을 받았다지만, 조선의 입장에선 그 조약의 모든 '주범' 들에게 '악마의 저주상' 을 줘도 시원치 않을 일이었으리라.

참고문헌 Brinkley 1998, Hulbert 1999, Roosevelt 1962, 강병한 2007, 김기정 2003, 김재엽 2004, 도진순 2006, 박노자 · 허동현 2005, 박보균 2005, 손세일 2001-2003, 송우혜 2004, 안영배 1999, 윤덕한 1999, 이덕주 2004, 이민원 2004, 이상찬 1995, 정일성 2002, 최영창 2005, 허동현 2009

"미국은 우리에게 만형처럼 느껴진다"
알렌과 루스벨트

알렌과 루스벨트의 논쟁

고종에게 미국에 대한 환상을 심어주는 데에 가장 큰 기여를 했던 알렌은 어찌 되었는가? 그는 을사늑약에 대해 무슨 생각을 하고 있었는가? 여기서 약 2년 전에 일어난 1903년 9·30사건을 거론하지 않을 수 없다.

알렌은 휴가차 일시 귀국한 1903년 9월 30일 백악관에서 대통령 루스벨트와 격한 논쟁을 벌인 바 있었다. 알렌은 미국이 만주에서 러시아를 도와야 한다는 입장이었던 반면, 루스벨트는 일본을 도와야 하고 한국을 병합하도록 허용해야 한다는 쪽이었다. 알렌은 러시아가 만주에 도로와 철도를 건설해 거대한 상업적 무대를 열었으며 그곳 무역의 75퍼센트가 미국에 오고 있는데, 루스벨트가 그런 이득을 희생시키려 한다고 비판했다. 이에 대해 강성학(1999)은 "경제에는 문외한이며 지정학적 관점을 갖고 있는 루스벨트에게 알렌의 경제적 논리는 무의미한 것이었다"고 평가했다.

루스벨트는 "러시아는 그간 '문호개방'을 보전하려는 우리의 모든 노력을 방해해왔다"고 지적하면서, 알렌이 "단지 미국의 상업적 이익만을 염두에 둔 일회성 정책을 주장하는 것"이라고 비판했다.

알렌은 정면에서 루스벨트의 생각을 반박했으며, 도중에 흥분해 루스벨트의 생각은 아주 쓸모없는 것이라고 공격하기까지 했다. 게다가 그는 미국 국민에 호소하고 싶은 마음에 면담 후 언론 인터뷰를 통해 자신의 주장을 폈는데, 이는 결과적으로 미국 대통령과 국무부를 무시하는 내용이었다. 분노한 루스벨트는 파면까지 생각했지만, 국무장관 존 헤이가 만류해 알렌은 견책(譴責)처분을 받았다.

알렌이 체미(滯美) 중일 때에 미국의 『콜로라도스프링스텔레그라프(Colorado Springs Telegraph)』 1903년 10월 24일자를 비롯한 여러 신문에 "고종황제가 미국 선교사의 딸 에밀리 브라운과 성대한 결혼식을 올렸다"는 황당한 내용의 기사가 실렸다. 김원모는 이를 '알렌의 충정이 빚어낸 해프닝'으로 보았다. 어떻게 해서건 조선에 대한 미국 여론의 관심을 끌어내보려던 알렌이 언론 플레이를 했다는 말이다.

"미국은 우리에게 맏형처럼 느껴진다"

알렌은 왜 루스벨트에게 대들고 그런 언론 플레이까지 할 정도로 미국의 대(對)러시아 · 일본 정책에 집착했던 걸까? 알렌의 동료들이 만주에 많은 투자를 한 것과 알렌의 친러적 태도와 연계시켜 보는 시각도 있지만, 설사 그렇다 하더라도 그게 전부는 아니었으리라.

미국의 국익을 지키기 위한 나름대로의 소신 때문일 수도 있었고,

과거 고종에게 "미국 국민은 한국이 앞으로 곤경에 빠질 경우에 강력하고도 사심 없는 말을 해줄 수 있는 유일한 국민이 될 것"이라고 말하면서 이권을 챙겼던 것에 대한 책임감에서 그랬던 것인지도 모를 일이다. 또 그는 고종에게 "미국과 다른 조약체결국들이 한국의 독립을 강탈하려는 어떤 국가의 기도를 어렵게 만들 것"이라고 개인적으로 확언한 바 있었고, 이런 확언에 자극받아 고종은 "미국은 우리에게 맏형처럼 느껴진다"고 말한 바 있다.

한국에서 미국이 획득한 이권은 미국의 정책보다는 알렌 개인의 노력에 더 좌우되었지만, 1905년에 이르러서는 열강 간 이권쟁탈전에서 미국이 최우위를 차지했다. 미국의 한 언론인은 "알렌은 상업적으로 미국이 독일이나 영국의 우위에 설 수 있도록 이권과 계약들을 확보해왔으며, 그것은 국외에서 멕시코를 제외하고는 유일한 사례인 것이다"고 평가했다. 이는 알렌이 공사직에 남기 위해 강조한 것을 반영한 견해이긴 하지만, 그리 과장된 이야기는 아니었다. 그럼에도 1905년 아시아에 대한 미국의 총 수출액 중에서 중국과 일본이 각각 42퍼센트와 40퍼센트를 차지한 반면, 한국은 0.8퍼센트에 불과했으니, 경제적으로도 한국은 중요한 고려사항이 아니었던 셈이다.

견책처분을 받고 한국에 돌아온 알렌은 심사숙고(深思熟考)했으리라. 김기정(2003)은 "한국으로 돌아온 이후에 알렌은 워싱턴이 선택한 미일 협력구도하에서는 일본의 한국 침탈에 대응해서 한국이 미국의 외교적 지원을 얻는다는 것은 거의 가능성이 없다는 사실을 다시금 확신하게 되었다. 따라서 알렌은 그가 더이상 반일주의자가 아님을 알리고자 온갖 노력을 다하였다. 특히 이때부터 일본의 한국 지배를 공공연히 주장하곤 했다. 이제 그에게 가장 시급한 것은 워싱턴으로부터 그의 신임을 회복하는 문제였기 때문이었다" 고 말했다.

알렌은 1904년에 이르러서는 한국의 몰락을 예감하고 있었다. 그는 한때 고종을 긍정 평가하였으나 이제는 "이 나라의 커다한 해충이 되어 있고, 저주의 대상이 되어 있으며……로마가 불타고 있는 동안 쓸데없이 시간을 낭비하고 있던 네로 황제처럼 무희들과 놀면서" 시간을 보내고 있는 지배자가 되었다고 판단했다.

알렌의 모순

알렌은 루스벨트의 신임을 다시 얻기 위해 애를 썼지만, 루스벨트는 알렌의 존재가 자신의 동아시아 정책수행에 혹시 방해가 될지 모른다고 판단해 1905년 3월 알렌을 해임시켰다. 알렌은 그때까지 7년 9개월을 공사로 일했다. 1900년 3월 이래 서울 공사관의 서기관이었던 모건이 그의 후임자가 되었다. 알렌은 자신을 위로하고 싶었던 걸까? 해링튼(Harrington 1973)은 다음과 같이 말한다.

"알렌 자신이 한국의 종말은 가까웠다고 수십 번 이야기했고, 더욱이 한국이 멸망하고 있다는 것에 대해 즐거움까지 나타낸 일이 있었다. 그런데 이제 그 자신이 한국인의 자유를 수호하는 자로 자처하고 일본의 지배로부터 이 나라를 구하려고 원했기 때문에 해임되었다고 생각하는 것이었다."

그랬다. 그의 심사는 모순으로 가득 차 있었다. 그는 이미 1902년경부터 미 국무성에 보낸 보고서들에서 한국의 독립유지능력에 대한 비관적 견해를 여러 차례 피력했다. 그는 1904년 4월의 보고서에서는 한

하세가와와 함께 통감부로 향하는 이토 히로부미(앞).

국 황제의 미국에 대한 기대가 '당혹스럽다' 고까지 말하면서 자신은 그런 기대를 부추기지 않았으며, 오히려 한국 황제가 "1882년 제물포 조약의 제1조('우호적 중재' 가 명시되어 있는 조문)를 자신에게 유리하게끔 제멋대로 해석하고 싶어 합니다" 라고 주장했다.

한국에 대한 애증(愛憎)의 감정을 가졌던 걸까? 그러면서도 알렌은 한국의 몰락을 가슴 아파했다. 해임된 뒤 미국으로 돌아간 알렌은 1905년 11월 29일 친지에게 보낸 편지에서 미국공사관의 신속한 철수에 대해 다음과 같이 비판했다.

"무엇보다도 나를 가장 불쾌하게 했던 일은 미국이 상황을 받아들임에 있어서 너무 성급한 방법을 취했다는 것이었다. 영국이 첫 행동을 취할 때까지 왜 조금 더 기다리지 못했을까? 한국인들은 우리를 너무나 신뢰하였고, 헤이 장관 시절까지 워싱턴으로부터 많은 훌륭한 약속을 받았었다. 적어도 우리는 그들에게 동정심을 표현했어야 했으며, 관에 못질하는 것은 장례식이 끝날 때까지는 기다렸어야 했었다."

알렌은 1905년 12월 18일자 편지에서도 그런 비판을 반복했다. 그는 "일본이 보호령을 포고한 지 불과 10일 이내에, 이 문제에 대한 영국의 고지(告知)가 있기도 전에, 또 대통령의 영애(令愛, Alice Roosevelt)가 한국 황제로부터 그처럼 훌륭한 향응을 받은 지 불과 몇 주일도 되지 않았는데 우리의 행동이 이다지도 성급한 것에 충격을 받았다"고 말했다.

김기정(2003)은 "알렌이 뒷날 미국의 공사관 철수에 대해 비판적이었던 것은 그 정책 자체의 정당성에 대한 비판이 아니라 정책집행의 시간상의 문제였다"며 "결국 그의 지한적(知韓的) 태도는 제국주의 시대의 전형적 외교관의 인식을 크게 벗어나지 못하는 것이었다"고 평가했다.

알렌은 충격을 받았다지만, 고종황제는 이러한 충격 속에서도 포기하지 않았다. 고종은 알렌에게 한국 문제의 해결을 위해 사용하라고 만 달러를 동봉한 편지를 보냈지만, 이제 모든 게 끝나버렸다고 생각한 알렌은 돈을 되돌려 보냈다. 알렌의 일본 경계론은 나중에 들어맞았지만, 그의 심사는 늘 복잡했다. 미국의 이익이라는 관점에서 한국을 생각했기 때문일 수도 있다. 그는 1932년 12월 11일 사망했다.

미국은 조선에게 맏형처럼 느껴졌을망정 결코 믿을 만한 맏형은 아니었다. 아니 막내아우를 인신매매시장에 팔아넘긴 몹쓸 형님이었다. 그러나 국제관계에서 그런 형님-아우 관계가 어디에 있겠는가. 오직 힘이 모자란 탓이었다. 당시 그리고 후로도 한동안 조선 지식인들이 사회진화론에 심취한 것은 당연한 일이라 하겠다.

참고문헌 Allen 1991 · 1999, Harrington 1973, 강성학 1999, 김기정 2003, 김재엽 2004, 민경배 1991, 최문형 2004

Frederick Lewis Allen, 『Only Yesterday: An Informal History of the Nineteen-Twenties』, New York: Bantam Books, 1931.

F. L. 알렌(Frederick Lewis Allen), 박진빈 옮김, 『원더풀 아메리카』, 앨피, 2006.

F. L. 알렌(Frederick Lewis Allen), 박진빈 옮김, 『빅 체인지』, 앨피, 2008.

H. N. 알렌(H. N. Allen), 김원모 완역, 『알렌의 일기: 구한말 격동기 비사』, 단국대학교출판부, 1991.

H. N. 알렌(H. N. Allen), 신복룡 역주, 『조선견문기: 한말 외국인 기록 4』, 집문당, 1999.

Robert C. Allen & Douglas Gomery, 『Film History: Theory and Practice』, New York: Alfred A. Knopf, 1985.

J. Herbert Altschull, 『Agents of Power: The Role of the News Media in Human Affairs』 New York: Longman, 1984.

허버트 알철(J. Herbert Altschull), 강상현 · 윤영철 공역, 『지배권력과 제도언론: 언론의 이데올로기적 역할과 쟁점』, 나남, 1991.

허버트 알철(J. Herbert Altschull), 양승목 옮김, 『현대언론사상사: 밀턴에서 맥루한까지』, 나남, 1993.

케이티 앨버드(Katie Alvord), 박웅희 옮김, 『당신의 차와 이혼하라』, 돌베개, 2004.

크리스 앤더슨(Chris Anderson), 정준희 옮김, 『프리: 비트 경제와 공짜 가격이 만드는 혁명적 미래』, 랜덤하우스, 2009.

조엘 안드레아스(Joel Andreas), 평화네트워크 옮김, 『전쟁중독: 미국이 군사주의를 차버리지 못하는 진정한 이유』, 창해, 2003.

데이비드 아널드(David Arnold), 서미석 옮김, 『인간과 환경의 문명사』, 한길사, 2006.

폴 애브리치(Paul Avrich), 하승우 옮김, 『아나키스트의 초상』, 갈무리, 2004.

토머스 아이크(Thomas Ayck), 소병규 옮김, 『잭 런던: 모순에 찬 삶과 문학』, 한울, 1992.

Erik Barnouw, 『Documentary: A History of the Non-Fiction Film』, New York: Oxford

University Press, 1974.
Erik Barnouw, 『Tube of Plenty: The Evolution of American Television』, New York: Oxford Univ. Press 1982.
에릭 바누(Erik Barnouw), 이상모 옮김, 『세계 다큐멘터리 영화사』, 다락방, 2000.
P. T. Barnum, 『Struggles and Triumphs: Or, Forty Years' Recollections of P. T. Barnum』, New York: Penguin Books, 1981.
로버트 바스키(Robert Barsky), 장영준 옮김, 『촘스키, 끝없는 도전』, 그린비, 1998.
프랭클린 보머(Franklin L. Baumer), 조호연 옮김, 『유럽 근현대 지성사』, 현대지성사, 1999.
잭 비어티(Jack Beatty), 유한수 옮김, 『거상: 대기업이 미국을 바꿨다』, 물푸레, 2002.
시몬 드 보부아르(Simone de Beauvoir), 백선희 옮김, 『미국여행기』, 열림원, 2000.
울리히 벡(Ulrich Beck), 홍성태 옮김, 『위험사회: 새로운 근대(성)를 향하여』, 새물결, 1997.
대니얼 벨(Daniel Bell), 김진욱 옮김, 『자본주의의 문화적 모순』, 문학세계사, 1990.
Edward Bellamy, 「Looking Backward」, Richard N. Current & John A. Garraty, eds., 『Words That Made American History: The 1870's to the Present』, Boston, Mass.: Little, Brown and Co., 1962, pp.80~101.
존 벨튼(John Belton), 이형식 옮김, 『미국영화 / 미국문화』, 한신문화사, 2000.
Daniel J. Boorstin, 『The Image: A Guide to Pseudo-Events in America』, New York: Atheneum, 1964.
대니얼 J. 부어스틴(Daniel J. Boorstin), 이보형 외 옮김, 『미국사의 숨은 이야기』, 범양사출판부, 1991.
대니얼 부어스틴(Daniel J. Boorstin), 「미국, 정치제도의 성공 그리고 정치철학의 실패」, 이동욱 편역, 『21세기를 여는 상상력의 창조자들』, 여성신문사, 1995, 238~245쪽.
Tom Bottomore 외, 임석진 편집 및 책임감수, 『마르크스 사상사전』, 청아출판사, 1988.
Harry Braverman, 『Labor and Monopoly Capitalism: The Degradation of Work in the Twentieth Century』, New York: Monthly Review Press, 1974.
데니스 브라이언(Denis Brian), 김승욱 옮김, 『퓰리처: 현대 저널리즘의 창시자, 혹은 신문왕』, 작가정신, 2002.
앨런 브링클리(Alan Brinkley), 황혜성 외 공역, 『미국인의 역사(전3권)』, 비봉출판사, 1998.
데이비드 브룩스(David Brooks), 김소희 옮김, 『보보스는 파라다이스에 산다』, 리더스북, 2008.
디 브라운(Dee Brown), 최준석 옮김, 『나를 운디드 니에 묻어주오』, 프레스하우스, 1996.
빌 브라이슨(Bill Bryson), 정경옥 옮김, 『빌 브라이슨 발칙한 영어산책: 엉뚱하고 발랄한 미국의 거의 모든 역사』, 살림, 2009.
데이비드 캘러헌(David Callahan), 강미경 옮김, 『치팅컬처: 거짓과 편법을 부추기는 문화』, 서돌, 2008.
Andrew Carnegie, 「The Gospel of Wealth」, Richard N. Current & John A. Garraty, eds., 『Words That Made American History: The 1870's to the Present』, Boston, Mass.: Little, Brown and Co., 1962, pp.101~111.

Ronald H. Carpenter, 「America's Tragic Metaphor: Our Twentieth-Century Combatants as Frontiersmen」, 『The Quarterly Journal of Speech』, 76:1(February 1990), pp.1~22.
Harry Castleman & Walter J. Podrazik, 『Watching TV: Four Decades of American Television』, New York: McGraw-Hill, 1982.
CCTV 다큐멘터리 대국굴기 제작진, 소준섭 옮김, 『강대국의 조건: 미국』, 안그라픽스, 2007.
James E. Cebula, 「The New City and the New Journalism: The Case of Dayton, Ohio」, 『Ohio History』, 88(Summer 1979), pp.277~290.
에드워드 챈슬러(Edaward Chancellor), 강남규 옮김, 『금융투기의 역사: 튤립투기에서 인터넷 버블까지』, 국일증권경제연구소, 2001.
크리스토프 샤를(C. Charle) · 자크 베르제르(J. Verger), 김정인 옮김, 『대학의 역사』, 한길사, 1999.
노엄 촘스키(Noam Chomsky), 오애리 옮김, 『507년, 정복은 계속된다』, 이후, 2000.
노엄 촘스키(Noam Chomsky), 장영준 옮김, 『불량국가: 미국의 세계 지배와 힘의 논리』, 두레, 2001.
리처드 코니프(Richard Conniff), 이상근 옮김, 『부자』, 까치, 2003.
David A. Cook, 「The Birth of the Network」, 『Quarterly Review of Film Studies』, 8:3(Summer 1983).
앨리스터 쿠크(Alistair Cooke), 윤종혁 옮김, 『도큐멘터리 미국사』, 한마음사, 1995.
Martha Cooper & John J. Makay, 「Knowledge, Power, and Freud's Clark Conference Lectures」, 『The Quarterly Journal of Speech』, 74:4(November 1988), pp.416~433.
스탠리 코렌(Stanley Coren), 안인희 옮김, 『잠 도둑들: 누가 우리의 잠을 훔쳐갔나?』, 황금가지, 1997.
루이스 A. 코저(Lowis A. Coser), 신용하 · 박명규 옮김, 『사회사상사』, 일지사, 1978.
로버트 달(Robert A. Dahl), 박상훈 · 박수형 옮김, 『미국헌법과 민주주의』, 후마니타스, 2004.
메릴 윈 데이비스(Merryl Wyn Davies), 이한음 옮김, 『다윈과 근본주의』, 이제이북스, 2002.
케네스 데이비스(Kenneth C. Davis), 이순호 옮김, 『미국에 대해 알아야 할 모든 것, 미국사』, 책과함께, 2004.
Albert Desbiens, 『The United States of America: A Short History』, Montreal, Canada: Robin Brass Studio, 2007.
토머스 J. 딜로렌조(Thomas J. DiLorenzo), 남경태 옮김, 『링컨의 진실: 패권주의-위대한 해방자의 정치적 초상』, 사회평론, 2003.
John Dizikes, 「P. T. Barnum: Games and Hoaxing」, 『The Yale Review』, Spring 1978, pp.338~356.
밥 돌(Bob Dole), 김병찬 옮김, 『대통령의 위트: 조지 워싱턴에서 부시까지』, 아테네, 2007.
피터 드러커(Peter Drucker), 이재규 옮김, 『자본주의 이후의 사회』, 한국경제신문사, 1993.
피터 드러커(Peter Drucker), 이재규 옮김, 『이노베이션의 조건: 어떻게 스스로를 혁신할 것인가』, 청림출판, 2001.
윌 듀란트(Will Durant), 이철민 옮김, 『철학이야기』, 청년사, 1987.
데이비드 에드먼즈(R. David Edmunds), 「인디언의 눈으로 바라본 국가의 팽창」, 프레데릭 E. 혹시(Frederick E. Hoxie) · 피터 아이버슨(Peter Iverson) 엮음, 유시주 옮김, 『미국사에 던지는 질문: 인디언, 황야, 프런티어, 그리고 국가의 영혼』, 영림카디널, 2000, 215~236쪽.
Michael Emery & Edwin Emery, 『The Press and America: An Interpretive History of the Mass Media』, 8th ed.(Boston, Mass).: Allyn and Bacon, 1996.
질비아 엥글레르트(Sylvia Englert), 장혜경 옮김, 『상식과 교양으로 읽는 미국의 역사』, 웅진지식하우스, 2006.
낸시 에트코프(Nancy Etcoff), 이기문 옮김, 『미(美): 가장 예쁜 유전자만 살아남는다』, 살림, 2000.
세라 에번스(Sara M. Evans), 조지형 옮김, 『자유를 위한 탄생: 미국 여성의 역사』, 이화여자대학교 출판부, 1998.
스테파니 폴(Stephanie Faul), 유시민 편역, 『신대륙문화이야기: 미국 · 호주 · 뉴질랜드』, 푸른나무, 1999.
데버러 G. 펠더(Deborah G. Felder), 송정희 옮김, 『세계사를 바꾼 여성들』, 에디터, 1998.
도널드 제롬 필더(Donald J. Fielder), 윤동구 옮김, 『제로니모에게 배운다: 역사상 가장 위대했던 인디언 전사』, 한스미디어, 2008.
Louis Filler, 『Appointment At Armageddon: Muckraking and Progressivism in American Life』, Westport, Conn.: Greenwood Press, 1976.
Louis Filler, 『The Muckrakers』, University Park, Penn.: The Pennsylvania State University Press, 1976a.
마셜 W. 피쉬윅(Marshall W. Fishwick), 홍보종우 옮김, 『대중의 문화사』, 청아출판사, 2005.
리처드 플로리다(Richard Florida), 이길태 옮김, 『창조적 변화를 주도하는 사람들』, 전자신문사, 2002.
Jean Folkerts & Dwight L. Teeter, Jr., 『Voices of a Nation: A History of Mass Media in the United States』, 3rd ed.(Boston, Mass).: Allyn and Bacon, 1998.
존 벨라미 포스터(John Bellamy Foster), 김현구 옮김, 『환경과 경제의 작은 역사』, 현실문화연구, 2001.
존 벨라미 포스터(John Bellamy Foster), 박종일 · 박선영 옮김, 『벌거벗은 제국주의: 전 지구적 지배를 추구하는 미국의 정책』, 인간사랑, 2008.
로버트 프랭크(Robert H. Frank) · 필립 쿡(Philip J. Cook), 권영경 · 김양미 옮김, 『이긴 자가 전부 가지는 사회』, CM비지니스, 1997.
에릭 프라이(Eric Frey), 추기옥 옮김, 『정복의 역사, USA』, 들녘, 2004.
데이비드 프리드먼(David Friedman), 김태우 옮김, 『막대에서 풍선까지: 남성 성기의 역사』, 까치, 2003.
존 케네스 갤브레이스(John Kenneth Galbraith), 지길홍 옮김, 『불확실성의 시대』, 홍신문화사, 1995.
한스 디터 겔페르트(Hans-Dieter Gelfert), 이미옥 옮김, 『전형적인 미국인: 미국과 미국인 제대로 알기』, 에코리브르, 2003.
Henry George, 「Progress and Poverty」, Richard N. Current & John A. Garraty, eds., 『Words That Made American History: The 1870's to the Present』, Boston, Mass.: Little, Brown and Co., 1962, pp.69~80.
헨리 조지(Henry George), 김윤상 옮김, 『진보와 빈곤』, 비봉출판사, 1997.
제로니모(Geronimo), 『제로니모 자서전: 아파치 최후의 전사』, 우물이있는집, 2004.
토드 기틀린(Todd Gitlin), 남재일 옮김, 『무한 미디어: 미디어 독재와 일상의 종말』, Human & Books, 2006.
맬컴 글래드웰(Malcolm Gladwell), 노정태 옮김, 『아웃라이어』, 김영사, 2009.
존 스틸 고든(John Steele Gordon), 강남규 옮김, 『월스트리트제국: 금융자본권력의 역사 350년』, 참솔, 2002.
Daniel Guerin, 『Fascism and Big Business』, New York: Monad Press Book, 1974.
윌리엄 T. 헤이건(William T. Hagan), 「서부는 어떻게 사라져갔는가?」, 프레더릭 E. 혹시(Frederick E. Hoxie) · 피터 아이버슨(Peter Iverson) 엮음, 유시주 옮김, 『미국사에 던지는 질문: 인디언, 황야, 프런티어, 그리고 국가의 영혼』, 영림카디널, 2000, 237~266쪽.
데이비드 핼버스탬(David Halberstam), 김지원 옮김, 『데이비드 핼버스탬의 1950년대 아메리카의 꿈』, 세종연구원, 1996.
켄 하퍼(Kenn Harper), 박종인 옮김, 『뉴욕 에스키모 미닉의 일생』, 청어람미디어, 2002.
F. H. 해링튼(F. H. Harrington), 이광린 옮김, 『개화기의 한미관계: 알렌박사의 활동을 중심으로』, 일조각, 1973.
Neil Harris, 『Humbug: The Art of P. T. Barnum』, Chicago, Il.: The University of Chicago Press, 1973.
마이클 H. 하트(Michael H. Hart), 김평옥 옮김, 『랭킹 100 세계사를 바꾼 사람들』, 에디터, 1993.
로버트 L. 하일브로너(Robert L. Heilbroner), 장상환 옮김, 『세속의 철학자들: 위대한 경제사상가들의 생애, 시대와 아이디어』, 이마고, 2005.
그레고리 헨더슨(Gregory Henderson), 박행웅 · 이종삼 옮김, 『소용돌이의 한국정치』, 한울아카데미, 2000.
벨 훅스(Bel Hooks), 이경아 옮김, 『벨 훅스, 계급에 대해 말하지 않기』, 모티브북, 2008.
리오 휴버먼(Leo Huberman), 장상환 옮김, 『자본주의 역사 바로 알기』, 책벌레, 2000.
리오 휴버만(Leo Huberman), 박정원 옮김, 『가자, 아메리카로!』, 비봉출판사, 2001.
H. B. 헐버트(H. B. Hulbert), 신복룡 역주, 『대한제국멸망사: 한말 외국인 기록 1』, 집문당, 1999.
린 헌트(Lynn Hunt), 전진성 옮김, 『인권의 발명』, 돌베개, 2009.
마이클 헌트(Michael H. Hunt), 권용립 · 이현휘 옮김, 『이데올로기와 미국외교』, 산지니, 2007.

필리프 자캥(Philippe Jacquin), 송숙자 옮김, 『아메리카 인디언의 땅』, 시공사, 1998.
캐슬린 홀 재미슨(Kathleen Hall Jamieson), 원혜영 옮김, 『대통령 만들기: 미국대선의 선거전략과 이미지메이킹』, 백산서당, 2002.
찰머스 존슨(Chalmers Johnson), 안병진 옮김, 『제국의 슬픔: 군국주의, 비밀주의, 그리고 공화국의 종말』, 삼우반, 2004.
폴 존슨(Paul Johnson), 김욱 옮김, 『위대한 지식인들에 관한 끔찍한 보고서』, 한 · 언, 1999.
베른하르트 카이(Bernhard Kay), 박계수 옮김, 『항해의 역사』, 북폴리오, 2006.
마저리 켈리(Majorie Kelly), 강현석 옮김, 『자본의 권리는 하늘이 내렸나?』, 이소출판사, 2003.
폴 케네디(Paul Kennedy), 이일수 외 옮김, 『강대국의 흥망』, 한국경제신문사, 1996.
스티븐 컨(Stephen Kern), 박성관 옮김, 『시간과 공간의 문화사 (1880~1918)』, 휴머니스트, 2004.
로널드 케슬러(Ronald Kessler), 임홍빈 옮김, 『벌거벗은 대통령 각하』, 문학사상사, 1997.
F. 클렘(Friedrich Klemm), 이필렬 옮김, 『기술의 역사』, 미래사, 1992.
데이비드 C. 코튼(David C. Korten), 채혜원 옮김, 『기업이 세계를 지배할 때』, 세종서적, 1997.
미하엘 코르트(Michael Korth), 권세훈 옮김, 『광기에 관한 잡학사전』, 을유문화사, 2009.
P. A. 크로포트킨(Pyotr A. Kropotkin), 김유곤 옮김, 『크로포트킨 자서전』, 우물이있는집, 2003.
Jessica Kuper ed., 『Key Thinkers, Past and Present』, New York: RKP, 1987.
알랭 로랑(Alain Laurent), 김용민 옮김, 『개인주의의 역사』, 한길사, 2001.
V. I. Lenin, 『Imperialism: The Highest State of Capitalism』, New York: International Publishers, 1939.
William E. Leuchtenburg, 『The Perils of Prosperity, 1914~32』, Chicago: The University of Chicago Press, 1958.
스티븐 레빗(Steven D. Levitt) & 스티븐 더브너(Stephen J. Dubner), 안진환 옮김, 『슈퍼 괴짜경제학』, 웅진지식하우스, 2009.
패트리샤 넬슨 리메릭(Patricia Nelson Limerick), 김봉중 옮김, 『정복의 유산: 서부개척으로 본 미국의 역사』, 전남대학교 출판부, 1998.
데이나 린더만(Dana Lindaman) & 카일 워드(Kyle Ward) 엮음, 박거용 옮김, 『역지사지 미국사: 세계의 교과서로 읽는 미국사 50 장면』, 이매진, 2009.
스벤 린드크비스트(Sven Lindqvist), 김남섭 옮김, 『야만의 역사』, 한겨레신문사, 2003.
Kenneth Lindsay, 「The Future of UNESCO」, 『Spectator』, 177(13 Dec. 1946), pp. 634.
잭 런던(Jack London), 차미례 옮김, 『강철군화』, 한울, 1989.
잭 런던(Jack London), 한기욱 옮김, 『마틴 에덴』, 한울, 1991.
잭 런던(Jack London), 윤미기 옮김, 『잭 런던의 조선사람 엿보기: 1904년 러일전쟁 종군기』, 한울, 1995.
데이비드 로웬덜(David Lowenthal), 김종원 · 한명숙 옮김, 『과거는 낯선 나라다』, 개마고원, 2006.
Curtis D. MacDougall, 『Understanding Public Opinion: A Guide for Newspapermen and

Newspaper Readers』, New York: Macmillan, 1952.
마거릿 맥밀런(Margaret MacMillan), 권민 옮김, 『역사사용설명서: 인간은 역사를 어떻게 이용하고 악용하는가』, 공존, 2009.
루시 매덕스(Lucy Maddox) 편, 김성곤 외 옮김, 『미국학의 이론과 실제』, 서울대학교 출판부, 2006.
Alfred Thayer Mahan, 「The United States Looking Outward」, Richard N. Current & John A. Garraty, eds., 『Words That Made American History: The 1870's to the Present』, Boston, Mass.: Little, Brown and Co., 1962), pp.32~42.
데이비드 마크(David Mark), 양원보 · 박찬현 옮김, 『네거티브 전쟁: 진흙탕 선거의 전략과 기술』, 커뮤니케이션북스, 2009.
Richard L. McCormick, 「The Discovery that Business Corrupts Politics: A Reappraisal of the Origins of Progressivism」, 『American Historical Review』, 86(April 1981), pp.247~274.
Thomas K. McCraw ed., 『Regulation in Perspective: Historical Essays』, Cambridge, Mass.: Harvard University Press, 1981.
존 맥닐(John R. McNeill) · 윌리엄 맥닐(William H. McNeill), 유정희 · 김우영 옮김, 『휴먼 웹: 세계화의 세계사』, 이산, 2007.
하워드 민즈(Howard Means), 황진우 옮김, 『머니 & 파워: 지난 천년을 지배한 비즈니스의 역사』, 경영정신, 2002.
John Stuart Mill, 『Utilitarianism / On Liberty / Essay on Bentham』, New York: Meridian Books, 1962.
존 스튜어트 밀(John Stuart Mill), 서병훈 옮김, 『자유론』, 책세상, 2005.
네이슨 밀러(Nathan Miller), 김형곤 옮김, 『이런 대통령 뽑지 맙시다: 미국 최악의 대통령 10인』, 혜안, 2002.
C. W. 밀스(C. Wright Mills), 진덕규 옮김, 『파워엘리트』, 한길사, 1979.
에드윈 무어(Edwin Moore), 차미례 옮김, 『그 순간 역사가 움직였다: 세계사를 수놓은 운명적 만남 100』, 미래인, 2009.
Richard Morris & Philip Wander, 「Native American Rhetoric: Dancing in the Shadows of the Ghost Dance」, 『The Quarterly Journal of Speech』, 76:2(May 1990), pp.164~191.
케네스 M. 모리슨(Kenneth M. Morrison), 「아메리카 원주민과 미국 혁명: 역사적 담론과 프런티어 분쟁의 추이」, 프레더릭 E. 혹시(Frederick E. Hoxie) · 피터 아이버슨(Peter Iverson) 엮음, 유시주 옮김, 『미국사에 던지는 질문: 인디언, 황야, 프런티어, 그리고 국가의 영혼』, 영림카디널, 2000), 137~163쪽.
존 모로(John Morrow), 김영명 · 백승현 옮김, 『정치사상사』, 을유문화사, 2000.
빈센트 모스코(Vincent Mosco), 김지운 옮김, 『커뮤니케이션 정치경제학』, 나남, 1998.
테드 네이스(Ted Nace), 김수현 옮김, 『미국의 경제 깡패들』, 예지, 2008.
David F. Noble, 『America by Design: Science, Technology, and the Rise of Corporate

Capitalism』, New York: Oxford University Press, 1977.
조지프 나이(Joseph S. Nye), 홍수원 옮김, 『제국의 패러독스』, 세종연구원, 2002.
돈 오버도퍼(Don Oberdorfer), 이종길 옮김, 『두 개의 한국』, 길산, 2002.
로버트 올리버(Robert T. Oliver), 황정일 옮김, 『이승만: 신화에 가린 인물』, 건국대학교 출판부, 2002.
Christine Oravec, 「Conservationism vs. Preservationism: The "Public Interest" in the Hetch Hetchy Controversy」, 『The Quarterly Journal of Speech』, 70:4(November 1984), pp.444~458.
알폰소 오르티즈(Alfonso Ortiz), 「서언 / 인디언과 백인의 관계: '프런티어' 반대편에서 바라본 관점」, 프레더릭 E. 혹시(Frederick E. Hoxie) · 피터 아이버슨(Peter Iverson) 엮음, 유시주 옮김, 『미국사에 던지는 질문: 인디언, 황야, 프런티어, 그리고 국가의 영혼』, 영림카디널, 2000, 19~39쪽.
찰스 패너티(Charles Panati), 이용웅 옮김, 『문화와 유행상품의 역사(전2권)』, 자작나무, 1997.
찰스 패너티(Charles Panati), 최희정 옮김, 『문화라는 이름의 야만』, 중앙 M&B, 1998.
웨인 패터슨(Wayne Patterson), 정대화 옮김, 『아메리카로 가는 길: 한인 하와이 이민사, 1896~1910)』, 들녘, 2002.
웨인 패터슨(Wayne Patterson), 정대화 옮김, 『하와이 한인 이민 1세: 그들 삶의 애환과 승리(1903~1973)』, 들녘, 2003.
Don R. Pember, 『Mass Media in America』 4th ed.Chicago: SRA, 1983.
마크 펜더그라스트(Mark Pendergrast), 고병국 · 세종연구원 옮김, 『코카콜라의 경영기법』, 세종대학교 출판부, 1995.
스토 퍼슨스(Stow Persons), 이형대 옮김, 『미국지성사』, 신서원, 1999.
시어도어 피터슨(Theodore Peterson) & 가네히라 쇼노스케, 전영표 · 금창연 편역, 『미국잡지경영전략』, 독자와함께, 1996.
케빈 필립스(Kevin Phillips), 오삼교 · 정하용 옮김, 『부와 민주주의: 미국의 금권정치와 거대부호들의 정치사』, 중심, 2004.
Adam Piore, 「상업주의로 얼룩진 성조기」, 『뉴스위크 한국판』, 2001년 12월 5일, 44면.
톰 플레이트(Tom Plate), 김혜영 옮김, 『어느 언론인의 고백』, 에버리치홀딩스, 2009.
에드위 플레넬(Edwy Plenel), 김병욱 옮김, 『정복자의 시선: 서방 세계는 타자를 어떻게 재구성했는가』, 마음산책, 2005.
케네스 포메란츠(Kenneth Pomeranz) · 스티븐 토픽(Steven Topik), 박광식 옮김, 『설탕, 커피 그리고 폭력: 교역으로 읽는 세계사 산책』, 심산, 2003.
필립 폼퍼(Philip Pomper), 윤길순 옮김, 『네차예프, 혁명가의 교리문답』, 교양인, 2006.
이시엘 디 솔라 풀(Ithiel de Sola Pool), 원우현 옮김, 『자유언론의 테크놀러지』, 전예원, 1985.
Daniel Pope, 『The Making of Modern Advertising』, New York: Basic Books, 1983.
Glenn Porter, 손영호 · 연동원 편역, 『미국 기업사: 거대 주식회사의 등장과 그 영향』, 학문사, 1998.
피에르 조제프 프루동(Pierre Joseph Proudhon), 이용재 옮김, 『소유란 무엇인가』, 아카넷,

2003.
윌리엄 레이몽(William Reymond), 이희정 옮김, 『코카콜라 게이트: 세계를 상대로 한 콜라 제국의 도박과 음모』, 랜덤하우스, 2007.
Syngman Rhee, 『Neutrality as Influenced by the United States(Ph.D. Dissertation, Princeton University 1910)』, Princeton: Princeton University Press, 1912.
윌리엄 라이딩스 2세(William J. Ridings, Jr.) & 스튜어트 매기버(Stuart B. McIver), 김형곤 옮김, 『위대한 대통령 끔찍한 대통령』, 한 · 언, 2000.
D. 리스먼(David Riesman) 외, 권오석 옮김, 『고독한 군중』, 홍신문화사, 1994.
페이터 라트베르헨(Peter Rietbergen), 김길중 외 옮김, 『유럽 문화사』, 지와 사랑, 2003.
제러미 리프킨(Jeremy Rifkin), 이영호 옮김, 『노동의 종말』, 민음사, 1996.
제러미 리프킨(Jeremy Rifkin), 전영택 · 전병기 옮김, 『바이오테크 시대』, 민음사, 1999.
제러미 리프킨(Jeremy Rifkin), 이희재 옮김, 『소유의 종말』, 민음사, 2001.
제러미 리프킨(Jeremy Rifkin), 신현승 옮김, 『육식의 종말』, 시공사, 2002.
제러미 리프킨(Jeremy Rifkin), 이원기 옮김, 『유러피언 드림: 아메리칸 드림의 몰락과 세계의 미래』, 민음사, 2005.
마르트 로베르(Marthe Robert), 이재형 옮김, 『정신분석혁명: 프로이트의 삶과 저작』, 문예출판사, 2000.
Theodore Roosevelt, 「Message to Congress(December 5, 1905)」, Richard N. Current & John A. Garraty, eds., 『Words That Made American History: The 1870's to the Present』, Boston, Mass.: Little, Brown and Co., 1962, pp.160~168.
리처드 로티(Richard Rorty), 김동식 옮김, 『실용주의의 결과』, 민음사, 1996.
에밀리 로젠버그(Emily S. Rosenberg), 양홍석 옮김, 『미국의 팽창: 미국 자유주의 정책의 역사적인 전개』, 동과서, 2003.
William Ryan, 『Blaming the Victim』, New York: Vintage Books, 1971.
Scott A. Sandage, 『Born Losers: A History of Failure in America』, Cambridge, Mass.: Harvard University Press, 2005.
지아우딘 사다르(Ziauddin Sardar) & 메릴 윈 데이비스(Merryl Win Davies), 장석봉 옮김, 『증오 바이러스, 미국의 나르시시즘』, 이제이북스, 2003.
Arthur M. Schlesinger, Jr., 『The Imperial Presidency』, Boston, Mass.: Houghton Mifflin, 1973.
라이너 M. 슈뢰더(Rainer M. Schroeder), 이온화 옮김, 『개척자 · 탐험가 · 모험가』, 좋은생각, 2000.
Michael Schudson, 『Discovering the News: A Social History of American Newspapers』, New York: Basic Books, 1978.
마이클 셔드슨(Michael Schudson), 「신문의 변모와 발전: 뉴 저널리즘」, 채백 편역, 『세계언론사』, 한나래, 1996.
앙드레 슈미드(Andre Schumid), 정여울 옮김, 『제국 그 사이의 한국 1895~1919』, 휴머니스트, 2007.

숀 시한(Sean M. Sheehan), 조준상 옮김, 『우리 시대의 아나키즘』, 필맥, 2003.
리처드 셍크먼(Richard Shenkman), 이종인 옮김, 『미국사의 전설, 거짓말, 날조된 신화들』, 미래M&B, 2003.
업튼 싱클레어(Upton Sinclair), 채광석 옮김, 『정글』, 페이퍼로드, 2009.
Robert Sklar, 『Movie-Made America: A Cultural History of American Movies』, New York: Vintage Books, 1975.
Anthony Smith, 최정호 · 공용배 옮김, 『세계신문의 역사』, 나남, 1990.
제임스 A. 스미스(James A. Smith), 손영미 옮김, 『미국을 움직이는 두뇌집단들』, 세종연구원, 1996.
Ronald Steel, 「Walter Lippmann, 1889~1974」, 『New Republic』, December 28, 1974, p.6.
Ronald Steel, 『Walter Lippmann and the American Century』, Boston, Mass.: Little, Brown, 1980.
Lincoln Steffens, 『The Shame of the Cities』, New York: Hill and Wang, 1957.
미첼 스티븐스(Mitchell Stephens), 이광재 · 이인희 옮김, 『뉴스의 역사』, 황금가지, 1999.
폴 스트레턴(Paul Strathern), 김낙년 · 전병윤 옮김, 『세계를 움직인 경제학자들의 삶과 사상』, 몸과마음, 2002.
제임스 M. 스트록(James M. Strouk), 최종옥 옮김, 『꿈을 이룬 대통령: 루스벨트 파워 리더십』, 느낌있는나무, 2002.
제임스 서로위키(James Surowiecki), 홍대운 · 이창근 옮김, 『대중의 지혜: 시장과 사회를 움직이는 힘』, 랜덤하우스중앙, 2005.
커윈 C. 스윈트(Kerwin C. Swint), 김정욱 · 이훈 옮김, 『네거티브, 그 치명적 유혹: 미국의 역사를 바꾼 최악의 네거티브 캠페인 25위~1위』, 플래닛미디어, 2007.
The Commission on Freedom of the Press, 『A Free and Responsible Press-A General Report on Mass Communication: Newspapers, Radio, Motion Pictures, Magazines, and Books』, Chicago: University of Chicago Press, 1947.
크리스틴 톰슨(K. Thompson) & 데이비드 보드웰(D. Bordwell), 주진숙 외 옮김, 『세계영화사(전2권)』, 시각과언어, 2000.
니콜라스 S. 티마셰프(Nicholas S. Timasheff) & 조지 A. 테오도슨(George A. Theodorson), 박재묵 · 이정옥 옮김, 『사회학사: 사회학이론의 성격과 발전』, 풀빛, 1985.
Time-Life 북스 편집부, 한국일보 타임-라이프 편집부 옮김, 『미국('세계의 국가' 시리즈)』, 한국일보 타임-라이프, 1988.
존 터먼(John Tirman), 이종인 옮김, 『미국이 세계를 망친 100가지 방법』, 재인, 2008.
제임스 트라웁(James Traub), 이다희 옮김, 『42번가의 기적: 타임스퀘어의 몰락과 부활』, 이후, 2007.
Frederick Jackson Turner, 「The Significance of the Frontier in American History」, Richard N. Current & John A. Garraty, eds., 『Words That Made American History: The 1870's to the Present』, Boston, Mass.: Little, Brown and Co., 1962), pp.42~65.

조너선 터너(Jonathan H. Turner), 정태환 외 옮김, 『현대 사회학 이론』, 나남출판, 2001.
제임스 B. 트위첼(James B. Twitchell), 김철호 옮김, 『욕망, 광고, 소비의 문화사』, 청년사, 2001.
제임스 B. 트위첼(James B. Twitchell), 최기철 옮김, 『럭셔리 신드롬: 사치의 대중화, 소비의 마지막 선택』, 미래의창, 2003.
래리 타이(Larry Tye), 송기인 외 옮김, 『여론을 만든 사람, 에드워드 버네이즈: 'PR의 아버지'는 PR을 어떻게 만들었나?』, 커뮤니케이션북스, 2004.
제임스 M. 바더맨(James M. Vardaman), 이규성 옮김, 『두개의 미국사: 남부인이 말하는 미국의 진실』, 심산, 2004.
토르스타인 베블런(Thorstein Veblen), 이완재 · 최세양 옮김, 『한가한 무리들』, 동인, 1995.
토르스타인 베블런(Thorstein Veblen), 홍기빈 옮김, 『자본의 본성에 관하여 외』, 책세상, 2009.
이매뉴얼 월러스틴(Immanuel Wallerstein), 김인중 외 옮김, 『근대세계체제 III』, 까치, 1999.
Booker T. Washington, 「The Atalanta Exposition Address」, Richard N. Current & John A. Garraty, eds., 『Words That Made American History: The 1870's to the Present』, Boston, Mass.: Little, Brown and Co., 1962, pp.124~133.
J.W.N. 왓킨스(J.W.N. Watkins), 「제12장 밀과 개인주의적 자유」, D. 톰슨(David Thomson) 엮음, 김종술 옮김, 『서양 근대정치사상』, 서광사, 1990, 219~236쪽.
프랑수와 베유(François Weil), 문신원 옮김, 『뉴욕의 역사』, 궁리, 2003.
렉 휘태커(Reg Whitaker), 이명균 · 노명현 옮김, 『개인의 죽음: 이제 더 이상 개인의 프라이버시는 존재하지 않는다』, 생각의나무, 2001.
Woodrow Wilson, 「The New Freedom」, Richard N. Current & John A. Garraty, eds., 『Words That Made American History: The 1870's to the Present』, Boston, Mass.: Little, Brown and Co., 1962, pp.213~224.
Woodrow Wilson, 「Message to Congress(April 2, 1917)」, Richard N. Current & John A. Garraty, eds., 『Words That Made American History: The 1870's to the Present』, Boston, Mass.: Little, Brown and Co., 1962a, pp.237~251.
로버트 폴 볼프(Robert Paul Wolff), 임홍순 옮김, 『아나키즘: 국가권력을 넘어서』, 책세상, 2001.
리처드 월하임(Richard Wollheim), 이종인 옮김, 『프로이트』, 시공사, 1999.
해리슨 M. 라이트(Harrison M. Wright) 엮음, 박순식 편역, 『제국주의란 무엇인가』, 까치, 1989.
Fareed Zakaria, 강태욱 옮김, 「미국의 독주 끝나는가(표지 기사)」, 『뉴스위크 한국판』, 2006년 7월 12일, 20~25쪽.
하워드 진(Howard Zinn), 조선혜 옮김, 『미국민중저항사(전2권)』, 일월서각, 1986.
하워드 진(Howard Zinn), 이재원 옮김, 『불복종의 이유』, 이후, 2003.
하워드 진(Howard Zinn), 문강형준 옮김, 『권력을 이긴 사람들』, 난장, 2008.
하워드 진(Howard Zinn) & 도날도 마세도(Donaldo Macedo), 김종승 옮김, 『하워드 진, 교육

을 말하다』, 궁리, 2008.
하워드 진(Howard Zinn) & 레베카 스테포프(Rebecca Stefoff), 김영진 옮김, 『하워드 진 살아 있는 미국역사』, 추수밭, 2008.
슈테판 츠바이크(Stefan Zweig), 안인희 옮김, 『광기와 우연의 역사』, 자작나무, 1996.
강돈구, 「한국 기독교는 민족주의적이었나: 한국 초기 기독교와 민족주의」, 『역사비평』, 계간 27호(1994년 겨울), 317~327쪽.
강병한, 「"일본 전쟁비용 지원위해 루스벨트, 미사업가 동원"」, 『경향신문』, 2007년 4월 26일, 12면.
강성학, 『시베리아 횡단열차와 사무라이: 러일전쟁의 외교와 군사전략』, 고려대학교 출판부, 1999.
강재언, 『신편 한국근대사 연구』, 한울, 1995.
강재언, 이규수 옮김, 『서양과 조선: 그 이문화 격투의 역사』, 학고재, 1998.
강준만, 『세계의 대중매체 1: 미국편』, 인물과사상사, 2001.
강준만, 『한국근대사 산책(전10권)』, 인물과사상사, 2007~2008.
강준만, 「한국 자전거 문화의 역사: 자전거를 '레저'로 만든 '자동차 공화국'」, 월간 『인물과 사상』 2008년 3월, 161~201쪽.
강준만 외, 『권력과 리더십(전6권)』, 인물과사상사, 1999~2000.
고명섭, 「거대 통제사회, 그 괴물의 탄생기」, 『한겨레』, 2007년 8월 4일자.
고명섭, 『광기와 천재』, 인물과사상사, 2007a.
고정휴, 「독립운동기 이승만의 외교 노선과 제국주의」, 『역사비평』, 계간 31호(1995년 겨울), 129~187쪽.
고종석, 『코드 훔치기: 한 저널리스트의 21세기 산책』, 마음산책, 2000.
구선희, 「개화파의 대외인식과 그 변화」, 한국근현대사회연구회, 『한국근대 개화사상과 개화운동』, 신서원, 1998.
구정은, 「어제의 오늘」, 『경향신문』, 2009년 6월 24일~10월 28일자.
권오신, 『미국의 제국주의: 필리핀인들의 시련과 저항』, 문학과지성사, 2000.
권용립, 『미국의 정치문명』, 삼인, 2003.
권재현, 「[20세기 우연과 필연](19) 할리우드 건설」, 『동아일보』, 1999년 9월 30일, 8면.
김광현, 『기호인가 기만인가: 한국 대중문화의 가면』, 열린책들, 2000.
김기정, 『미국의 동아시아 개입의 역사적 원형과 20세기 초 한미관계 연구』, 문학과지성사, 2003.
김기홍, 「한국 교회와 근본주의: 세계교회사적 입장」, 한국교회사학연구원 편, 『한국기독교사상』, 연세대학교 출판부, 1998.
김기훈, 「코닥의 몰락」, 『조선일보』, 2007년 2월 28일, A34면.
김남균, 「미국사회 예외주의의 배경과 전망」, 강치원 엮음, 『세계화와 한국사회의 미래: 신자유주의적 세계화와 미국, 그 대안은 없는가』, 백의, 2000.
김남균, 「외교정책의 전통: 예외주의 역사의식」, 김형인 외, 『미국학』, 살림, 2003, 155~178쪽.
김덕호, 「제2부 제6장 환경운동」, 김덕호 · 김연진 엮음, 『현대 미국의 사회운동』, 비봉출판사,

2001, 392~430쪽.
김덕호 · 원용진, 「미국화, 어떻게 볼 것인가」, 김덕호 · 원용진 엮음, 『아메리카나이제이션』, 푸른역사, 2008, 10~45쪽.
김동식, 『프래그머티즘』, 아카넷, 2002.
김동철, 『자유언론법제연구』, 나남, 1987.
김동춘, 『미국의 엔진, 전쟁과 시장』, 창비, 2004.
김명진, 「자동차와 도로망의 발전」, 국사편찬위원회 편, 『근현대과학기술과 삶의 변화』, 두산동아, 2005.
김명환, 「미국에서 생각하는 한국의 영미문학」, 『안과밖(영미문학연구)』, 제12호(2002년 상반기), 126~139쪽.
김병곤, 「사회진화론의 발생과 전개」, 『역사비평』, 제32호(1996년 봄).
김봉중, 『미국은 과연 특별한 나라인가?: 미국의 정체성을 읽는 네 가지 역사적 코드』, 소나무, 2001.
김봉중, 『카우보이들의 외교사: 먼로주의에서 부시 독트린까지 미국의 외교전략』, 푸른역사, 2006.
김삼웅, 『친일정치 100년사』, 동풍, 1995.
김성곤, 『문학과 영화』, 민음사, 1997a.
김성호, 「아펜젤러 선교 숨결 간직한 국내 첫 서양식 '하나님의 집' : 정동제일교회 '벧엘 예배당'」, 『서울신문』, 2006년 5월 15일, 18면.
김수진, 「新한국교회사」, 『국민일보』, 2001년 3월 14일~5월 2일자.
김순배, 「'아파치 추장' 증손 "할아버지 유골 돌려달라"」, 『한겨레』, 2009a년 2월 20일자.
김승태, 「한국 개신교와 근대 사학」, 『역사비평』, 통권 70호(2005년 봄), 123~144쪽.
김시현, 「자동차를 미국이 발명했다고?: "오바마 첫 의회연설 곳곳 오류투성이"」, 『조선일보』, 2009년 2월 27일자.
김영재, 『한국교회사』, 개혁주의신행협회, 1992.
김영진, 「자동차」, 김성곤 외, 『21세기 문화 키워드 100』, 한국출판마케팅연구소, 2003.
김용관, 『탐욕의 자본주의: 투기와 약탈이 낳은 괴물의 역사』, 인물과사상사, 2009.
김용구, 『세계외교사』, 서울대학교 출판부, 2006.
김운태, 『일본제국주의의 한국통치』, 박영사, 1998.
김인수, 「한국교회의 청교도주의: 한국교회사적 입장」, 한국교회사학연구원 편, 『한국기독교사상』, 연세대학교 출판부, 1998.
김인숙, 「무너져가는 나라가 기댈 것은 미래뿐 … 고종, 학교설립 흔쾌히 허락: 광혜원 · 배재학당 등 설립 … 민간의 근대화 움직임」, 『조선일보』, 2004년 4월 9일, A26면.
김인호, 『백화점의 문화사: 근대의 탄생과 욕망의 시공간』, 살림, 2006.
김재신, 『마크 트웨인: 생애와 '허클베리 핀의 모험'』, 건국대학교출판부, 1994.
김재엽, 『122년간의 동거: 전환기에 읽는 한미관계 이야기』, 살림, 2004.
김정기, 「1882년 조미수호통상조약과 이권침탈」, 『역사비평』, 계간 17호(1992년 여름), 18~32쪽.
김종하, 「하와이 이민노동자 모집 광고지 원본 LA서 발굴: 1903년 한국서 발행」, 『한국일보』,

2002년 10월 8일, 25면.
김태수, 『꽃가치 피어 매혹케 하라: 신문광고로 본 근대의 풍경』, 황소자리, 2005.
김태익, 「유길준과 모스교수(유길준과 개화의 꿈 2」, 『조선일보』, 1994년 11월 10일, 7면.
김태익, 「최초의 대미사절 보빙사(유길준과 개화의 꿈 4)」, 『조선일보』, 1994a년 11월 14일, 7면.
김학준, 『러시아혁명사』, 문학과지성사, 1979.
김형인, 「마이너리티, 흑인의 삶」, 김형인 외, 『미국학』, 살림, 2003, 309~354쪽.
김형인, 『두 얼굴을 가진 하나님: 성서로 보는 미국 노예제』, 살림, 2003a.
김형인, 『미국의 정체성: 10가지 코드로 미국을 말한다』, 살림, 2003b.
김호일, 『다시 쓴 한국 개항 전후사』, 중앙대학교 출판부, 2004.
나윤도, 「미국의 대통령 문화(21회 연재)」, 『서울신문』, 1997년 11월 22일~1998년 5월 7일자.
노용택 · 박지훈, 「"미, 일제 한반도 강점 적극 지원 러 · 일전쟁 전비 제공"」, 『국민일보』, 2007년 4월 26일, 1면.
노주석, 「러 외교문서로 밝혀진 구한말 비사 (2) 오락가락하는 대 한반도 정책」, 『대한매일』, 2002년 5월 13일, 17면.
노형석, 『모던의 유혹 모던의 눈물: 근대 한국을 거닐다』, 생각의나무, 2004.
도진순, 「세기의 망각을 넘어서: 러일전쟁 100주년 기념행사를 중심으로」, 『역사비평』, 통권 77호(2006년 겨울), 279~318쪽.
류대영, 『개화기 조선과 미국 선교사: 제국주의 침략, 개화자강, 그리고 미국 선교사』, 한국기독교역사연구소, 2004.
마루야마 마사오 · 가토 슈이치, 임성모 옮김, 『번역과 일본의 근대』, 이산, 2000.
매일경제 지식프로젝트팀, 『지식혁명 보고서: 당신도 지식인입니다』, 매일경제신문사, 1998.
문정식, 『펜을 든 병사들: 종군기자 이야기』, 전국언론노동조합연맹, 1999.
민경배, 『알렌의 선교와 근대한미외교』, 연세대학교 출판부, 1991.
박노자, 『나를 배반한 역사』, 인물과사상사, 2003.
박노자, 『우승열패의 신화』, 한겨레신문사, 2005a.
박노자 · 허동현, 『열강의 소용돌이에서 살아남기』, 푸른역사, 2005.
박보균, 『살아 숨쉬는 미국역사』, 랜덤하우스중앙, 2005.
박석분 · 박은봉, 『인물여성사』, 새날, 1994.
박성수, 『이야기 독립운동사: 121 가지 사건으로 보는 한국근대사』, 교문사, 1996.
박성수, 「무지한 외교가 나라를 망치노니: 임진왜란 · 강화도조약 · 을사조약 · 신을사조약」, 『신동아』, 1997년 8월.
박영배, 『미국, 야만과 문명의 두 얼굴: 주미특파원 박영배 리포트』, 이채, 1999.
박용규, 「미국 선교사들, 조선을 가장 선호」, 『주간조선』, 2006년 5월 8일, 76~77면.
박원식, 「"1887년 미 광부이민 흔적 찾아냈죠": 미(美)이민 100주년 기념사업회 서동성 · 최용씨」, 『한국일보』, 2002년 11월 16일, 23면.
박은봉, 『개정판 한국사 100장면』, 실천문학사, 1997.
박지향, 『제국주의: 신화와 현실』, 서울대학교출판부, 2000.
박지향, 『일그러진 근대: 100년전 영국이 평가한 한국과 일본의 근대성』, 푸른역사, 2003.

박진빈, 『백색국가 건설사: 미국 혁신주의의 빛과 그림자』, 앨피, 2006.
박진희, 「서양과학기술과의 만남」, 국사편찬위원회 편, 『근현대과학기술과 삶의 변화』, 두산동아, 2005.
박찬승, 『한국근대 정치사상사연구: 민족주의 우파의 실력양성운동론』, 역사비평사, 1992.
박찬승, 「한말 · 일제시기 사회진화론의 성격과 영향」, 『역사비평』, 제32호(1996년 봄).
박천홍, 『매혹의 질주, 근대의 횡단: 철도로 돌아본 근대의 풍경』, 산처럼, 2003.
박태호, 「근대적 주체의 역사이론을 위하여」, 김진균 · 정근식 편저, 『근대주체와 식민지 규율권력』, 문화과학사, 1997.
박홍규, 『윌리엄 모리스의 생애와 사상』, 개마고원, 1998.
박홍규, 『아나키즘 이야기: 자유 · 자치 · 자연』, 이학사, 2004.
방선주, 「한국인의 미국 이주: 그 애환의 역사와 전망」, 『한국사 시민강좌 제28집』, 일조각, 2001, 90~108쪽.
배경식, 「보릿고개를 넘어서」, 한국역사연구회, 『우리는 지난 100년 동안 어떻게 살았을까 3』, 한국역사연구회, 1999.
백승찬, 「어제의 오늘」, 『경향신문』, 2009년 5월 1일~2009년 11월 13일자.
백욱인, 「디지털혁명과 일상생활」, 『문화과학』, 제10호(1996년 가을).
백종국, 『멕시코 혁명사』, 한길사, 2000.
사루야 가나메, 남혜림 옮김, 『검증, 미국사 500년의 이야기』, 행담출판, 2007.
사이토 다카시, 『세계사를 움직이는 다섯가지 힘』, 뜨인돌, 2009.
서영희, 「명성황후 재평가」, 『역사비평』, 통권 60호(2002년 가을), 328~350쪽.
서의동, 「어제의 오늘」, 『경향신문』, 2009년 7월 14일~10월 6일자.
서정갑, 『부조화의 정치: 미국의 경험』, 법문사, 2001.
서정민, 『언더우드가 이야기: 한국과 가장 깊은 인연을 맺은 서양인 가문』, 살림, 2005.
서정주, 『우남 이승만전』, 화산문화기획, 1995.
손세일, 「[연재] 손세일의 비교 전기 / 한국 민족주의의 두 유형: 이승만과 김구」, 『월간조선』, 2001년 8월~2003년 5월호.
손세호, 『하룻밤에 읽는 미국사』, 랜덤하우스, 2007.
손영호, 『마이너리티 역사 혹은 자유의 여신상』, 살림, 2003.
손제민, 「외신기자 눈에 비친 근현대사: 60여명 취재기 '한국의 목격자들' 출간」, 『경향신문』, 2006년 6월 5일, 21면.
송기도, 『콜럼버스에서 룰라까지: 중남미의 재발견』, 개마고원, 2003.
송상근, 「[책갈피 속의 오늘] 1899년 美 첫 교통사고 사망자 발생」, 『동아일보』, 2008년 9월 13일자.
송우혜, 「운명의 20년」, 『조선일보』, 2004년 8월 18일~2004년 10월 20일자.
수요역사연구회 편, 『일제의 식민지 지배정책과 매일신보 1910년대』, 두리미디어, 2005.
신동원, 「미국과 일본 보건의료의 조선 진출: 제중원과 우두법」, 『역사비평』, 통권 56호(2001년 가을), 334~350쪽.
신문수, 「미국문화 원류 탐험기 ④ '프런티어 맨', 대니얼 분 신화의 무대 컴벌랜드 갭: 숱한 문명의 행렬 거쳐 간 서부개척의 관문」, 『신동아』, 2006년 4월호.
신복룡, 『동학사상과 갑오농민혁명』, 평민사, 1985.
신복룡, 『한국정치사』, 박영사, 1991.
신복룡, 『이방인이 본 조선 다시읽기』, 풀빛, 2002.
신영숙, 「사진신부는 미국 한인의 뿌리」, 이배용 외, 『우리나라 여성들은 어떻게 살았을까 2: 개화기부터 해방기까지』, 청년사, 1999.
신영숙, 「신식 결혼식과 변화하는 결혼 양상」, 국사편찬위원회 편, 『혼인과 연애의 풍속도』, 두산동아, 2005.
안영배, 「1899년 대한제국과 1999년 대한민국 -' 어설픈 근대화론이 조선 망쳤고, 서툰 세계화가 국난 불렀다' 」, 『신동아』, 1999년 3월, 528~545쪽.
안영식, 「[책갈피 속의 오늘] 1879년 에디슨 '백열전구 발명' 공개」, 『동아일보』, 2008년 12월 3일자.
안윤모, 『미국 민중주의의 역사』, 이화여자대학교출판부, 2006.
양홍석, 『고귀한 야만: 버펄로 빌 코디의 서부활극을 통해 본 미국의 폭력, 계급 그리고 인종』, 동국대학교출판부, 2008.
연동원, 『영화 대 역사: 영화로 본 미국의 역사』, 학문사, 2001.
염운옥, 「영국의 식민사상과 사회진화론」, 강만길 외, 『일본과 서구의 식민통치 비교』, 선인, 2004.
염운옥, 『생명에도 계급이 있는가: 유전자 정치와 영국의 우생학』, 책세상, 2009.
오치 미치오, 곽해선 옮김, 『와스프: 미국의 엘리트는 어떻게 만들어지는가』, 살림, 1999.
오치 미치오 외, 김영철 편역, 『마이너리티의 헐리웃: 영화로 읽는 미국사회사』, 한울, 1993.
요미우리 신문사 엮음, 이종주 옮김, 『20세기의 드라마(전3권)』, 새로운 사람들, 1996.
요시다 도시히로, 김해경 · 안해룡 옮김, 『공습』, 휴머니스트, 2008.
우덕룡 외, 『라틴아메리카: 마야, 잉카로부터 현재까지의 역사와 문화』, 송산출판사, 2000.
우태희, 『세계경제를 뒤흔든 월스트리트 사람들』, 새로운제안, 2005.
원준상, 『한국의 세계화와 미국 이민사』, 삶과꿈, 1997.
유길준, 허경진 옮김, 『서유견문』, 서해문집, 2004.
유동환, 『잃어버린 미래를 찾아서』, 푸른나무, 1996.
유민영, 「신파극시대의 희곡」, 김윤식 · 김우종 외, 『한국현대문학사』, 현대문학, 2005.
유영렬, 『개화기의 윤치호연구』, 한길사, 1985.
유의영, 「아메리카-풍요를 좇아 산 고난의 90년: 해외동포 이민애사, 그 유랑의 세월」, 『역사비평』, 제14호(1991년 가을), 231~243쪽.
유재현, 『거꾸로 달리는 미국: 유재현의 미국사회 기행』, 그린비, 2009.
유종선, 『미국사 100 장면: 신대륙 발견에서 LA 흑인폭동까지』, 가람기획, 1995.
윤건차, 「일본의 사회진화론과 그 영향」, 『역사비평』, 제32호(1996년 봄).
윤경로, 「1910년대 민족해방운동과 3 · 1운동」, 강만길 외, 『통일지향 우리민족해방운동사』, 역사비평사, 2000.
윤덕한, 『이완용 평전: 애국과 매국의 두 얼굴』, 중심, 1999.

윤병석, 『한국독립운동의 해외사적 탐방기』, 지식산업사, 1994.
윤희영, 「뉴욕타임스 100주년: 타이태닉호 침몰 1시간 만에 15개면 특집기사」, 『조선일보』, 1996년 9월 19일, 8면.
이강숙 외, 『우리 양악 100년』, 현암사, 2001.
이경민, 「사진신부, 결혼에 올인하다 1: 하와이 이민과 사진결혼의 탄생」, 『황해문화』, 제56호(2007년 가을), 402~411쪽; 「사진신부, 결혼에 올인하다 2: 하와이 이민과 사진결혼의 탄생」, 『황해문화』, 제57호(2007년 겨울), 406~414쪽.
이경원, 「미국학과 미국경제」, 김형인 외, 『미국학』, 살림, 2003, 195~222쪽.
이광린, 「『대한매일신보』 간행에 대한 일고찰」, 이광린 외, 『대한매일신보연구: 인문연구논총 제16집』, 서강대학교 인문과학연구소, 1986.
이광린, 『한국개화사상연구』, 일조각, 1995.
이광린, 『한국사강좌 V(근대편)』, 일조각, 1997.
이광린, 『개화당연구』, 일조각, 1997a.
이근식, 「논평」, 안병영 · 임혁백 편, 『세계화와 신자유주의: 이념 · 현실 · 대응』, 나남, 2000.
이달순, 『이승만 정치 연구』, 수원대학교 출판부, 2000.
이덕주, 『조선은 왜 일본의 식민지가 되었는가』, 에디터, 2004.
이덕주, 『한국교회 처음 이야기』, 홍성사, 2006.
이만열, 『한국기독교와 민족의식: 한국기독교사연구논고』, 지식산업사, 1991.
이명화, 『도산 안창호의 독립운동과 통일노선』, 경인문화사, 2002.
이문창, 「크로포트킨과 그의 시대」, P. A. 크로포트킨(Pyotr A. Kropotkin), 김유곤 옮김, 『크로포트킨 자서전』, 우물이있는집, 2003, 595~656쪽.
이민원, 「당시 국제 역학관계: 러일전쟁 100주년」, 『한겨레』, 2004년 2월 17일, 6면.
이배용, 「열강의 이권침탈과 조선의 대응」, 『한국사 시민강좌 제7집』, 일조각, 1990, 97~126쪽.
이보형, 「터너의 프론티어사관」, 차하순 편, 『사관이란 무엇인가』, 청람, 1988.
이보형, 『미국사 개설』, 일조각, 2005.
이상익, 『서구의 충격과 근대 한국사상』, 한울아카데미, 1997.
이상찬, 「을사조약과 병합조약은 성립하지 않았다」, 『역사비평』, 계간31호(1995년 겨울), 223~248쪽.
이상철, 『커뮤니케이션 발달사』, 일지사, 1982.
이성형, 『콜럼버스가 서쪽으로 간 까닭은?』, 까치, 2003.
이소영, 「서양음악의 충격과 음악문화의 왜곡」, 『역사비평』, 통권 45호(1998년 겨울), 123~139쪽.
이승원, 『소리가 만들어낸 근대의 풍경』, 살림, 2005.
이승원, 「식민지 역사의 '뼈아픈 기록'」, 『교수신문』, 2007년 4월 30일, 5면.
이영석, 『영국 제국의 초상』, 푸른역사, 2009.
이이화, 「이완용의 곡예: 친미 · 친로에서 친일로」, 『역사비평』, 계간 17호(1992년 여름), 193~202쪽.
이재광 · 김진희, 『영화로 쓰는 20세기 세계경제사』, 혜윰, 1999a.
이정식, 권기봉 옮김, 『초대 대통령 이승만의 청년시절』, 동아일보사, 2002.

이정식, 『대한민국의 기원』, 일조각, 2006.
이주영, 『미국사』, 대한교과서, 1995.
이중한 외, 『우리 출판 100년』, 현암사, 2001.
이지현, 「아! 아펜젤러, 기념교회 세웠다 … 군산 내초도에, 순교 105년 만에 건립」, 『국민일보』, 2007년 6월 9일자.
이태숙, 「공리주의」, 김영한 엮음, 『서양의 지적운동 II』, 지식산업사, 1998.
이태진, 『고종시대의 재조명』, 태학사, 2000.
이한우, 『거대한 생애 이승만 90년(전2권)』, 조선일보사, 1995.
이혁재 외, 「미국 이민 100년」, 『조선일보』, 2002년 1월 4일~2월 4일자.
이현하, 「초기 영화: 영화의 탄생과 매체적 특성」, 임정택 외, 『세계영화사 강의』, 연세대학교 출판부, 2001, 9~29쪽.
이형대, 「미국의 지적 전통과 위기」, 김형인 외, 『미국학』, 살림, 2003, 75~99쪽.
임소정, 「[어제의 오늘] 1889년 여기자 넬리 블라이 세계일주」, 『경향신문』, 2009년 11월 14일자.
임종국, 민족문제연구소 엮음, 『한국인의 생활과 풍속(2권)』, 아세아문화사, 1995.
임희완, 『역사학의 이해』, 건국대학교출판부, 2000.
장석만, 「'근대문명' 이라는 이름의 개신교」, 『역사비평』, 통권 46호(1999년 봄), 255~268쪽.
장인성, 『장소의 국제정치사상: 동아시아 질서변동기의 요코이 쇼난과 김윤식』, 서울대학교출판부, 2002.
장태한, 『아시안 아메리칸: 백인도 흑인도 아닌 사람들의 역사』, 책세상, 2004.
전복희, 『사회진화론과 국가사상: 구한말을 중심으로』, 한울아카데미, 1996.
전봉관, 『럭키경성: 근대조선을 들썩인 투기 열풍과 노블레스 오블리주』, 살림, 2007.
전성원, 「로버트 우드러프: 콜라를 통한 세계화, 코카콜로니제이션의 대부」, 월간 『인물과 사상』, 제139호(2009년 11월), 77~101쪽.
전성원, 「윌리엄 보잉: 전쟁과 평화, 야누스의 두 얼굴을 가진 하늘의 거인」, 월간 『인물과 사상』, 제140호(2009a년 12월), 95~123쪽.
정근식, 「장애의 새로운 인식을 위하여: 문화비판으로서의 장애의 사회사」, 『당대비평』, 제14호(2001년 봄), 252~278쪽.
정미옥, 「식민지 여성과 이산의 공간」, 태혜숙 외, 『한국의 식민지 근대와 여성공간』, 여이연, 2004.
정병준, 『우남 이승만연구: 한국 근대국가의 형성과 우파의 길』, 역사비평사, 2005.
정성화, 「W. 그리피스. 『은자의 나라 한국』: 그리피스의 한국관을 중심으로」, 연세대학교 현대한국학연구소 편, 『해외한국학평론』, 창간호(2000년 봄), 11~42쪽.
정성희, 『한권으로 보는 한국사 101장면』, 가람기획, 1997.
정수일, 「'장막 속의 조선' 이해하거나 오해하거나: '서양인이 본 조선' 에 대한 기록들」, 『한겨레』, 2005년 4월 26일, 16면.
정용화, 『문명의 정치사상: 유길준과 근대 한국』, 문학과지성사, 2004.
정운현, 『호외, 백년의 기억들: 강화도 조약에서 전두환 구속까지』, 삼인, 1997.
정일성, 『후쿠자와 유키치: 탈아론을 어떻게 펼쳤는가』, 지식산업사, 2001.

정일성, 『이토 히로부미: 알려지지 않은 이야기들』, 지식산업사, 2002.

조경란, 「중국에서의 사회진화론 수용과 극복」, 『역사비평』, 제32호(1996년 봄).

조선일보 문화부 편, 『아듀 20세기(전2권)』, 조선일보사, 1999.

조이영, 「책갈피 속의 오늘」, 『동아일보』, 2008년 9월 3일~2009년 2월 13일자.

조정래, 『아리랑 1~12: 조정래 대하소설』, 해냄, 2001.

조지형, 「실용주의」, 김영한 · 임지현 편, 『서양의 지적운동 I: 르네상스에서 포스트모더니즘까지』, 지식산업사, 1994, 427~463쪽.

조현범, 『문명과 야만: 타자의 시선으로 본 19세기 조선』, 책세상, 2002.

주진오, 「청년기 이승만의 언론 · 정치활동 해외활동」, 『역사비평』, 계간 33호(1996년 여름), 157~203쪽.

진인숙, 『영어 단어와 숙어에 담겨진 이야기』, 건국대학교 출판부, 1997.

차배근, 『미국신문사』, 서울대학교출판부, 1983.

차상철 외, 『미국외교사: 워싱턴 시대부터 루즈벨트 시대까지(1774~1939)』, 비봉출판사, 1999.

최기영, 「제6장. 한말-일제 시기 미주의 한인언론」, 위암장지연선생기념사업회, 『한국근대언론과 민족운동』, 커뮤니케이션북스, 2001.

최문형, 『국제관계로 본 러일전쟁과 일본의 한국병합』, 지식산업사, 2004.

최민영, 「자판기 첫 등장은 기원전 215년 이집트서」, 『경향신문』, 2000년 11월 13일, 26면.

최영창, 「한국과 일본 굴곡의 100년을 넘어」, 『문화일보』, 2005년 1월 25일~11월 19일자.

최웅 · 김봉중, 『미국의 역사』, 소나무, 1997.

최재봉, 「'잭 런던 걸작선' 미국 사회주의 싣고 오다」, 『한겨레』, 2009년 3월 14일자.

최정수, 「미국의 필리핀 지배전략과 자치화정책」, 강만길 외, 『일본과 서구의 식민통치 비교』, 선인, 2004, 181~216쪽.

최진섭, 『한국언론의 미국관』, 살림터, 2000.

태혜숙, 『다인종 다문화 시대의 미국문화 읽기』, 이후, 2009.

팽원순, 『매스코뮤니케이션 법제이론』, 법문사, 1988.

하원호, 『한국근대경제사연구』, 신서원, 1997.

한겨레신문 문화부 편, 『20세기 사람들(전2권)』, 한겨레신문사, 1995.

한국기독교역사연구소, 『한국 기독교의 역사 I』, 기독교문사, 1989.

한국민족운동사학회 편, 『미주지역의 한인사회와 민족운동』, 국학자료원, 2004.

한기욱, 「추상적 인간과 자연: 미국 고전문학의 근대성에 관하여」, 『영미문학연구 안과 밖』, 제2호(1997년 상반기), 41~69쪽.

한기홍, 「한반도 1904 vs 2004」, 『동아일보』, 2004년 1월 8일, A8면.

한승동, 「'한반도 분할' 일본 아이디어: 러 · 일전쟁전 러에 제안-미, 일 전쟁비용 지원」, 『한겨레』, 2001년 4월 14일, 7면.

한승동, 「자본주의, 너 이대로 가다간 망한다」, 『한겨레』, 2007년 6월 16일자.

한승동, 「여전히 가쓰라와 태프트의 세계」, 『한겨레 21』, 2007a년 8월 23일자.

한윤정, 「다시 쓰는 한반도 100년 (9) 하와이 이민과 한 · 일 갈등」, 『경향신문』, 2001년 10월 13일, 7면.

함태경, 「구한말~일제시대 반봉건 반외세 앞장: 한국학생선교운동의 여명기」, 『국민일보』, 2004년 4월 26일, 36면.
허동현, 「수출할 수 있는 것은 소가죽 · 쌀 · 머리털 · 전복껍데기뿐: 사회모습 어땠나」, 『조선일보』, 2004년 3월 19일, A25면.
허동현, 「그때 오늘」, 『중앙일보』, 2009년 7월 29일~2009년 12월 7일자.
허동현 · 박노자, 『우리 역사 최전선: 박노자 · 허동현 교수의 한국 근대 100년 논쟁』, 푸른역사, 2003.
허두영, 『신화에서 첨단까지: 신화로 풀어내는 과학사(전2권)』, 참미디어, 1998.
허우이제, 장지용 옮김, 『원세개』, 지호, 2003.
홍사중, 『근대시민사회사상사』, 한길사, 1997.
홍성태, 「전쟁국가 미국, 잔악한 미군」, 『황해문화』, 제44호(2004년 가을).
홍윤서, 『전쟁과 학살, 부끄러운 미국』, 말, 2003.
황상익, 「한말 서양의학의 도입과 민중의 반응」, 『역사비평』, 통권 44호(1998년 가을), 271~285쪽.

80일간의 세계일주 171~172

가네코 겐타로 289
가쓰라 다로 277
가쓰라 · 태프트 비밀협약 276~279
게일, 제임스 G. 281
고설스, 조지 워싱턴 265
고종 27~28, 69, 73, 126, 158, 160, 222, 252, 280~281, 291~293, 297~302, 304
골드먼, 엠마 51, 143
곰퍼스, 새뮤얼 37~39, 222
공리주의 193~195
『과학적 경영의 원칙』 148, 152,
그레인지 농업협동조합 120
금광채굴권 158
금주법 54~55, 57

너새니얼, 호손 191
네차예프, 세르게이 42~47
노다지 157~159
노동기사단 15, 37~38, 121, 144
노블레스 오블리주 270
『뉴욕 선』 11~12, 14
『뉴욕 월드』 11~14, 33, 37, 167~177, 179~181
『뉴욕 저널』 173~177, 179~181, 230
『뉴욕 헤럴드』 33, 50, 72, 237
뉴저널리즘 시대 166~167

다임러, 고틀리에프 92, 261
데브스, 유진 380, 144, 146, 224~225
도스토옙스키, 표도르 43, 45
듀이, 조지 182, 223~224
듀이, 존 192~193, 197~198
드라이스, 칼 87

라불라예, 에두아르 르네 드 32
라이트 형제 261~263
래저러스, 엠마 31
러일전쟁 272~278, 288
러프 라이더 183
런던, 잭 275
레닌, 블라디미르 39, 209, 273~274
로웰, 퍼시벌 로렌스 123
로지, 헨리 캐벗 123, 179, 186, 212
록펠러, 존 D. 98~101, 237, 243
루스벨트, 시어도어 105, 164, 179, 182~185, 212, 223, 231~236, 239, 264~272, 276~278, 280~286, 288~291, 297, 299~300, 302
루스벨트, 앨리스 291~292, 304
뤼미에르 형제 111~114
리틀 빅혼 전투 108

『**마**가의젼흔복음셔언히』 25~26
마르크스, 카를 16, 41~43, 46, 51, 149~150, 195, 203~204
『매클루어스』 212

매킨리 선언 220
매킨리, 윌리엄 156~157, 164, 180~181, 185~187, 212, 219, 222~223, 225, 230~232, 265
머그웜프 9~11
메이데이(노동절) 36, 49
메인호 178~181
멜빌, 허먼 191
모건, 존 피어폰트 154~155, 233, 237, 240~243, 277
미국 강철회사 240
「미국 역사에서 프런티어의 의미」 126~129
미국노동총연맹 37~39
미국철도노동조합 143~144
민영찬 297~298
민영환 252, 281~282, 285, 293
밀, 존 스튜어트 193, 195

바넘, 피니어스 테일러 16~18, 21
바르톨디, A. 프레데릭 32
바쿠닌, 미하일 42~51
박정양 69~73
백인의 의무 210~213
백화점 60~62, 64~66, 213
베넷, 제임스 고든 33
베블런, 토르스타인 201~207
베블런 효과 201, 206
벤담, 제러미 194~195
벨라미, 에드워드 78~81, 202
브라이언, 윌리엄 제닝스 155~157, 223
블라이, 넬리 170~172
블레인, 제임스 G. 9~14
비숍, 찰스 252
빅 풋 107~108

사진결혼 255
사회당 38, 224~225
사회학자 정부 199
산타클로스 마케팅 57
산후안 전투 227~228
설리번섬 35
셔먼 반(反)트러스트법 100, 233
쇼핑 60~62, 66
스컬 앤 본즈 106
스크랜턴, 윌리엄 B. 24, 28, 281
시네마토그라프 113~114
시팅 불 107
신민회 256
『신약마가젼복음셔언히』 25
『신한민보』 257
실용주의 191~193, 196~198

아기날도, 에밀리오 227~229
아나키스트 15~16, 36~37, 40~41, 48~51, 97, 143, 230
아동노동법 241
N. W. 아이어 앤 선 56
아펜젤러, 헨리 G. 22~25
안창호 256
알렌, 호러스 N. 22~25, 27~30, 69~73, 125, 280, 299~305
언더우드, 호러스 G. 22~25, 28~29, 281
엉클 토미즘 164
에디슨, 토머스 93, 111~114, 116
에인절섬 35
엘리스섬 35
엽관제도 10
영일동맹 272, 278
와스프 137
운디드니학살 106~108
워싱턴, 부커 162~165, 232
원세개(袁世凱) 69~70, 73
월스트리트 32, 119, 154, 168, 243
윌슨, 우드로 265, 286
『유한계급의 이론』 201~204
윤병구 256, 282~285
의화단의 난 220~221
'이상한 열매' 216
이스트먼, 조지 81~83
이승만 74, 250, 280~287
이완용 69~72, 74~75, 294, 298
이토 히로부미 293, 297, 303
이하영 69~74
인민당 121~122, 154~157

자유의 여신상 31~35, 53, 262
자전거 86~90
전차 90~92, 160
정동제일교회 23~25
제국주의 59, 160, 208~211, 234~236, 304
제로니모 104~106

제물포조약 303
제임스, 윌리엄 53, 192~193, 196~198, 212, 234
제중원(濟衆院) 27~28, 30
중국인배척법 34, 251
짐 크로우법 162

칠스 네이나 12, 42
촐고츠, 레옹 230~231

카네기, 앤드루 96~98, 222, 240, 242~245, 277
케이블카 90~92
코닥 카메라 81~83
코카콜라 52~60, 66
콜럼버스 엑스포 124
쿠바 178~185, 212, 222, 235, 255
크로포트킨, 피요트르 40, 49~51, 230
클리블랜드, 그로버 9~14, 32, 35, 72, 76~77, 121, 125, 146, 154~155, 164, 170, 186
키네토그라프 111~113
키플링, 러디어드 210~212

타자기혁명 63
태프트, 윌리엄 하워드 229, 265, 276~278, 283, 290~291
터너, 프레더릭 잭슨 126, 128~137, 179
테디 베어 266~268
테일러, 프레더릭 147~153
테일러리즘 151~153
『톰 소여의 모험』 18, 275
『톰 아저씨의 오두막』 20
트러스트 96~103, 119, 233
트웨인, 마크 17~21, 222, 236~239, 275

파나마 운하 264~265
퍼스, 찰스 샌더스 192~193, 196~197
페미니즘 64~65
포드, 헨리 93~94
포츠머스 조약 290~291, 293
풀먼 객차회사 144~146
퓰리처, 조지프 11~14, 33, 37, 167~177, 180
프라이버시권 83~85
프래그머티시즘 196
프런티어 102~103, 110, 126, 128~142, 153, 178~179, 184
프로이트, 지그문트 54, 150
프루동, 조제프 40~42, 48
플래시, 호머 161~162
필리핀 182~185, 212~213, 222~224, 227~230, 235~237, 291

하와이 186~187, 234, 250~259, 281~283
하와이 사탕수수 농장 250~255, 258~259
할리우드 115~116
해리슨, 벤저민 13, 35, 76~78, 186
허스트, 윌리엄 랜돌프 172~177, 180, 230~231
『허클베리 핀의 모험』 18~20
헤론, 존 W. 24, 28, 30
헤이마켓사건 35~40, 49
「혁명가의 교리문답」 44~48
혁신주의 시대 232
호 인쇄기 176
『호건의 골목길』 174
호스, 샘 213~216
홈스테드 파업 97~98
화부형제회 144
황색 저널리즘 173~177